U0592111

化 城 集

佛教义理与佛教人物研究

喻 静 著

北京时代华文书局

图书在版编目（CIP）数据

化城集：佛教义理与佛教人物研究 / 喻静著. -- 北京：北京时代华文书局, 2014.1
（中国艺术研究院学术文库 / 王文章主编）
ISBN 978-7-80769-203-4

Ⅰ.①化… Ⅱ.①喻… Ⅲ.①佛教－研究②僧侣－人物研究－中国
Ⅳ.①B948②B949.92

中国版本图书馆CIP数据核字(2013)第304709号

中国艺术研究院学术文库

化城集——佛教义理与佛教人物研究

著　者｜喻　静

出 版 人｜田海明　朱智润
项目统筹｜余　玲
责任编辑｜周海燕
装帧设计｜程　慧
责任印制｜刘　银
营销推广｜赵秀彦

出版发行｜时代出版传媒股份有限公司 http://www.press-mart.com
　　　　　北京时代华文书局 http://www.bjsdsj.com.cn
　　　　　北京市东城区安定门外大街 136 号皇城国际大厦 A 座 8 楼
　　　　　邮编：100011　电话：010 - 64267120　64267397
印　　刷｜北京京都六环印刷厂　010 - 89591957
　　　　　（如发现印装质量问题，请与印刷厂联系调换）
开　　本｜710mm×1000mm　1/16
印　　张｜18.5
字　　数｜282千字
版　　次｜2015年3月第1版　2015年3月第1次印刷
书　　号｜ISBN 978-7-80769-203-4

定　　价｜45.00元

版权所有，侵权必究

《中国艺术研究院学术文库》
编辑委员会

主　编　王文章

副主编　王能宪　　田黎明　　吕品田　　贾磊磊

委　员　丁亚平　　方　宁　　方李莉　　牛根富
　　　　　　王列生　　刘　托　　刘梦溪　　朱乐耕
　　　　　　孙玉明　　吴文科　　吴为山　　李　一
　　　　　　李树峰　　李胜洪　　李心峰　　宋宝珍
　　　　　　欧建平　　杨飞云　　杨　治　　杨　斌
　　　　　　罗　微　　骆芃芃　　祝东力　　项　阳
　　　　　　资华筠　　莫　言　　秦华生　　高显莉
　　　　　　贾志刚　　管　峻　　（按姓氏笔画排序）

《中国艺术研究院学术文库》
出版委员会

主　任　田海明

副主任　朱智润　　韩　进

委　员　王训海　　左克诚　　余　玲　　杨红卫
　　　　　　杨迎会　　李　强　　张国平　　周海燕
　　　　　　赵秀彦　　唐元明　　唐　伽　　贾兴权
　　　　　　徐敏峰　　（按姓氏笔画排序）

总　序

王文章

　　以宏阔的视野和多元的思考方式，通过学术探求，超越当代社会功利，承续传统人文精神，努力寻求新时代的文化价值和精神理想，是文化学者义不容辞的责任。多年以来，中国艺术研究院的学者们，正是以"推陈出新"学术使命的担当为己任，关注文化艺术发展实践，求真求实，尽可能地从揭示不同艺术门类的本体规律出发做深入的研究。正因此，中国艺术研究院学者们的学术成果，才具有了独特的价值。

　　中国艺术研究院在曲折的发展历程中，经历聚散沉浮，但秉持学术自省、求真求实和理论创新的纯粹学术精神，是其一以贯之的主体性追求。一代又一代的学者扎根中国艺术研究院这片学术沃土，以学术为立身之本，奉献出了《中国戏曲通史》、《中国戏曲通论》、《中国古代音乐史稿》、《中国美术史》、《中国舞蹈发展史》、《中国话剧通史》、《中国电影发展史》、《中国建筑艺术史》、《美学概论》等新中国奠基性的艺术史论著作。及至近年来的《中国民间美术全集》、《中国当代电影发展史》、《中国近代戏曲史》、《中国少数民族戏曲剧种发展史》、《中国音乐文物大系》、《中华艺术通史》、《中国先进文化论》、《非物质文化遗产概论》、《西部人文资源研究丛书》等一大批学术专著，都在学界产生了重要影响。近十多年来，中国艺术研究院的学者出版学术专著至少在千种以上，并发表了大量的学术论文。处于大变革时代的中国艺术研究院的学者们以自己的创造智慧，在时代的发展中，为我国当代的文化建设和学术发展作出了当之无愧的贡献。

为检阅、展示中国艺术研究院学者们研究成果的概貌，我院特编选出版"中国艺术研究院学术文库"丛书。入选作者均为我院在职的副研究员、研究员。虽然他（她）们只是我院包括离退休学者和青年学者在内众多的研究人员中的一部分，也只是每人一本专著或自选集入编，但从整体上看，丛书基本可以从学术精神上体现中国艺术研究院作为一个学术群体的自觉人文追求和学术探索的锐气，也体现了不同学者的独立研究个性和理论品格。他们的研究内容包括戏曲、音乐、美术、舞蹈、话剧、影视、摄影、建筑艺术、红学、艺术设计、非物质文化遗产和文学等，几乎涵盖了文化艺术的所有门类，学者们或以新的观念与方法，对各门类艺术史论作了新的揭示与概括，或着眼现实，从不同的角度表达了对当前文化艺术发展趋向的敏锐观察与深刻洞见。丛书通过对我院近年来学术成果的检阅性、集中性展示，可以强烈感受到我院新时期以来的学术创新和学术探索，并看到我国艺术学理论前沿的许多重要成果，同时也可以代表性地勾勒出新世纪以来我国文化艺术发展及其理论研究的时代轨迹。

中国艺术研究院作为我国唯一的一所集艺术研究、艺术创作、艺术教育为一体的国家级综合性艺术学术机构，始终以学术精进为己任，以推动我国文化艺术和学术繁荣为职责。进入新世纪以来，中国艺术研究院改变了单一的艺术研究体制，逐步形成了艺术研究、艺术创作、艺术教育三足鼎立的发展格局，全院同志共同努力，力求把中国艺术研究院办成国内一流、世界知名的艺术研究中心、艺术教育中心和国际艺术交流中心。在这样的发展格局中，我院的学术研究始终保持着生机勃勃的活力，基础性的艺术史论研究和对策性、实用性研究并行不悖。我们看到，在一大批个人的优秀研究成果不断涌现的同时，我院正陆续出版的"中国艺术学大系"、"中国艺术学博导文库·中国艺术研究院卷"，正在编撰中的"中华文化观念通诠"、"昆曲艺术大典"、"中国京剧大典"等一系列集体研究成果，不仅展现出我院作为国家级艺术研究机构的学术自觉，也充分体现出我院领军国内艺术学地位的应有学术贡献。这套"中国艺术研究院学术文库"和拟编选的本套文库离退休著名学者著述部分，正是我院多年艺术学科建设和学术积累的一个集中性展示。

多年来，中国艺术研究院的几代学者积淀起一种自身的学术传统，那就是勇于理论创新，秉持学术自省和理论联系实际的一以贯之的纯粹学术精神。对此，我们既可以从我院老一辈著名学者如张庚、王朝闻、郭汉城、杨荫浏、冯其庸等先生的学术生涯中深切感受，也可以从我院更多的中青年学者中看到这一点。令人十分欣喜的一个现象是我院的学者们从不固步自封，不断着眼于当代文化艺术发展的新问题，不断及时把握相关艺术领域发现的新史料、新文献，不断吸收借鉴学术演进的新观念、新方法，从而不断推出既带有学术群体共性，又体现学者在不同学术领域和不同研究方向上深度理论开掘的独特性。

在构建艺术研究、艺术创作和艺术教育三足鼎立的发展格局基础上，中国艺术研究院的艺术家们，在中国画、油画、书法、篆刻、雕塑、陶艺、版画及当代艺术的创作和文学创作各个方面，都以体现深厚传统和时代创新的创造性，在广阔的题材领域取得了丰硕的成果，这些成果在反映社会生活的深度和广度及艺术探索的独创性等方面，都站在时代前沿的位置而起到对当代文学艺术创作的引领作用。无疑，我院在文学艺术创作领域的活跃，以及近十多年来在非物质文化遗产保护实践方面的开创性，都为我院的学术研究提供了更鲜活的对象和更开阔的视域。而在我院的艺术教育方面，作为被国务院学位委员会批准的全国首家艺术学一级学科单位，十多年来艺术教育长足发展，各专业在校学生已达近千人。教学不仅注重传授知识，注重培养学生认识问题和解决问题的能力，同时更注重治学境界的养成及人文和思想道德的涵养。研究生院教学相长的良好气氛，也进一步促进了我院学术研究思想的活跃。艺术创作、艺术教育与学术研究并行，三者在交融中互为促进，不断向新的高度登攀。

在新的发展时期，中国艺术研究院将不断完善发展的思路和目标，继续培养和汇聚中国一流的学者、艺术家队伍，不断深化改革，实施无漏洞管理和效益管理，努力做到全面协调可持续发展，坚持以人为本，坚持知识创新、学术创新和理论创新，尊重学者、艺术家的学术创新、艺术创新精神，充分调动、发挥他们的聪明才智，在艺术研究领域拿出更多科学的、具有独创性的、充满鲜活生命力和深刻概括力的研究成果；在艺术创作领域推出更多具有思想震撼力和艺术感染力、具有时代标志性和代表性的精品力作；同时，培养更多德才兼备的优秀青年人才，真正把中国艺术研究院办成全国一流、世界知名的艺术研究中心、艺术教育中心和国际艺术交流中心，为中华民族伟大复兴的中国梦的实现和促进我国艺术与学术的发展作出新的贡献。

2014年8月26日

目　录

自 序

　　《化城集——佛教义理与佛教人物研究》是本人近年所撰之佛学论文自选集，共十五篇，分"义理"、"人物"两大部分。兹分述如下：

　　一、义理篇。包含六篇，分别是：《"慈悲"进入中国文化观念：从佛经初译到大乘初传》、《大乘佛教的慈悲思想》、《禅定与大乘慈悲心的修习——以"慈悲观"和"慈心三昧"为例》、《佛教应对现代生态危机的理论与实践空间：从"缘起"到"慈悲"》、《论生活禅的契理和契机》、《"觉悟人生是大智慧，奉献人生是大慈悲"——"生活禅"与大乘佛教"悲智"思想，兼怀净慧长老》，均围绕大乘佛教教义教理核心——"慈悲"而敷演。"慈悲"一词为佛教专有，是佛教根本精神之汉语表达。作为佛教"心髓"，"慈悲"不仅漫漶于"三藏十二部"，更融贯了汉传佛教的"中国特性"和"佛教特性"。国内目前尚未有专门研究"慈悲"的专著，本人的研究即试图为慈悲思想提供一种佛教本位的现代诠释。

　　前三篇可视作"慈悲"总论，所涉约之为三：其一，"慈悲"最早见于东汉以后译出的大乘经论，作为佛经以外未曾有的新语词，从产生之日起便脱离了本土文化传统的意义规定，承担起"窥一斑而见全豹"、以一词之力通达佛教全体的重任。从汉传佛教的内在理路看，这也是由最早的译经僧和佛教理论家所完成的"契理应机"的方便。其二，"慈悲"承载了大小乘行人之义学思辨和止观证量。慈悲是空性的证成，以闻思修慧为前提的禅定实践是增长慈悲心的必

1

由之路，其中尤以"慈悲喜舍"四种无量定的修持最恰切。定中方有"慈心"、"悲心"、"喜心"、"舍心"及"无量"的主观体验，从而"形诸于内、诉诸于外"。"慈悲观"的"观"首先是"止观"的"观"，然后才是"观念"的"观"。

其三，慈悲心和智慧心相即为菩提心，慈悲行和智慧行相即为菩萨行，从发起菩提心到证得菩提心的道路，就是大乘菩萨道。大乘佛教慈悲思想就蕴含在大乘菩萨道理论和实践中，菩萨的救度情怀、平等精神、利他精神和广博之"爱"，是沉浮于苦难世间的众生的心灵依怙。从"有为法"的层面，"菩萨"亦可与儒家高悬的理想人格相融通，无论儒家之"仁"还是佛教之"悲"，俱鼓励世人见贤思齐，祛除无明，开显本有之心性，以爱成人、以爱成己、以爱成物。"慈悲"进入中国文化观念的过程，也是大乘佛教在中国落土生根的过程。

后三篇所论，一言以蔽之，即"慈悲与当代生活"——把"慈悲"的义理研究成果落实于对当代问题的探讨。其中，《佛教应对现代生态危机的理论与实践空间：从"缘起"到"慈悲"》一文认为，"心灵环保"作为隐喻，是佛教以自家本分对当代生态保护运动的一种回应，生态危机正好为当代佛教参与公共事务提供了契机。佛所说一切法，皆围绕智慧和慈悲展开，真正的智慧是洞彻宇宙人生的大智慧，真正的慈悲是不分冤亲、不分种族、不分国界的"无缘大慈、同体大悲"。为救度一切众生而无私无畏、永不休息，是"菩萨"的应有之义。通过回应现代生态危机，佛教传达出一个世界性宗教所拥有的安定社会、安顿民心的力量，而这种力量正可落实在"慈悲心"和"慈悲行"。《论生活禅的契理和契机》、《"觉悟人生是大智慧，奉献人生是大慈悲"——"生活禅"与大乘佛教"悲智"思想，兼怀净慧长老》两篇，旨在为当代佛门大德净慧长老提出的"生活禅"思想张目。"生活禅"承续太虚大师提出的"人间佛教"，以"发菩提心"为对治现代病的猛药，把大乘之"两轮"——"智慧"和"慈悲"落实于"觉悟人生、奉献人生"。"生活禅"思想及弘化实践，是中国佛教现代化进程的重要一环，也是当代文化、思想和信仰研究的宝贵案例。

二、人物篇。该组文章共九篇，始于南北朝后秦时期佛经翻译家、高僧鸠摩罗什，终于晚近致力佛教现代化的高僧释太虚，中间涵纳唐六祖惠能、北宋释契嵩、南宋密庵咸杰、元刘秉忠，并兼及与佛门互动的儒家士大夫和学问家，如北宋名臣余靖、与释太虚同时代的陈寅恪、梁漱溟，以及现代新儒家代表人物牟宗三。以佛教为本位、以历史为舟楫、以人物为节点、以思想为依归，大致勾勒出佛教东传后历经的"中国化"道路。

关于"印度佛教"和"中国佛教"是"一个佛教"还是"两个佛教"的讨论自晚近以降长盛不衰。本人认为，虽然"若佛出世，若未出世，此法常住，法住法界"，2500多年前佛陀成就正觉、安立教法、开显教理，指示出一条涅槃证悟的道路，此"一大事因缘"亦不得不落实于人类社会有限的历史时空，所谓"印度佛教"盖由此肇始。其后佛法随类流布、随缘显隐，应机化育、因果相续。东汉年间，"胡僧"安世高和支娄迦谶译出最早的汉语佛经，佛法亦开启依托汉文字而流布的新篇章。以汉译佛经为核心的汉传佛教终究还是要解决"契理应机"的问题——契理，指契合佛法终极真实、契合佛陀垂教本怀；应机，指契合时节因缘，契合所在地的历史地理、文物典章。道本教迹，理不变而事常新。佛教在中国的历史时空和文化时空中迁变流转、生灭聚散，和中国本有之文化互相生发而开出新新气象。以"法尔如是"论，佛法无时无方，无新无旧，无传统无现代，印度佛教与中国佛教只是一个佛教；以"随物应机"论，不仅中国佛教作为总体要为佛之"一音演说"找到兼具"楷定（诸法实相）"和"简别（内外邪正）"功能的独有表达，不同历史阶段的中国佛教还要直面不同的时代课题。

上述努力不出"契理应机"四字，为此而作精勤不懈地上下求索、善巧方便地弘化一方的典范，莫如志求佛道以续佛慧命的历代高僧大德。故本人随缘选取几位历史人物，谬托知己、聊寄浅见。其中，鸠摩罗什的成就主要在译经及对中国佛教各宗派的深远影响；惠能是禅宗六祖，陈寅恪称其"特提出直指人心、见性成佛之旨，一扫僧徒繁琐章句之学，摧陷廓清，发聋振聩，固中国佛教史上一大事也"；释契嵩腹笥丰赡、兼通儒佛，所著《孝论》被称为"佛门《孝经》"，是研究"佛教中国化"绕不过去的思想重镇；密庵咸杰是两宋之交的著名禅僧，担纲了禅宗南宗之临济宗杨岐派虎丘一系的振兴大业——这也是自惠能以降至现当代唯一没有中断的禅宗法脉。相关论文考其行状、究其禅法，发覆传承过程中的历史样貌；刘秉忠法号子聪，是元代著名禅僧、忽必烈之权臣，俗称"黑衣宰相"——既列僧数，又居高位，在中国历史上极为特殊。刘秉忠研究对佛教出入世、佛教戒律、佛教和王权的关系等问题的探讨有重要意义；释太虚有《太虚大师全书》，他首唱的"人间佛教"思想引领了晚近以来最有生命力的佛教思潮，1949年后，中国佛教协会即以此为指导方针。相关论文梳理了20世纪20年代初梁漱溟和释太虚关于佛教入世问题的论争。理清其间曲直，可以一窥近世佛教面对"古今"、"东西"、"中印"、"儒释"等诸多错综关系时的复杂处境，从而更深入地理解当代佛教各种面向和"人间佛教"弘化实践。

儒佛关系是佛教中国化研究的重要论域。除梁太论争，本人还以北宋名臣余靖的《武溪集》为入手处，还原韶州地区佛教概貌，管窥儒佛关系最为激荡的北宋社会的宗教和文化。而这一论域中不可回避的"格义佛教"问题，本人从陈寅恪及其《支愍度学说考》切入。相关论文结合陈寅恪一生行藏，辨析陈著中"格义"、"支愍度"、"伧僧"所涉之"古典"和"今典"，以为陈寅恪关于"格义"之研究，并不止于对一种文化传播现象作发微显覆，意在借两次"西学东渐"的比对，探寻大变局下中国文化和外来文化的关系，以期廓清中国道路之何去何从；陈寅恪屡用"支愍度典故"，或以伧僧自况，当得意于自己"不立新说"而"不负如来"，意在标榜续文化慧命之人"不曲学阿世，不侮食自矜"的德行风范，彰显"独立之精神，自由之思想"这一文化信念。

综上，《化城集——佛教义理和佛教人物研究》之义趣可化约为两个关键词："佛教中国化"和"契理应机"。悠久的宗教传统、文化传统从来都是人类精神的庇护，而"现代"以后人类谋求"发展"和"进步"的努力却时不时向自古即有的"信仰"和"美德"提出挑战，虚无、怀疑、贪婪、仇恨、傲慢将把人类引向万劫不复的歧途。"人心惟危，道心惟微"，"心"的迷失是环境危机、能源危机、道德危机等种种现代危机之根源，"心净则国土净"。儒释道三家曾经是传统中国的价值源泉，有责任对现代危机做出回应，有责任护佑中国人的今天和明天，为中华民族昭示方向。这本论文集可谓本人对上述议题所贡献的绵薄之思。

本书书名典出什译《妙法莲华经》"化城喻品"。经中大意：为获取珍宝，导师引领众人走在险绝恶道上。前路迢迢，难免有人疲极畏难，意欲退转。导师施设方便、好言相诱：但行莫急，前方有城或可稍歇。城果现前，众心欢喜，生安稳想。导师即灭此城，语众人曰：此为"化城"，乃随顺众生心而幻化，诚非实有，不可贪执。无上珍宝前之不远，汝等但莫忘初衷，勿丧初心！众遂精进，别"化城"而再赴趣求无上菩提之道。

佛依其究竟觉证，慈悲安立种种教法，开显"缘起性空"的存在实相，这是"佛教"二字最素朴、最本真的含义。这一过程对众生而言是反向的，是"信、解、行、证"的修证实践，是"得鱼忘筌、见月忘指"，是"心行路灭、言语道断"。所以，研究佛教义理，要对理性所能抵达的边界有清晰的反省，要时刻警觉文字对"实相"的杀伤力；历史时空中的佛教又总是由那些信仰笃实、志求佛道的高僧大德勉力支撑，所谓"诸法实相"，首先关乎"信仰"和"实践"，而不是"理解"和"解释"。佛教信仰的根本在于确信圣言之如理如量，佛教实践的核心在于如实亲证、自利利他。如何用"客观""中立"的现代学术规则去"阐述、解释和评量"一个"价值"的承载者、践履者和弘传者呢？所以，研究佛教人物，要对"方法"和"立场"有既宏观又微妙的把控和调适，"出""入"之间不乏"同情之默应"，"迎""拒"之际无愧古德之深心。

《化城集——佛教义理与佛教人物研究》恰好包含"佛教义理研究"和"佛教人物研究"两部分。择取"化城"二字，无非想让自己时时怵惕——一本假"文字""研究"佛教的书、一本以己意妄度圣贤的书，也许只能视其为"化城"。然"化城"虽幻、转瞬即逝，本人之志业之途尚在真实延伸，初心亦未敢稍离。边忘怀边忍耐、边放下边承担——一切还在继续。

2013年6月5日

于京西时雨园停云庐

上编
义理

　　该组文章共六篇，均围绕佛教教义的核心——慈悲而敷演。前三篇可视作慈悲总论。"慈悲"作为佛经传译以后才出现的汉语新词，从产生之日起便脱离了中国本土原有的"慈"或"悲"的意义规定；"慈悲观"的"观"首先是"止观"的"观"，然后才是"观念"的"观"；大乘佛教慈悲观就蕴含在大乘佛教菩提道思想之中，大乘佛教"上求菩提、下化众生"的精神，即慈悲精神。"慈悲"进入中国文化核心观念的过程，也是大乘佛教在中国落土生根的过程。后三篇所论，一言以蔽之，即"慈悲与当代生活"，亦即把对慈悲义理的研究成果落实于对当代社会问题的探讨。

"慈悲"进入中国文化观念：从佛经初译到大乘初传

"慈悲"能成为中国文化核心观念之一，前提是佛教传入中国后，外来译经家和中国佛教学者不断调适印度文化和中国文化、佛教思想和儒道思想、教理之本和教化之迹之间的内在紧张，最终弃小乘并以大乘融摄之，在中国文化语境下一步一步完成了"中国大乘佛教"这一自身主体性的建构。

"慈悲"一词源于汉译佛经，在佛教东传之前，中国本土文化典籍中仅有单独使用的"慈"或"悲"。传入中土的佛经主要由梵文迻译，和汉字"慈"或汉字"悲"对应的梵文词亦是两个独立的词汇，彼此内涵非常接近。而"慈悲"在严格意义上并无专属之梵文词，若有也仅是把"慈"和"悲"分别对应的梵文词简单并置。仅从翻译言，"慈悲"有时等同于"慈"，有时等同于"悲"。佛经自东汉传入，此前，中国本土文化观念中的"慈"或"悲"各有独立的用法和清晰的意义，佛经翻译者从众多汉字中选中"慈"和"悲"对应梵文，当基于对中国本土固有的文化精神和对佛经经文所传达的佛教教义及信仰的双重理解。从这个意义而言，佛教中国化的努力自佛经翻译就开始了。

虽然"慈"和"悲"被佛经翻译者"征用"，并在佛教这一对中国人而言全新的知识体系、观念体系、信仰体系和修证体系里有了特定意义和自身的发展历史，但其原有的意义轨迹并未中断，且一以贯之。今天我们使用的"慈"和《尚书》、《老子》中的"慈"意思并无不同，"悲"和《诗经》、《楚辞》的"悲"也大体相当。真正堪称典范的是"慈悲"——这是一个出自梵文佛经又本于中国固有文化传统的专属于佛教的汉语新词。当"慈悲"以及由此衍生的"慈悲为怀"、"慈悲济度"、"大慈大悲"、"慈悲方便"等在中国人的生活中日用而不知时，我们或可约略体认来自印度的佛教最终和中国本土文化中的儒道二家互融互摄，共同成为传统中国的文化根基和价值源泉。

　　"慈悲是佛道之根本"①，在整个佛教"信解行证"修行体系中，"慈悲"无处不在，如空气和水，氤氲于每个角落。佛教传入中国前，在印度经历了原始佛教、部派佛教等发展阶段，在中国文化土壤中立足并壮大的，主要是大乘佛教，而慈悲是大乘佛教之"心髓"。从"根本"或"心髓"这类未必严谨的譬喻或可约略意会历代佛教思想家和高僧大德对"慈悲"的价值肯认——任何借助逻辑和语言的框定都是对"慈悲"的减损，任何撮之成型的努力都无疑挂一漏万。在学术研究愈趋体系化、理性化和工具化的今天，"慈悲"或被描述为"佛教思想体系"中的一部分，或被定义为佛教伦理中的一项德目，或笼统称之为"佛教核心价值观"。这些俱可算作"方便施设"，以"知其不可而为之"也。用现代学术方法研究古代信仰系统尤其佛教，研究者必须对自身之局限有清醒的意识："慈悲"关涉成佛信仰和成佛实践，关乎佛教所言之"实相"，任何思想体系、任何基于理性的方法和借助语言文字的表达都不可能抵达其本身。

　　作为《中国文化观念通诠》的组成部分，本文姑且视"慈悲"为一种"观念"。这也是梳理和表达的方便，毕竟"指月之指"不可或缺。这种限定的好处在于，"研究"终于有了假手处，研究对象不再是恍兮惚兮的"慈悲"，而是稍可名状的"佛教慈悲观"。其实，在佛教看来，若依般若正见，则由"不可思议"到"可思议"、由"不可名"到"可名"，这种努力本身即是"慈悲"。

一、佛经传译前中国本土文化观念中的"慈"与"悲"

　　佛教是佛法在人类社会应化的方法和形式。如果说佛法无所不在，不受时间方所限制，佛教则有赖于每一个个人、时代、地区的特殊因缘。佛教何时传入中国，仅据文献很难确定，依吕澂《中国佛教源流》②、汤用彤《汉魏两晋

---

① 龙树造：《大智度论》卷二十七，(后秦)鸠摩罗什译，《大正藏》第25册，第256页。
② 吕澂：《中国佛学源流》，中华书局1979年版，第20页。

3

南北朝佛教史》①，东汉"明帝求法"被公认是佛教传入的开始，时值公元一世纪。至于最初译出的佛经，近代以前一直以为是《四十二章经》，吕澂考订其非印度佛经传入中国的第一部，更不是直接的译本，而是东晋初产生的一种经抄。②如此，佛学初传只能从翻译家和他们所译之经籍中寻找线索。据较早且较可信的经录《综理众经目录》，中国最早的佛经翻译家有两人：安世高和支娄迦谶，他们到达洛阳的时间分别是公元148年和147年，译经活动持续近40年。东汉尚有摄摩腾、竺法兰、支曜等译经家，稍晚的三国时期则有译经家康僧会、支谦、白法祖等。据《开元释教录》，从东汉到三国，译经家翻译过来的佛经有将近600种之多，惜大部失传。③

　　本文拟在此部分简要梳理汉魏以前"慈"和"悲"在中国文化典籍中的运用，以及上述佛经中涉及"慈"、"悲"或"慈悲"的文本，以期通过两者之间的比对大致呈现佛教慈悲观和中国本土文化传统之间的关联。

　　先说"慈"。

　　《说文解字》："慈，爱也。"④《韩非子·解老》中"慈于子者不敢绝衣食，慈于身者不敢离法度，慈于方圆者不敢舍规矩"⑤，"慈"即"爱惜"、"仁爱"的意思。《白虎通义》卷三："闻角声，莫不恻隐而慈者；闻徵声，莫不喜养好施者；闻商声，莫不刚断而立事者；闻羽声，莫不深思而远虑者；闻宫声，莫不温润而宽和者也。"⑥此处"慈"显然指情动于中而涌现的爱的情感。又《礼记·曲礼上》："兄弟亲戚称其慈也。"孔颖达疏："慈者，笃爱之名。"⑦比较而言，第一例中的"慈"偏重"爱"的范围之广泛，第二例中的"慈"偏

　　① 汤用彤：《汉魏两晋南北朝佛教史》，武汉大学出版社2008年版，第13页。
　　② 吕澂：《中国佛学源流》，第276页。
　　③ 转引自吕澂：《中国佛学源流》，第27页。
　　④ （汉）许慎：《说文解字》，中华书局1963年版，第218页。
　　⑤ （战国）韩非著、陈奇猷校注：《韩非子新校注》，中华书局2000年版，第423页。
　　⑥ （清）陈立撰、吴则虞点校：《白虎通疏正》，中华书局1994年版，第95页。
　　⑦ 李学勤主编：《礼记正义》，北京大学出版社1999年版，第25页。

重"爱"的程度之深重。《春秋繁露十一》把"爱"、"慈"并用:"父子不亲,则致其爱慈;大臣不和,则敬顺其礼;百姓不安,则力其孝弟。"①上述三例中"爱"的对象或自身或亲人或邻居或周边之人,不出"人事",与己相关,亲疏有差,与"仁"相类,故有"慈仁"的用法。如《庄子·天下》:"以仁为恩,以义为理,以礼为行,以乐为和,熏然慈仁,谓之君子。"②

上述"慈"亦可理解为施爱之行为及所至之成效,并不强调施者与受者之间的关系。《诗·大雅·皇矣》有"克顺克比"一句,毛传:"慈和遍服曰顺。"孔颖达疏引服虔曰:"上爱下曰慈。"③父母爱子女这种基于血缘的从上至下的爱的施与,应该是"慈"更普泛的用法。贾谊《新书·道术》:"亲爱利子谓之慈。"④《大学》:"为人君,止于仁;为人臣,止于敬;为人子,止于孝;为人父,止于慈;与国人交,止于信。"⑤父母对子女有"慈"的人伦义务,相应的,下敬上则曰"孝",子女对父母有"孝"的人伦义务,"孝慈"即由是出。《韩诗外传》卷三:"太平之时,民行役者不逾时。男女不失时以偶,孝子不失时以养;外无旷夫,内无怨女;上无不慈之父,下无不孝之子;父子相成,夫妇相保;天下和平,国家安宁;人事备乎下,天道应乎上。"⑥父慈子孝,则父子得以各安其位、相互成全,这是太平之世的应有之义。

上对下的爱曰"慈",反之,下对上的爱,有时也称为"慈",如《礼记·内则》:"父子皆异宫,昧爽而朝,慈以旨甘。"郑玄注:"慈,爱敬进之也。"⑦《庄子·渔父》:"事亲则孝慈。"⑧此种用法的"慈"兼有"敬"、"孝"之意。另兄对弟之爱也称"慈",如《荀子·君道》:"请问为人兄?

---

① (汉)董仲舒撰,(清)凌曙注:《春秋繁露》,中华书局1975年版,第387页。
② (清)郭庆藩撰,王孝鱼点校:《庄子集释》,中华书局1961年版,第1066页。
③ 李学勤主编:《十三经注疏·毛诗正义》,北京大学出版社1999年版,第1026页。
④ (汉)贾谊撰,阎振益、钟夏校注:《新书校注》,中华书局2000年版,第303页。
⑤ (宋)朱熹撰:《四书章句集注》,中华书局1983年版,第5页。
⑥ (汉)韩婴撰、许维遹校释:《韩诗外传集释》,中华书局1980年版,第102页。
⑦ 李学勤主编:《礼记正义》,北京大学出版社1999年版,第833页。
⑧ 《庄子集释》,第1032页。

曰：慈爱而见友。"①

综上，"慈"的特征可大体概括为：其一，是一种发自"心"的无需论证的美德；其二，发生于人与人之间；其三，是一方施与另一方的爱意及达至的效果；其四，用法和"仁"近似，推己及人，施爱者与受爱者之间的关系有亲疏差等；其五，特指家庭伦理中的爱，如父母对子女、子女对父母或兄弟之间，尤以"父母爱子女"的用法最为通行和深入人心。

又老子《道德经》第六十七章："我有三宝，持而保之。一曰慈，二曰俭，三曰不敢为天下先。慈故能勇，俭故能广，不敢为天下先，故能成器长。今舍慈且勇，舍俭且广，舍后且先，死矣。夫慈，以战则胜，以守则固。天将救之，以慈伟之。"②在老子的思想体系中，"道"是全体，无以名，先于有形的天地万物，没有所谓"有无"、"难易"、"长短"、"高下"、"音声"、"前后"等的对立分别，万物平等，任运自然，皆通于"道"。"慈"亦通于"道"，作为"三宝"之首的"慈"，当是自然素朴的、无褊狭的平等之爱，泯灭了亲疏之别，亦无专有对象，甚至消融了施者与受者之差别："圣人自知而不自见也，自爱而不自贵也。"③

故"慈"亦可约为两大类：一者有亲疏差等，推己及人，一者无亲疏差等，一视同仁。前者和儒家的"仁"接近，尤其运用于家庭关系中的上下关系；因父母对子女的爱至深至切，这一类"慈"偏于传达爱的深度；后者则以老子"三宝"之一的"慈"为典型，偏于传达爱的平等和普遍。

再说"悲"。

《说文解字》："悲，痛也。"④借用佛教把"眼、耳、鼻、舌、身、意"六种感觉器官及相应之感觉能力称为"六根"。"痛"最先当由六根生，是身体

---

① （清）王先谦撰，沈啸寰、王星贤点校：《荀子集解》，中华书局1988年版，第232页。

② 朱谦之撰：《老子校释》，中华书局1984年版，第271页。

③ 同上，第286页。

④ 《说文解字》，第222页。

的疼痛感觉，引申为情感升腾之痛，即"悲"。"悲"和"慈"一样，从"心"，《诗·豳风·七月》："女心伤悲，殆及公子同归。"①《古诗十九首·西北有高楼》："上有弦歌声，音响一何悲。"②《乐府诗集·长歌行》："少壮不努力，老大徒伤悲"，③"悲"的意思是发自内心的哀痛、伤心。指向强烈而痛切的情绪的"悲"衍生出"悲切"、"悲愤"、"悲凉"、"悲凄"等词，东汉以前，主要见于《诗经》、《楚辞》等文学作品中。文学作品对作者而言是情绪的抒发和情志的寄托，对读者而言，则感同身受，情动于中，"悲"由此成为一种表达的技巧和作品的风貌，为创作者所自觉、为欣赏者所企慕。如王充《论衡·自纪》："盖师旷调音，曲无不悲。"王褒《洞箫赋》有"故知音者乐而悲之，不知者怪而伟之"，钱锺书论曰："奏乐以生悲为善音，听乐以能悲为知音，汉魏六朝，风尚如斯，观王赋此数语可见也。"④

"悲"又有引申意"思念、怀念、眷顾"，如《史记·高祖本纪》："谓沛父兄曰：'游子悲故乡。吾虽都关中，万岁后吾魂魄犹乐思沛。'"⑤《汉书·高帝纪下》载此文，颜师古注："悲谓顾念也。"⑥

从上又引申为"怜悯"，如《史记·扁鹊仓公列传》："书闻，上悲其意，此岁中亦除肉刑法。"⑦《老子》："杀人之众，以悲哀泣之。"⑧

钱锺书《管锥编》中有一段举多例专议"乐极生悲"之事："人情乐极生悲，自属寻常，悲极生乐，斯境罕证。……忘悲减痛则有之，生欢恋喜犹未许在。"例如《淮南子·原道训》："夫建钟鼓，列管弦，席旃茵，傅旄象，耳听朝歌北鄙靡靡之乐，齐靡曼之色，陈酒行觞，夜以继日，强弩弋高鸟，走犬逐

---

① 李学勤主编：《十三经注疏·毛诗正义》，北京大学出版社1999年版，第494页。

② （清）沈德潜选：《古诗源》，中华书局2006年版，第77页。

③ 《古诗源》，第66页。

④ 钱锺书：《管锥编》，中华书局1979年版，第946页。

⑤ （汉）司马迁撰：《史记》，中华书局1959年版，第389页。

⑥ （汉）班固撰：《汉书》，中华书局1962年版，第75页。

⑦ 《史记》，第2795页。

⑧ 《老子校释》，第127页。

狡兔：此其为乐也，炎炎赫赫，怵然若有所诱慕。解车休马，罢酒撤乐，而心忽然若有所丧，怅然若有所亡也。是何则？不以内乐外，而以外乐内；乐作而喜，曲终而悲；悲喜转而相生，精神乱营，不得须臾平。察其所以，不得其形，而日以伤生，失其得者也。"又如《抱朴子·畅玄》："然乐极则哀集，至盈必有亏，故曲终则叹发，宴罢则心悲也。实理势之攸召，犹影响之相归也。"[①]"悲"与"乐"看似相反相成的一对，实非处于同一层级，"乐"是有条件的、短暂、易逝，"悲"总会到来，无有条件，无可逃避。因其彻底，"悲"较之"乐"更能抵达宇宙人生之真相。从这个意义上，"悲"在人类诸多情感中可堪担当与天交流之重任，是通往天道的窗口。佛教之"苦谛"以"人生毕竟苦患"为全部预设的起点，体察到"苦"，难免生"悲"。

综上，"悲"的特征可大体概括为：其一，主要留存于中国文学或诗学传统中，表达哀痛的情绪，营造"以悲为美"的意境，继而扩充为对天道终极的体悟与感怀。检索《四库》，"悲"在集部出现居多，可为佐证。其二，解作"怜悯"的例子在东汉以前的文献中并不多见，以《老子》一例最典型。其三，内涵有一个明显的扩张轨迹：由浅及深，从身体之反应到情感之承载；由小及大，从一己之情绪到全体之情怀；由事及理，从具体的抒情到抽象的沉思；由狭及广，从有限之人事到普遍之天道。

二、安世高、支娄迦谶所译佛经中的"慈"与"悲"

如前所述，最早的佛经是由东汉时期来洛阳的"胡僧"安世高和支娄迦谶译出的。安世高是西域安息人，相传是安息国王子，支娄迦谶是西域月氏人。两人所译佛经在道安编《综理众经目录》中有统计。《大正藏》中，署名"安世高译"的经籍有56种，署名"支娄迦谶译"的经籍有12种，但据汤用彤和吕澂两位佛学大家考证，可信且迄今可见的远远低于上述数目。参照汤吕两家的研

---

① 引文及相关内容见钱锺书：《管锥编》，第884页。

究并检索《大正藏》可知，确认为安世高所译经中，《长阿含十报法经》、《人本欲生经》、《七处三观经》、《佛说大安般守意经》这四部经中有"慈"的用法，确认为支娄迦谶所译经中，《般若道行经》、《佛说般舟三昧经》、《佛说阿阇世王经》、《佛说内藏百宝经》和《佛说伅真陀罗所问如来三昧经》涉及"慈"和"悲"的用法。安世高和支娄迦谶两家的翻译"各有局限，只是全体佛学的一部分。安译限于小乘上座一系，支译则专属大乘经类（当时大乘兴起不久）"[①]。本部分拟对上述经中的"慈"、"悲"用法做出分析，一方面考察最初传入的佛经和中国本土文化传统之间的关联，另一方面亦可一窥"慈"、"悲"在大小乘佛教经籍中的不同含义以及大乘佛教慈悲观的形成轨迹。

据日本著名佛教学者中村元的研究，巴利语mettā、梵语maitrī（或maitra）被对应为汉字"慈"。从语源考察，这三个词是"真实的友情"、"纯粹亲爱之念"的意思。巴利语或梵语karuṇā被对应为汉字"悲"，在印度一般文献中，这个词代表"爱怜"、"同情"、"温柔"、"有情"。[②]

梁僧祐《出三藏记集·安世高传》载，安世高博通经藏，擅长阿毗昙学并常嗏诵修习禅经，"其所敷宣，专务禅观"[③]。安世高传译佛经并非汗漫无归，而是"很纯粹地译述出他所专精的一切"[④]。也就是说，安世高擅长小乘说一切有部的禅数，[⑤]他译出的佛经多与此相关。安世高可谓将小乘禅学传入中土的第一人。

印度部派佛教中定法分"世间定"和"出世间定"，"四无量心"对应欲界，是世间定；"四禅"和"四空定"分别对应色界和无色界，是出世间定。三组定法合称"十二门禅"。"四无量心"即为令无量众生离苦得乐而起的慈、悲、喜、舍四种心，"或依定起慈等四种观想，或依慈等四种观想而起

① 《中国佛学源流》，第27页。
② 中村元：《慈悲》，江支地译，东大图书股份有限公司1997年版，第14页。
③ （梁）僧祐：《出三藏记集》卷六，《大正藏》第55册，第43页。
④ 《中国佛学源流》，第285页。
⑤ "定学即禅法，慧学即数法"，《中国佛学源流》，第285页。

定"。①"四无量心"以慈心为本，只是把慈心一析为四种意思分别说。"四无量心"又称四等心、四梵住、四梵行、无量心解脱，依梵文原意，慈，即友爱之心；悲，即同情他人的受苦；喜，即喜悦他人之享有幸福；舍，即舍弃一切冤亲之差别相而平等亲之。

由吕澂考证确认为安世高所译经中仅有几处涉及"慈"、"悲"，都和"禅数"亦即止观法门有关。具体如下：

《长阿含十报法经》卷一："二为若行者言：'我有慈意定心，已作已行已有，但有杀意不除。'可报：'不如言。何以故？已慈心定意，已行已作已有，宁当有杀意耶？无有是。何以故？已有慈意定心，为无有杀意。'"②这段话是佛陀对提问的解答，大意是：如果有人宣称自己已进入慈心定，不再受后有果报，但内心尚残留杀意，这种说法是不对的。已入慈心定（慈心三昧），便无有杀意。此处之"慈心"即四无量心之一，梵文和汉语的会通之处在于"爱"，且取本文在第一部分总结的第二大类爱——平等普遍之爱，和《老子》"三宝"之一的"慈"很接近。《佛说大安般守意经》中的"慈"亦复如是。

《七处三观经》卷一："如是，人亦有三病共生共居道德法见说。何等为三？一者欲，二者恚，三者痴。是比丘三大病有三大药，欲比丘大病者，恶露观思惟大药；恚大病，等慈行大药；痴大病，从本因缘生观大药。是比丘三大病者三药。"③"欲恚痴"即"贪嗔痴"的异译。这段话的意思是，"欲恚痴"三大病可分别用"恶露观"、"等慈行"和"因缘生观"这三大药对治。"病"即烦恼，"恶露观"即不净观，"因缘生观"即"观生无常"。此处"慈"亦是和汉语的"慈爱"、"友爱"意会通，同时强调"平等"，"慈"前甚至专门加了"等"字。"等慈"的用法也是汉译佛经独有，或正始于安世高。因是对治"嗔恚"一病，便要"胜解作意"，在禅修中观想如何了无差别地爱众生，令无量众生皆得

① 释印顺：《空之探究》，中华书局2008年版，第21页。
② （汉）安世高译：《长阿含十报法经》卷一，《大正藏》第1册，第236页。
③ （汉）安世高译：《七处三观经》卷一，《大正藏》第2册，第882页。

安乐。如此，"等慈行"或"慈心定"中的"慈"有"施与爱"的意思，施受的主客体宛然犹在。如印顺法师所说，不起自他分别的"无缘大慈"要到大乘佛教中才能表达出来。①

《佛说大安般守意经》："安般守意得自在慈念意"及"定意慈心念净法，是为直身"两处。②"安般守意"即通过观察出入息而守护意识，不再不由自主四处寻伺，从而获得定境。这里的"慈"大体等同上述"慈悲喜舍"四无量心之"慈"，不同的是，只提"慈"而不提及余三。这正好体现了佛法把"慈"视为人类最重要的德目，故以观行不同、对治不同而分别为"四心"，"四心"综合起来才是慈心的全貌。

涉及"悲"的有两处，分别是《佛说大安般守意经》之"仰瞻云日，悲无质受"③和《人本欲生经》之"如是，阿难！从爱求因缘受，从受因缘有，从有因缘生，从生因缘老、死、忧、悲、苦、不可意、恼生，如是为具足最苦阴"④。可以肯定的是这两处"悲"都不是上述四无量心之一的"悲"，仅表达哀痛的情绪，和中土已有文献典籍中"悲"的内涵有很大重叠。

再看由吕澂考证确认为支娄迦谶所译经中的"慈"和"悲"。

支娄迦谶简称支谶，译经年代在公元178—189年，比安世高稍迟。安世高在译经事业中筚路蓝缕，在遣词造句上积累的经验正好为支谶所用，故支谶所译经数量更多，更加流畅，更切近"本旨"。但支谶并未偏离"敬顺圣言，了不加饰"的原则，但求保全原本的面目。

"支谶译籍的种类恰恰和当时安世高所译的相反，几乎全属于大乘，可说是大乘典籍在汉土翻译的创始。"尤其译成于东汉灵帝光和二年（179）的《般若道行经》，是最先在中国弘通的印度般若经典，"由这部经的译出便有了趋入

---

① 释印顺：《空之探究》，中华书局2008年版，第23页。

② （汉）安世高译：《佛说大安般守意经》，《大正藏》第15册，第163页。

③ 同上，第170页。

④ （汉）安世高译：《人本欲生经》，《大正藏》第1册，第242页。

大乘的途径"。又因其时中土思想界正流行道家"无名天地之始",有人以道解佛,以道家"有无"比附佛教"性空",以道家"道行"比附佛教"波罗蜜",般若经由是流布。因此,《般若道行经》"是佛家学说特别是般若理论的入门之籍"①。兹考察此经,看支谶译经中的"慈"和安世高译经中的"慈"面貌何以不同。

佛教以"苦"为世界的真理和人生的真相,苦的根源在于人的贪执,克服贪欲才能脱离苦海,求得解脱。这是佛教教义、教化和修行的前提和归宿。"空"是佛陀之所证悟,在原始佛教时期,佛陀将具体事物"析为因缘以证空",不事玄想,破除贪执,直指解脱。原始佛教空观建立在缘起论基础之上,一切事物因缘和合而成,缘聚则生,缘散则灭。"诸行无常"、"诸法无我"和"涅槃寂静"三法印,归为一字,即"空"。

佛陀入灭后,部派佛教偏离了佛陀本怀,开始关注抽象的形而上问题,如"世界是实有还是假有"。说一切有部以为过去现在未来"三世实有"、"法体恒存";犊子部等部派以为"我法俱有";有的部派以为"法有我无",有的部派以为"我法俱空",龙树言"方广道人恶趣空"。②

部派佛教以后兴起了大乘佛教。印顺法师认为,"佛涅槃所引起的,对佛的永恒怀念",为"佛法到大乘佛法"的原动力,"求成佛道"成为大乘最高理想。"以根性而论,有重信的信行人,重智的法行人,更有以菩萨心为心而重悲的。"③以是义故,大乘佛教的修学总纲终不离"菩提心"、"大悲行"和"空性见"。

大乘般若类经典的出现,既承续上述形而上意义的空有之辩,又配合修证意义上的菩萨行。"般若"是音译,意译为"智慧",然此为"(因地)成佛之智

---

① 《中国佛学源流》,第289页。

② "更有佛法中方广道人言:'一切法不生不灭,空无所有,譬如兔角龟毛常无。'"龙树造:《大智度论》卷一,鸠摩罗什译,《大正藏》第25册,第61页。

③ 释印顺:《初期大乘佛教之起源与开展》,中华书局2008年版,第17页。

慧"和"（果地）佛之智慧"，世间所谓"智慧"不能及其万一。从空有之辩的角度，般若思想以为"性空幻有"，因缘和合无自性故空，假名施设故有，空有不二，不一不异。然而佛法首先是修证的法门，其后才有集结的经典，故"般若是体悟的修证法门，不是义理的叙述或解说。"①就解脱而言，大乘般若法门和原始佛教、部派佛教所不同处在于，部派佛教"在未见道前，总是先以无常、苦、无我（或加不净）为观门，起厌、离心而向于灭"②，般若法门不作如是观，不从世俗所见的生灭入手，而直接从不生不灭之"法性"顿入。

《般若道行经》与三国吴支谦译《大明度经》、鸠摩罗什译《小品般若经》、玄奘译《大般若经》第四分等经同本，是最早传入中国的大乘佛教般若类经典。这部经的特色在于：其一，阐明了六波罗蜜中般若波罗蜜和前五波罗蜜（布施、持戒、忍辱、精进、禅定）的关系："般若波罗蜜者是地，五波罗蜜者是种。""受般若波罗蜜者，为悉受六波罗蜜。"其二，明确了"菩萨乘"必由修习般若波罗蜜中成就：欲学菩萨法，当闻当学当持当受般若波罗蜜，过去现在未来三世诸佛皆从六波罗蜜中出，成萨云若（一切智）。其三，菩萨摩诃萨的精神实质在于本来成佛却不至佛道，一心回向众生、济度众生。其四，提出菩萨在济度众生时要学习"沤和拘舍罗"（即"善巧方便"），而且这种善巧方便只有获得般若智慧才能生起："菩萨摩诃萨当学沤和拘舍罗，未得般若波罗蜜者不得入，已得般若波罗蜜乃得入。"般若波罗蜜是实智，证悟过未现三世之法无所取无所舍，无所知无所得；沤和拘舍罗是权智，菩萨以无所得的方便，于"布施于人"、"欢乐于人"、"饶益于人"、"等与"这四事中护持萨和萨（有情众生）。③

基于上述分析，《道行般若经》中的"慈"有三类用法：

其一，指菩萨对一切有情众生的"爱"。正如般若非一般的"智慧"而是证悟空性的"空慧"，菩萨因谛观缘起性空故、深解空有不二故、已得般若波罗蜜

---

① 《初期大乘佛教之起源与开展》，第536页。
② 同上，第547页。
③ （汉）支娄迦谶译：《道行般若经》卷七，《大正藏》第8册，第462页。

故，其对有情众生的"爱"亦非一般的爱，而是广大、无有量、平等、自他不二、无施无受的爱；而菩萨亦得建立在空慧基础上的"善巧方便"，知因缘空而不废因缘，对众生"念之如父，念之如母，念之如子，念之如身无异，常当慈念之"。①菩萨这种大爱，就是"慈"或"大慈"："是菩萨行极大慈，心念十方萨和萨，是时持慈心悉施人上。"②

其二，指有情众生对佛及菩萨恩德的回报，是下对上的情感，较为狭义，常表达为"慈心"或"慈孝"。如："今佛现在，有慈心佛恩德，欲报佛恩具足供养者，汝设有慈心于佛者，当受持般若波罗蜜，当恭敬作礼供养。设有是行，汝悉为供养佛报恩，以汝为恭敬过去当来今现在佛已，汝慈孝于佛，恭敬思念于佛，不如恭敬于般若波罗蜜，慎莫亡失一句。"③又指发阿耨多罗三藐三菩提心的大乘行人对大乘经法的无上敬仰和学习大乘誓愿成佛的坚定决心："是时萨陀波伦菩萨及五百女人，各自取刀处处刺身出血，持用洒地，用慈孝于经法故。"帝释天受这些道心坚固的善女人的感动，断言她们必受人天护佑："是时释提桓因自念言：世间乃有是人耶？精进恭敬慈孝经师故。是时释提桓因到萨陀波伦菩萨所，嗟叹言：善哉，善哉！贤者精进诚难及，用精进慈孝于师故，今闻般若波罗蜜不复久。贤者！他所勅使愿相语，有是曹人者，我曹悉当护之，所欲得者悉当与之。"④

其三，值得一提的是经中有"慈哀"这种表达，应是"慈悲"的雏形。如："菩萨用学般若波罗蜜故，念善思善，一切人民蜎飞蠕动，悉令其善，持等心悯伤慈哀。用是故，人见之悉起立。"⑤又有"大慈哀"："菩萨如是学，为极大慈哀。如是为学等心。"⑥"大慈哀"应即"大慈悲"。

---

① （汉）支娄迦谶译：《道行般若经》卷七，《大正藏》第8册，第461页。
② 同上，第458页。
③ （汉）支娄迦谶译：《道行般若经》卷九，《大正藏》第8册，第468页。
④ （汉）支娄迦谶译：《道行般若经》卷十，《大正藏》第8册，第474页。
⑤ （汉）支娄迦谶译：《道行般若经》卷二，《大正藏》第8册，第433页。
⑥ （汉）支娄迦谶译：《道行般若经》卷八，《大正藏》第8册，第464页。

而《道行般若经》中的"悲"仅有一种用法，即由乐音引发的与"乐"相对的身心体验，钱锺书《管锥编》已有详论，见本文关于"悲"的梳理。经中例证不多，如："复次，贤者！譬如工吹长箫师，其音调好与歌相入，箫者以竹为本，有人工吹，合会是事其声乃悲。"①再如："所作妓乐调和其音，当令悲好，其伿真陀罗所乐者，当作是供。"②既名"悲好"，且以供佛，可见"悲"是一种获得肯认的有正面价值的音乐风格。如前所述，汉魏六朝的风尚即以能生悲音者为善音，以能听悲音者为知音。

通过梳理分析佛经传译前中国本土文化观念中的"慈"与"悲"，及最早传入中国的安世高译经、支娄迦谶译经中的"慈"与"悲"，约略可有如下结论：

安译和支译佛经中，"悲"的使用方法完全不出中国本土文化传统之已有，安译中用于表达情绪的伤痛；支译中特指汉魏乃至六朝某种音乐风格，这种风格可堪表达人类的共同情怀和形而上的终极沉思，故成风尚。佛经中以这种风格的音乐作为对佛的供奉。"悲"出现的次数极少，主要原因可能是"慈心"涵盖了"慈悲喜舍"四无量心，"悲心"不必单列了。

安译中"慈"的用法仅有"慈心"一种，指四无量定中的慈心定，"慈"有"爱"的意思。支译中，无论"慈心"、"慈孝"和"慈哀"，"慈"也都具备"爱"的意思。然而，和"悲"不同的是，这并不能说中国本有文化传统中诸多"慈"的用法能涵盖佛经中"慈"的含义。除了在"爱"这个最基本的意义层面或可会通，除了《老子》中"三宝"之一的"慈"略可比附，佛经中的"慈"是一种全新的文化观念的表达，从这个意义上说，造一个汉语新词也不为过，用原有的"慈"一面能拉近中国人的心理认同，一面也容易遮蔽佛教"慈"的应有之义。佛教大小乘中的"慈"本义究竟如何，需要基于佛教义理作重新阐发、分析。也许正是译经家正本清源的努力，才促使能真正承载佛教本义的"慈悲"一词走进汉语的殿堂。

---

① （汉）支娄迦谶译：《道行般若经》卷十，《大正藏》第8册，第476页。

② （汉）支娄迦谶译：《佛说伿真陀罗所问如来三昧经》卷中，《大正藏》第15册，第355页。

三、"慈悲"释义：以《大智度论》为例

有关支娄迦谶所译佛经中"慈"与"悲"的用法，本文仅举《般若道行经》为例。《般若道行经》中"悲"的用法完全不出中国本土文化传统，而"慈"的用法，应该说只和中土文化传统有小部分重合，大部分则轶出了。可以说，"慈"被征用而承载了佛教核心教义，"悲"尚保持原貌。经中"慈哀"的表达，侧重"慈"意。而支谶所译另一部重要佛经《般舟三昧经》正式出现了"大慈大悲"："教语令弃众恶，视一切悉平等所致、常有大慈大悲所致。"[①] 此处"大慈"即"大悲"，"慈"与"悲"等义。这可能是"悲"第一次以与"慈"相辅相成的面貌出现在佛经中。东汉至魏晋南北朝，译经家众多，所出经亦数量相当，"慈悲"于何经首出殊为难考。然如上文所言，"慈悲"一词基于"慈"而得来，极有可能出于佛教译经家正本清源的努力，毕竟仅有"慈"，容易令人因望文生义而忽略对佛教独特教义的探究和领悟。事实上，"慈悲"作为佛经以外未曾有的新词，将承担"窥一斑而见全豹"、以一词之力通达佛教及佛学核心的重任。

安世高和支娄迦谶所译佛经作为最早的汉译佛经，分属佛教小乘经典和大乘经典，恰好为分疏大小乘佛教中的"慈"、"悲"和"慈悲"提供了天然方便：虽然安译仅使用"慈心"，但从后来的小乘经典看，"慈心"、"悲心"、"喜心"、"舍心"合称"慈悲喜舍四无量心"，以"慈心"为要，统摄其三，特指四种指向解脱的禅观，本文之前有略述，之后或将详论，此处不赘。而从支译大乘经及以后诸大乘经看，"慈悲"在大乘佛教中具有无上地位，是大乘思想自别于小乘思想的肯綮，是大乘佛法修证体系的核心。

般若类经典在印度大乘佛教中出现最早，中国佛教界历来重视对般若经典的传译、讲解和注疏。支谶译《般若道行经》属早期般若经，和鸠摩罗什译《小品般若经》同本。《大品般若经》稍后成立，最早的汉译者也是鸠摩罗什。

---

① （汉）支娄迦谶译：《般舟三昧经》卷一，《大正藏》第13册，第898页。

罗什以前，般若经翻译注疏都比较混乱，罗什东来，大量翻译般若经论，中土始有般若正宗。其中，译于后秦弘始七年 (405) 的《大智度论》，是印度大乘佛教创始人龙树专为《大品般若经》所作之注解，体大精深，虑周藻密，堪称"佛教百科全书"，是六朝以降中国佛教界理解大乘的必读作品。

《大智度论》中有大量相关"慈悲"的论说，是研究大乘佛教慈悲思想的最好舟筏，拟另文详论。此处仅拈出龙树对"慈悲"一词意义的裁定予以强调。龙树是最早从佛教自身立场出发对"慈悲"一词做出意义规范的，其后中国佛教界对慈悲的解释大体不出龙树的框定，偶有单独阐发的，亦不离龙树左右。

首先，龙树区别了"慈"和"悲"："慈名爱念众生，常求安稳乐事以饶益之；悲名愍念众生，受五道中种种身苦心苦。"①巴利语metta、梵语maitri（或maitra）原意即"真实的友情"、"纯粹亲爱之念"；巴利语或梵语karuna在印度一般文献中代表"爱怜"、"同情"、"温柔"、"有情"，龙树此解和原词义有对应关系。但是稍后的大乘经典《大般涅槃经》中有相反解释："为诸众生除无利益是名大慈，欲与众生无量利乐是名大悲。"②净土宗祖师昙鸾予以沿用："拔苦曰慈，与乐曰悲。依慈故拔一切众生苦，依悲故远离无安众生心。"③然遵此者甚少，后出文献中大量使用的还是前一种用法：慈为与乐，悲为拔苦。两者是相辅相成的关系。

其次，龙树从果位上分"慈悲"为"小慈小悲"和"大慈大悲"："大慈与一切众生乐，大悲拔一切众生苦。大慈以喜乐因缘与众生，大悲以离苦因缘与众生。譬如有人，诸子系在牢狱，当受大罪；其父慈恻，以若干方便，令得免苦，是大悲；得离苦已，以五所欲给与诸子，是大慈。如是等种种差别。问曰：大慈、大悲如是，何等是小慈、小悲，因此小而名为大？答曰：四无量心

---

① 龙树造：《大智度论》卷二十，（后秦）鸠摩罗什译，《大正藏》第25册，第208页。
② （北凉）昙无谶译：《大般涅槃经》卷十五，《大正藏》第12册，第454页。
③ （北魏）昙鸾注解：《无量寿经优婆提舍愿生偈注》下，《大正藏》第40册，第842页。

中慈、悲名为小；此中十八不共法次第说大慈悲，名为大。复次，诸佛心中慈、悲名为大，余人心中名为小。问曰：若尔者，何以言菩萨行大慈、大悲？答曰：菩萨大慈者，于佛为小，于二乘为大，此是假名为大；佛大慈、大悲真 实最大。复次，小慈，但心念与众生乐，实无乐事；小悲，名观众生种种身苦心苦，怜愍而已，不能令脱。大慈者，念令众生得乐，亦与乐事；大悲，怜愍众生苦，亦能令脱苦。"①"慈悲"之大小有别，在乎证量。唯佛获得证悟，佛之慈悲堪称大慈大悲，余皆为小；然与众生比，菩萨之"慈悲"为大；与佛比，菩萨之"慈悲"为小，故大小之别亦假名安立故。唯有证得佛果，救拔众生方称堪能，余皆纵有心亦无力。

再次，龙树分慈悲心为三种："慈悲心有三种：众生缘，法缘，无缘。凡夫人众生缘；声闻、辟支佛及菩萨，初众生缘，后法缘；诸佛善修行毕竟空，故名为无缘，是故慈悲亦名佛眼。"②这是就慈悲的另一面智慧而言。慈悲和智慧犹如硬币的两面，不一不异，此处智慧即佛所证之妙智慧——般若空慧。证得的空性越大，则悲心越大。众生缘悲以众生为缘起观诸法皆空，法缘悲破我相而证诸法皆空，佛之大慈大悲亦是"无缘大慈"、"同体大悲"，其住于空性而不证涅槃，不取众生之相，泯灭自他之别，于十方世界求度众生不可得又不舍弃任一众生，广大、普遍、平等、自在，漏尽圆满，非前二悲所能企及。

最后，龙树赋予慈悲以无上地位："慈悲是佛道之根本。"和小乘经中以慈心统摄悲心不同，龙树以为拔苦比与乐更迫切，故悲心的意义要比慈心更绝对，更透彻，更根本："大悲是一切诸佛、菩萨功德之根本，是般若波罗蜜之母，诸佛之祖母。菩萨以大悲心故，得般若波罗蜜，得般若波罗蜜故得作佛。"③

以上仅摘取《大智度论》中关于慈悲的某些定义及分类，从而和上文承续，以期大致展示中国传统文化语境以外的、专属于佛典的"慈悲"之轮廓。

---

① 龙树造：《大智度论》卷二十七，(后秦)鸠摩罗什译，《大正藏》第25册，第256页。
② 龙树造：《大智度论》卷四十，(后秦)鸠摩罗什译，《大正藏》第25册，第350页。
③ 龙树造：《大智度论》卷二十，(后秦)鸠摩罗什译，《大正藏》第25册，第211页。

寥寥数语，陈义甚简，远不足抵达慈悲之精义及大乘佛教之精义甚或万一。如果说东汉安世高、支娄迦谶翻译佛经是文化时空的坐标点，则中国已有的儒道文化传统和来自印度的佛教文化传统在此相遇、交会、互通有无，生发出新新气象。以佛教的立场，曾为印度太子的释迦牟尼佛并非发明了佛法，而是发现了佛法。法住法界，法尔常在。佛教起源于印度，只是佛法藉助印度太子乔达摩·悉达多的证悟而在印度这片土地上落种、生根、发芽，和世间政治、经济、历史、文化等现象关联，从而表现出种种世间形态。而世间法皆因缘所生，皆不免成住坏灭、迁流不息。释迦佛证悟佛法真谛后，以慈悲之心广垂教化，遂有佛法的八方流布。佛法东传至汉地，亦不脱"时节因缘"四字，因缘和合自然落地生根。和印度佛教一样，以汉译佛经为核心的汉传佛教归根结底要解决"契理契机"的问题——契理，指契合佛法之真谛；契机，指契合时空因缘，契合因缘所生法，契合所在地的历史、地理、文物、典章等等。道本教迹，理不变而事常新，从佛法的角度，印度佛教和中国佛教是一个佛教；从教化的角度，中国佛教需要为不变的佛法找到专属自身的表达方式，以不与本土已有的儒道教混淆。"慈悲"作为汉文化看着眼熟但从未有过的新词，正好是承担这一重任。"慈悲"既是佛教文化特有的观念，又是大乘佛教特有的精神，更是佛教信仰本身。"慈悲"是"契理契机"四字的最好体现，随着佛教中国化的进程，"慈悲"把佛教带入中国人的日常生活，自身也成为中国传统价值体系中之不可或缺之部分：治国者以"慈悲"为价值，助建伦常；百姓以"慈悲"为美德，日用不知；出家人以"慈悲"为舟楫，广度众生。"慈悲"在中国文化长河中有着恒久而超拔的生命力。

四、大乘初传与"慈悲"成为中国文化核心观念

佛教大小乘之别首先是个历史问题，源出佛教在印度的发展历程。近代学者把从释迦牟尼在世传教到其逝世后500年内的佛教分为三部分：根本佛教，指佛在世时亲自传授的教法；原始佛教，指佛灭后约100年内其弟子所集结的经律；部派佛教，指佛教教团从"根本分裂"——上座部与大众部对立，到"枝

末分裂"——两大部又次第分化出十八或二十部这一期间的佛教，时间持续至佛入灭400年止。两派分裂主要关涉戒律和义理，各自对佛典有不同解释，阿毗达磨论典成立，佛教自此经律论三藏咸备。部派佛教发展出经院式的繁琐论证，且在解脱实践上只求自我解脱，离佛陀垂教本怀愈远，遂有重新诠释佛陀形象和佛教义理的大乘运动的出现。"小乘"之称最初带有贬义，是"大乘"自以为"大"而斥部派佛教为"小"。关于大乘之起源，学界历来众说纷繁，多肯认其来源庞杂然不至脱离之前的佛教传统。

然者何为"佛陀本怀"？佛陀证悟后在鹿野苑为憍陈如等五弟子初转法轮，宣说"苦集灭道"四圣谛，即佛所悟得的关于世界的四个真理。其中"苦"是四谛之核心，一切皆苦，世界毕竟苦患，这是佛教对世界真实相的最基本的判断。揭示苦之真相，是释迦教法的起点，从苦中解脱，是释迦教法的终点。故向众生宣示世界的真相（"苦"），宣明"苦"的原因（"集"），引领众生灭除苦患走向终极解脱（"灭"），即是"佛陀本怀"，此中种种垂教、种种言说、种种发心、种种修行皆可归为"道"——走向解脱之道路。

佛法究极而言是解脱的智慧而非知识学问，佛教究极而言是佛关于解脱智慧的教授。小乘和大乘都肯认这种基于"苦谛"的解脱道，其不同在于，小乘（声闻乘和缘觉乘）行人为了解脱而解脱，最后走向灰身灭智、空寂涅槃的自我解脱之路；在小乘看来，佛陀是一个游化人间的比丘形象，具足生老病死，住世80岁而归寂，佛法亦历正、像二时而灭；小乘行人虽以佛为榜样，但以其自利故，最高只能证得阿罗汉果而非佛果。小乘行人对苦的关照缺乏中道智慧，执苦为实有，必生对世间法的厌离与对出世间法的渴慕，小乘行人也有对他人痛苦的同情，然这种同情却要藉谛观十二因缘或无常苦空而生起，尚有对法的执着，言其慈悲亦只能是小慈小悲。大乘行人也以解脱为要务，然不以一己之苦的解脱为最终目标，大乘的理想是成就佛果。在大乘行人看来，佛陀法身常在，遍布十方，应感而形象迭兴。人人皆有佛性，人人皆可作佛，但发菩提心、持空性见和行大悲行。菩提心是修道的起点，也是修道的终点。大乘行人以苦为中道，不执二边。故大乘以为自利方可利他，然自利亦需通过利他成就，利他是自利的应有之义，两者不一不异。

大乘佛教把大乘修行者称为"菩萨"，以与小乘 (声闻乘、缘觉乘) 的"阿罗汉"、"辟支佛"等贤圣区别。故"菩萨乘"即大乘，菩萨藏即大乘藏，菩萨行即大乘行。大乘佛教是围绕"菩萨"这一核心概念而展开的修证体系。"菩萨"是菩提萨埵的简称，"菩提"即觉，"萨埵"即"有情众生"，故菩萨的第一要务就是要追求佛之无上正等正觉，发菩提心，誓愿成佛。为了达到这一理想，菩萨应学一切"法"，得一切智慧，包括声闻智慧、辟支佛智慧和佛之智慧，而般若含摄一切智慧。菩萨得此智慧，是为了和佛一样度脱法界一切不可思议数量的众生，使他们都能够达到涅槃妙法。这是菩萨有别于阿罗汉之处：阿罗汉也证得空慧达到清净解脱，但阿罗汉不和众生发生关联。"声闻乘狭小，佛乘广大；声闻乘自利自为，佛乘益一切。""声闻乘多说众生空，佛乘说众生空、法空。"①这种自利利他的行为，就是慈悲行。故大乘佛教的基本精神可以约之为三：菩提心、般若智和慈悲行。或约之为二：大愿和大智，其中"大愿"包括成就佛果和救度众生两个方面，"大智"则"以空知一切法空，亦不见是空，空与不空等一不异"，②应无所住而度尽一切苦厄，这是透彻极致的空性见。大愿和大智也是不一不异的。菩萨最终要成就佛之"悲智双运"，生起无缘大慈、同体大悲，对众生怀有最广大的平等心和最深切的同情心。菩萨以誓愿度尽一切众生故，即便证得佛果也不离生死，不住涅槃，但凡有一众生尚在苦道轮回，菩萨即随之轮回永不疲厌。

如本文前之所述，安世高和支娄迦谶是最早的汉译佛典传译者，且恰好安世高以其爱好只传译了小乘禅经，而支娄迦谶只传译了大乘般若经，"摩诃衍" (大乘) 一词最早就出现在支译《般若道行经》中。这就意味着大小乘经典是同时进入中国文化语境中的。在鸠摩罗什译经之前，汉地佛教学者对大小乘没有孰高孰下的分别心，甚至对两者间的分野亦没有特别明确的概念。魏晋时代玄学盛行，小乘禅法和庄子所谓"坐忘"有相通处，般若学亦能和老子"有无"

---

① 龙树造：《大智度论》卷四，(后秦) 鸠摩罗什译，《大正藏》第25册，第85页。

② 龙树造：《大智度论》卷三十五，(后秦) 鸠摩罗什译，《大正藏》第25册，第320页。

会通，佛教行人往往"禅"、"慧"并行。鸠摩罗什通过译经与弘传，企图正本清源、扬大抑小，延续了印度本土的大小乘之争。后经齐梁时代竟陵王、梁武帝之推崇，大乘思潮在教内教外渐成主流。大乘意识的真正确定，需要成熟的印度大乘佛教思想传入中国，以及几代中国学者努力弘扬。在北方，随着《十地经论》等瑜伽行派经论的传入，地论学派建立；在南方，随着《摄大乘论释》译出，摄论学派成立。地论或摄论都是无著世亲瑜伽行派的思想传统，是成熟的中期大乘思想，中国佛教由此才真正树立了大乘佛教作为根本。[①]

以上仅对佛教在中国发展的内部史实作出梳理，中国本土宗教信仰、文化传统与外来的佛教信仰及其挟裹而来的印度文化传统相遇而后渐有中国大乘佛教，本身是个交互生发、彼此调适的过程，如种子落地，各种因缘和合而发出"这一株苗"。大乘佛教包括"教、理、行、证"等几个方面，大乘佛学又有"戒、定、慧"三学，然其精神核心俱不离"发菩提心、行菩萨道"。大乘佛教既是佛教内部发展的应有之义，从中国本土文化的角度，其落土中国也是被选择的结果，两者之间激荡交融的关系至为复杂。[②]仅就以菩萨为中心的大乘菩萨道修学总纲——菩提心、大悲行、空性见而言，大乘佛教"上求菩提、下化众生"的菩萨事业和中国传统文化精神在"上"和"下"两个方向上都有契合处。

其一，大乘菩萨具有人本倾向，大乘菩萨道之成佛理想和中国本土儒家之希圣理想相契合。这是"向上一路"。

鸠摩罗什及其弟子僧肇、竺道生注解《维摩诘经》时，[③]使用了一种独特的诠释策略——本迹论，其核心是"法身"问题。所谓"法身"是与凡夫、二乘所见佛之"丈六之身"相对而言，乃真实的佛境界，唯佛能证知，是"不思议之本"。但对二乘凡夫而言，法身非遥不可及，"法身在天为天、在人而人"，"佛

---

① 圣凯：《中国大乘意识的萌芽与树立》，《中国哲学史》2011年第2期。
② 参见 [荷] 许理和：《佛教征服中国》，李四龙、裴勇等译，江苏人民出版社1998年版。
③ （后秦）僧肇：《注维摩诘经》，《大正藏》第38册，第327页。

无定所，应物而现，在净而净，在秽而秽"，众生所见之佛身，有大小精粗之别，是法身无常应化，是"不思议之迹"。若依小乘，则佛早已入灭，自求解脱即罢，言何成佛；而依本迹论，佛之法身常在，不落时空，众生及二乘见过的业已入灭的佛仅是应化于古印度的一期之佛，若众生乐行佛法，一心趣向菩萨道，终能由假返真，悟无形法身、断一切过患而与佛无异。法身为真、为实、为本，则众生之成佛理想不致因时空转移、因缘假合而起变；迹身为假、为权、为末，则众生之修行实践有了假手处，从众生到佛的过程有了落实处。这是大乘理想的内在结构。

而这一理想的实行者是"菩萨"。在《大智度论》中，"菩萨"既是由佛勘定的修行果位，也指发心追求佛道的众生。《大智度论》又认为，人道苦乐交织更能体现"中道"，最易教化的众生广泛处于人道中，人道众生比之天道众生更易成佛，"菩萨"的概念自然有了浓厚的人本倾向。为了教化人道众生，诸佛都在人道中示现成佛或菩萨，比如释迦牟尼佛和观世音菩萨。出世间的解脱理想不能离开世间法的现实人生而实现。稍后译出的《大般涅槃经》更展示了大乘佛教的"佛性论"——人人皆有佛性，人人皆可成佛。

中国先秦思想文化自孔子起现一大转折，如果说之前有对"天"、"帝"信仰的强调，之后便转向对"人"的关注。上述大乘菩萨道的成佛理想，因其人本倾向，在儒家语境里很容易被理解成希圣希贤的圣人理想，佛之德性好似圣人之德，菩萨的修行过程好似儒家理想人格的完成过程。而人人皆有佛性，正与孟子所谓"人皆可以为尧舜"、"涂之人可以为禹"高度对应。虽然，若一一细究，大乘佛教立场下的"圣人观"和儒家"圣人观"有大不同，但两者共有对"向上一路"的肯定、对人性本然具足和先天善端的肯定，从而鼓励每个人在理想之光的照耀下，不懈努力，不断追求，不畏艰难，让人格日趋完美、人性日渐完善，最终的成佛或成圣，既是高远的目标的实现，也是先天潜能之无限展开，人性据此回归其应有之义。

其二，大乘菩萨的天职就是要行大慈大悲，救度无量无边众生。这和儒家圣贤以行"仁"为天职而博施于民、救世济众相契合。这是"向下一路"。

发心行大乘道的众生是"初发心菩萨"，已成就大智大愿而行大慈大悲的菩萨，即"菩萨摩诃萨"——大菩萨。《大智度论》卷五："问曰：云何名'摩诃萨埵'？答曰：'摩诃'者大；'萨埵'名众生，或名勇心，此人心能为大事，不退不还大勇心故，名为'摩诃萨埵'。复次，'摩诃萨埵'者，于多众生中最为上首故，名为'摩诃萨埵'。复次，多众生中起大慈大悲，成立大乘，能行大道，得最大处故，名'摩诃萨埵'。复次，大人相成就故，名'摩诃萨埵'。"①大菩萨也是众生，是正定（注：与邪定、不定相对，必入涅槃）众生中最大者，与佛等悲、等智，但为完成普世救度的大誓愿而不愿成佛，是除佛以外的"一切圣贤"。

孔子将圣贤人格涵盖于"仁"这一总范畴之下，孟子则将其开展为仁义礼智等具体面向。其中"仁"和"智"至为重要："仁且智，夫子既圣矣！"②如果说"圣人"因其圆满而不能以凡人的心量和眼识相见的话，立志成贤成圣、不断趋近完美人格的"君子"却是可见和可堪作楷模的："圣人，吾不得而见之矣，得见君子者，斯可矣。"③君子的美德，一言以蔽之，即"仁"。子贡问孔子："如有博施于民而能济众，何如？可谓仁乎？"子曰："何事于仁，必也圣乎！尧舜其犹病诸！"④"博施济众"和"慈悲救度"的精神感召力量何其一致——君子自强不息，菩萨精进不已。君子行天下之大道，"得志，泽加于民；不得志，修身见于世"⑤。菩萨行无缘大慈同体大悲，自他同体，不离不弃，如慈父慈母般平等对待众生，为使众生度脱而甘愿于历经无以计量的轮回之苦，不惜"以其所有国城妻子头目髓脑惠施于人"⑥。

大乘佛教"上求菩提、下化众生"的精神，一言以蔽之，就是慈悲精神。若不求在终极层面正本清源，慈悲精神和儒家的"修齐治平"治世理念是高度

---

① 龙树造：《大智度论》卷五，(后秦)鸠摩罗什译，《大正藏》第25册，第94页。
② (清)焦循撰、沈文倬点校：《孟子正义》，中华书局1987年版，第213页。
③ 杨伯峻译注：《论语译注》，中华书局1980年版，第73页。
④ 《论语译注》，第65页。
⑤ 《孟子正义》，第891页。
⑥ (北凉)昙无谶译：《大般涅槃经》卷二六，《大正藏》第12册，第520页。

契合的，慈悲精神的载体"菩萨"也和儒家追求的理想人格契合，而菩萨的救度情怀、平等精神、利他精神和广博之"爱"，更使在世间苦难中沉浮的每一个人获得心灵依怙。儒家说"仁者爱人"，本文在前面亦已详尽分析，"慈悲"的本义也是"爱"。两者的"交集"便是：在理想之光的照耀下，不断发掘本性中的本有之爱，完善人格，以爱成己、以爱成人、以爱成物。"慈悲"就像大乘佛教的"使者"，无论在精英文化层面还是民众文化层面，都为大乘佛教的进入立下首功。在佛教以外的人看来，一说起慈悲就会联想到佛教，慈悲精神为佛教专有，这便是大乘佛教以"慈悲"而在中土已有文化传统中成功确立自身形象之明证。从这个意义上说，"慈悲"就是大乘佛教，大乘佛教就是"慈悲"，慈悲是大乘佛教藉以打开中国文化之门的钥匙，"慈悲"进入中国文化核心观念的过程，也是大乘佛教在中国落土生根的过程。

（本文为中国文化研究所集体课题《中国文化观念通诠》中的一部分）

大乘佛教的慈悲思想

中国佛教的主体是大乘佛教，把"慈悲"作为诸多中国文化观念之一来讨论，不得不梳理两条线索：其一，大乘佛教的慈悲观；其二，中国佛教各宗派的慈悲观。大乘佛教以己为"大"故，才把对应的一方命名为"小"，而大乘佛教和小乘佛教并非绝然对立，有相反相成的一面，也有相辅相成的一面。法不孤起，如果说印度大乘佛教的兴盛是一个诸多因缘促成的历史事件，大乘思想可视为超越时空的单独事件，是佛陀之不变本怀，无论在释迦牟尼初转法轮之时，还是其后的原始佛教、部派佛教（小乘佛教）发展阶段，以慈悲和智慧为纲要的大乘思想始终漫漶于两度结集所得的经律论三藏以及三藏之外的"本生"、"譬喻"、"因缘"等佛传故事中。佛陀本怀未有一刻改变，佛陀之教化则要顺应时空契机，大小乘思想才在他不同时期的教化中表现出此隐彼显、此消彼长的关系。

印顺据此把佛教在印度的历史分作五期。其一，"声闻为本之解脱同归"的第一期佛教——释迦牟尼的教化形式主要表现为重视利己解脱的声闻法，重视出家这种形式，但释迦牟尼本人思想则是悲智悉俱之大乘，"中和雄健，与弟子同得真解脱"。其二，"倾向菩萨之声闻分流"的第二期佛教——佛陀入灭，小乘盛而大乘犹隐，然重于利己的声闻思想受到重于利人的菩萨思想的挑战。其三，"菩萨为本之大小兼畅"的第三期佛教——这便是大乘佛教时期，菩萨慈悲利他思想终于大行其道，亦与释迦牟尼在世时的根本佛教遥相呼应。其四，"倾向如来之菩萨分流"的第四期佛教，大乘佛教分化为唯识与唯心两系，尤其真常唯心系，佛陀渐与婆罗门之梵天同化。生灭心与真常心、三乘与一乘等诤讼纷起。其五，"如来为本之梵佛一体"的第五期佛教，不复如大乘初兴之重于慈悲利他，而求即心即身成佛，走向神秘化及与婆罗门教趋同的道路，终至衰灭。^①观此兴衰并比附人之一生——诞生、童年、少壮、渐衰和老死，则大乘慈悲利他思想即是佛教的灵魂，慈悲显则佛教兴，慈悲隐则佛教衰，"慈悲为诸佛心髓"，其深意莫过如此！

菩萨发心、修行、成佛，是大乘佛法的主要内容。发心是发菩提心，也是发慈悲心；修行是修菩萨行，也是行慈悲行；成佛，便是成就佛之大悲大智。这其中，慈悲一以贯之，未尝须臾稍离。本部分将就势以这三大块内容绍述大乘慈悲思想。又如上述，印度佛教之兴衰不过大小乘思想之消长，大乘思想不一定只蕴含在大乘佛教中，大乘精神尤其慈悲精神在印度佛教历史中是前后承贯的，原始佛教和部派佛教也有各自的慈悲观，大乘慈悲观是拣择、扬弃和集大成，故梳理大乘佛教慈悲观时将以原始佛教慈悲观和部派佛教慈悲观为参照。

一、菩提心：大乘佛陀观及佛之慈悲

《心经》云："三世诸佛，依般若波罗密多故，得阿耨多罗三藐三菩提。"^②这句经文是大乘理想至为精简的概括：以诸佛为榜样，以般若为舟筏，成就与"三世诸佛"等齐的"无上正等正觉"。无论以历史的视角置身佛教之外研究佛教，还是以宗教的情怀置身佛教之内领悟佛法，阐发大乘思想时都不可回避两个问题：何以"三世"？何为"诸佛"？不究明二者，便无法说清大乘的成佛理想，同样也无法展现这一理想不可或缺的两翼：大智慧与大慈悲。

大乘思想的渊源、大乘经典的成立等问题历来是佛教研究领域的难点，因文献少、研究者世界观各异、研究方法各异，众说纷纭。印顺法师既列僧数，又是近代佛学研究的重镇，其著述渊深广博，在理性和信仰之间保持中和平正。本文关于大乘佛陀观的绍述主要参考印顺的三部著作：《初期大乘佛教之起源与开展》、《印度之佛教》和《印度佛教思想史》。

---

① 释印顺：《印度之佛教》，中华书局2009年版，第2—5页。

② （唐）玄奘译：《般若波罗蜜多心经》，《大正藏》第8册，第848页。

印顺认为，从"佛法"演进到"大乘佛法"，有一个原因可视为根本，即"佛般涅槃引起的，佛弟子对于佛的永恒怀念"。佛入涅槃，从教义角度，是佛证得究竟圆满，本无所哀。但佛所教化的人间弟子却不可避免陷入情感的无限悲哀和无限空虚中，他们建塔供奉舍利、礼敬佛之行迹、传诵佛一生的事迹，更从这一生而传说到过去生中修行的事迹，这便是"三藏十二部教"中的"本生"、"譬喻"、"因缘"。这些对佛的纪念和菩萨道的传说是一切部派共有的。佛作为榜样日渐完美，离曾行化人间的比丘形象的佛陀和证得阿罗汉身的人间贤圣愈远。"无比伟大的佛陀，在怀念与仰信心中，出现了究竟圆满常在的佛陀观。……这些信仰、传说、理想、（修行），汇合起来，大乘法业就明朗地呈现出来。"①

以印度佛教史而观之，释迦牟尼佛是历史上真实存在的、现实人间的佛。佛是对修行成就的圆满大觉者的尊称，所以佛不是唯一的，只要发心发行，人人可成。释迦佛之前早有多佛出世，如"过去七佛"，释迦后亦有弥勒菩萨作为"未来佛"、"候补佛"，"三世佛"是佛教一开始就有的信念，无论原始佛教、小乘佛教还是大乘佛教都无有异议。而"多佛说"的兴起，是佛法进入到大乘佛法的标志之一，这意味着，无量世界有无量多佛，那些因释迦牟尼涅槃而倍感无依的信者，可以生其他佛土去。佛世界扩大到十方无限，修行的法门也扩大到无限。"十方世界的，无数的佛与菩萨的名字，迅速传布出来，佛法就进入大乘佛法的时代。"②

在本书之《"慈悲"进入中国文化观念：从佛经初译到大乘初传》一文中曾约略述及鸠摩罗什师徒秉持的一种独特的"佛教观"——"本"与"迹"，"本"即"法身"，"迹"即"生身"。"法身"不灭、常在，"生身"即现实中的佛身，年八十而入灭。"法身"为何，印顺梳理出与佛法相符的三类规定：其一，佛灭后于王舍城第一次结集的经法和戒律，称之为"法身"；如心与法与

---

① 释印顺：《初期大乘佛教之起源与开展》，中华书局2009年版，第10—13页。
② 《初期大乘佛教之起源与开展》，第131—137页。

律相应，便与佛同在。其二，指佛的无漏功德身。佛法所谓"五蕴"即"色、受、想、行、识"，蕴者积聚之义，众生由此五法积聚成身，复因此身受因缘果报，积聚有为烦恼等法，承受无量生死。与之相对，觉悟者证得的是"无漏五蕴"，即"戒、定、慧、解脱、解脱知见"，不从色相上说，并不因五蕴和合的色身的入灭而消失。佛虽入涅槃，依旧是且永远是众生的皈依处。其三，从佛弟子的角度，证得了法性空寂，即证得佛之法身。这是以修行而自觉悟，法身呈现于修行者的自觉中，也就是出现在人间。虽然证得法身的永远是少数贤圣，然"证得法身"这一目标亦永远是信念的终点和修行的策励。[①]

"佛世世修诸苦行，无量无数头、目、髓、脑常施众生，岂唯国、财、妻、子而已！一切种种戒、种种忍、种种精进、种种禅定，及无比清净不可坏不可尽智慧，世世修行，已具足满。此果力故，得不可称量殊特威神，以是故言'因缘大故果报亦大'。"[②]佛累劫修行的事迹，多见于"本生"、"譬喻"部类的经中，然而部派佛教的说一切有部细究佛的"圆满果报"而提出疑问："若佛神力无量，威德巍巍，不可称说，何以故受九罪报？一者，梵志女孙陀利谤，五百阿罗汉亦被谤；二者，旃遮婆罗门女系木盂作腹谤佛；三者，提婆达推山压佛，伤足大指；四者，迸木刺脚；五者，毗楼璃王兴兵杀诸释子，佛时头痛；六者，受阿耆达多婆罗门请而食马麦；七者，冷风动故脊痛；八者，六年苦行；九者，入婆罗门聚落，乞食不得，空钵而还。复有冬至前后八夜，寒风破竹，索三衣御寒。又复患热，阿难在后扇佛。如是等世界小事，佛皆受之。若佛神力无量，三千大千世界乃至东方恒河沙等诸佛世界，南西北方、四维、上下，光明色像威德巍巍，何以故受诸罪报？"[③]有部以为，佛是人，不是神；佛生前虽有神通，但神通力也不如无常力大，佛生身有漏，也要被无常所坏。这种"人间佛陀"的形象，在阿含经（长阿含，中阿

---

① 《初期大乘佛教之起源与开展》，第139页。
② 龙树造：《大智度论》卷九，（后秦）鸠摩罗什译，《大正藏》第25册，第121页。
③ 《大智度论》卷九，《大正藏》第25册，第122页。

含，杂阿含和增一阿含）中随处可见。

对于上述"九种罪报"的提问，《大智度论》如是回答："佛有二种身：一者，法性身，二者，父母生身。是法性身满十方虚空，无量无边，色像端正，相好庄严，无量光明，无量音声，听法众亦满虚空（此众亦是法性身，非生死人所得见也）；常出种种身、种种名号、种种生处、种种方便度众生，常度一切，无须臾息时。如是法性身佛，能度十方世界众生。受诸罪报者是生身佛，生身佛次第说法如人法。以有二种佛故，受诸罪无咎。"①在此，佛之生身又分作"法性生身"和"父母生身"，从法性的角度，生身是无漏的，从父母生的角度，生身是有漏的，后者只是前者的"方便"示现，佛为方便度化十方众生故，才示现生老病死烦恼忧愁，虽在这一世承受不圆满的果报，并不能以此往上推导出佛在过去世植下不圆满的"罪"因。佛实际还是圆满法身，为度众生，才示现有漏父母生身，这正是佛的慈悲。

可见小乘和大乘的佛陀观在此分道扬镳。小乘以为，父母生身佛是有漏的，这一世的佛业已入灭，已证涅槃；修行者只有证得佛所证得的空寂法性，方可见法身佛。大乘以为，这一世的佛既是法身佛也是父母生身佛，两者犹如硬币两面，不可分割。佛在过去无量劫中以种种善行而种下种种善因，这一世的佛便是过去世修行的圆满果报。然佛以慈悲方便故，才示现出有漏色身。为佛法故，要布施、忍辱；为戒律故，要示病、吃药。佛有大智、有大慈、有大悲，视众生如己子，方有如此方便垂教。

总结以上，大乘佛陀观有如下要点：其一，若论时间，佛是累世修行而成，若论方所，十方三世皆有佛。其二，佛是修成，佛佛平等。其三，佛在每一世都以方便示现其慈悲和智慧，佛之法身常在。其四，通过与佛一样的累世修行，人人可成佛；且人可以十方佛为榜样，与十方佛感通，在十方世界成佛。

大乘和小乘，果然是依慈悲而见分晓的。小乘的佛是以人间情怀度量的佛，"重视早期的经、律"；大乘的佛是理想情怀度量的佛，"重视晚起的'本生'、

---

① 《大智度论》卷九，《大正藏》第25册，第122页。

'譬喻'、'因缘'"。①大乘的佛在过去生的修行事迹是对菩提心、慈悲心的最好诠释,以大乘的佛陀观,佛是理想的佛,具足智慧、大慈大悲。实现成佛理想,向佛在过去生的大悲行为学习,不啻为激发菩提心的最直观和最恳切的方式;研究"本生"、"譬喻"、"因缘"这些载录佛陀行迹的经集,自然也是研究大乘佛教慈悲观念的应有之义。

二、菩萨道:慈悲与成佛的道路

如果说原始佛教、部派佛教所呈现的是解脱道,则大乘佛教所呈现的是围绕菩萨及菩萨行安立的菩提道,菩提道和菩萨道基本同义,前者以证成之果立名,后者以修行主体立名。

"菩萨"一语在原始佛教、部派佛教和大乘佛教中含义有所不同:原始佛教仅指佛陀未成佛之前的身份,包括前生;部派佛教不承许同时有十方诸佛,但承许三世有佛,过去佛如迦叶佛、现在佛如释迦佛、未来佛如弥勒佛。这些佛的前身也都称菩萨,有部以为,只要发了愿求菩提之心,就是菩萨,但只有到三大阿僧祇劫满时,在行者修集了大功德、修出一些庄严相好的情况下,对成佛已得决定,才可以称为真实菩萨,如悉达多太子。大乘佛教融摄了前二者并对菩萨的意义有全面揭示,不仅三世有佛,且十方有佛,在时空上皆为菩萨修行扫清了障碍。只要发菩提心,就是凡夫菩萨,"初发心者须进一步经一大阿僧祇劫修行,于加行道最后边证入诸法实相真如,所谓入见道,才能称为真实菩萨,所谓圣者菩萨。圣者菩萨由见道始,再修两大阿僧祇劫,历经见道、修道位的菩萨十地,菩萨道圆满,最终证入佛地,成就无上正等正觉,得大解脱,入无住涅槃"②。

全部佛典亦称为"三藏十二部","三藏"即以"经、律、论"三分,"十二

---

① 《初期大乘佛教之起源与开展》,第148页。
② 周贵华:《作为佛教的佛教》,宗教文化出版社2010年版,第215页。

部"即依文体与内容类分为"契经、祇夜、记别、讽颂、自说、因缘、譬喻、本事、本生、方广、未曾有法、论议"共十二种，又称"十二分教"等。十二分教的分类有些是依据经典的表现形式，有些是依据教说的内容，缺乏严密性。所谓十二类教法，依照时代、部派与学派的不同，其范围也并不确定。其中，"本事"、"本生"、"譬喻"、"因缘"皆为十二分教中的叙事部分，印顺以为，"本生"、"譬喻"和"因缘"是大乘思想的主要来源，尤其"本生"与"譬喻"与大乘菩提道思想关系密切。①

《成实论》云，"本生"即"因现在事说过去事"。②有部经典《阿毗达磨大毗婆沙论》："本生云何？谓诸经中，宣说过去所经生事，如熊、鹿等诸本生经。如佛因提婆达多，说五百本生事等。"③约略而言，本生就是佛陀前生的故事。佛陀在菩萨时代曾为沙门、婆罗门、国王、大臣、商人等，又曾为神以及种种动物。佛陀在这些不同的角色中所做的波罗蜜善行故事就是本生。"譬喻"的本意是"英雄行为的故事"，与因果业报理论有关。通常"譬喻"指佛弟子前生的故事，而佛陀的"英雄行为的故事"即"本生"，实际是"譬喻"的一种，《大智度论》称之为"菩萨譬喻"。④

"菩提道"和"菩萨道"都是成无上正等正觉之道，说"菩萨道"意欲彰显其因，说"菩提道"意欲彰显其果。菩萨就是誓成无上菩提，并于无数生死中精进以求菩提的"有情众生"。"菩萨道的成立，无疑为依据释尊过去生中的修行，出于'本生'等传说。"⑤虽然说一切有部出于严谨并不把这些传说归入三藏，却并不否认其是佛说。"这些传说，是佛教界共同意识的表现，表达出成佛应有的伟大因行。这样的伟大因行，不只是个人的解脱，是遍及世间，世

① 《初期大乘佛教之起源与开展》，第95—99页。
② 诃梨跋摩造：《成实论》卷一，(后秦)鸠摩罗什译，《大正藏》第32册，第245页。
③ 五百罗汉等造：《阿毗达磨大毗婆沙论》卷一，(唐)玄奘译，《大正藏》第27册，第660页。
④ 释印顺：《印度之佛教》，中华书局2009年版，第109页。
⑤ 《初期大乘佛教之起源与开展》，第109页。

间的一切善行，都是佛法。"①《瑜伽师地论》："本生事者，谓说前生菩萨行事。"②"谓于是中宣说世尊在过去世彼彼方分。若死若生行菩萨行行难行行，是名本生。"③所谓"故事"、"传说"云云，化迹而已，菩萨"难行能行、难忍能忍"的慈悲精神方是根本，此等"真实"即是佛法"真实"的昭示。

欧阳竟无曾撰文为支那内学院四字院训（"师"、"悲"、"教"、"戒"）张目，名《支那内学院院训释》。他专辟"释悲训"一章，开显慈悲之甚深意趣；又专辟两节谈慈悲之"威力"，材料俱本于佛经中的本生故事，并加以诠释和发明。所谓"威力"，就是菩萨"不可思议"的慈悲行为所产生的"不可索解"的力量，而"最不可索解者，舍身饲虎、大地震动二事"。"大地震动"并非奇观，惟见悲愿之大，提示"法尔如是"的密意；舍身饲虎惟见悲愿之深，菩萨为救度众生，不惜舍弃最自贵重的身体。他以为，菩萨要成就菩提道果，发愿以后，"悲为先驱"，始有为众生献身的决心；"入地以还，悲则增上，众生能等"——从凡夫菩萨转成登地菩萨（圣人菩萨）后，慈悲心的增长也是般若智能的增长，慈悲心渐广，体证空性智慧渐深，分别心渐弱，对待众生的心便是住于空性的平等心。菩萨立下慈悲心愿，必以众生为父母兄弟妻儿，为救拔众生不惜献出头目脑髓。众生无边无量，菩萨视之无有区别，亦不放弃其中任何一个，"如是灭度无量无边众生，实无众生得灭度者。"④本生故事便是菩萨的慈悲行愿和救拔事迹的生动记载，是菩提道行人"多闻熏习，长养种性，振起悲愿"的最好教材。欧阳竟无从三藏经典中拈出十二个故事——"菩萨人中舍身四事，为畜舍身叙其三事，菩萨畜中舍身四事，菩萨忍辱叙其一事"，以让学人对佛在过去世的慈悲事迹有直观体解。⑤

以要观之，欧阳竟无所录十二个故事分别是：其一，菩萨某生为人中太子

---

① 《初期大乘佛教之起源与开展》，第108页。
② 弥勒造：《瑜伽师地论》卷六十九，（唐）玄奘译，《大正藏》第30册，第680页。
③ 《瑜伽师地论》卷二十五，《大正藏》第30册，第418页。
④ （后秦）鸠摩罗什译：《金刚般若波罗蜜经》，《大正藏》第8册，第749页。
⑤ 欧阳竟无：《欧阳竟无佛学文选》，武汉大学出版社2009年版，第109—111页。

时，割肉救父母；其二，菩萨某生为人中外道仙人时，焚臂救商贾；其三，菩萨某生为人中大力国王时，割臂战胜提婆达多的挑衅完成大施舍的心愿；其四，菩萨某生为人中王后时，割乳喂产妇，阻止她因饥啖子；其五，菩萨某生为人中国王时，遇鹰逐鸽，王以欲度一切众生为由欲救鸽，鹰以己亦众生王何不顾而质之，王割己肉奉鹰而救鸽；其六，菩萨某生为人中太子时，以身饲饿虎，不使其啖幼子；其七，菩萨某生为婆罗门时，为听闻善法不惜拿出血和心饲奉夜叉；其八，菩萨某生为畜中大象王时，舍身作桥，让群象踩踏度险，力尽之时犹忍痛度完最后一个；其九，菩萨某生为畜中母鹿时，为了给二幼鹿喂食而从猎人处乞得机会，喂完践行承诺，自动重新回到猎人的陷阱舍身殉信；其十，菩萨某生为畜中兔王母子时，为成就入山修行求善法的婆罗门，舍身投火坑殉法，自熟己肉以供养婆罗门；十一，菩萨发大愿，愿多生为大畜以饱恶兽，不使恶兽吃掉更多小虫；又曾作鱼舍身济世之饥馑；十二，菩萨某生曾誓修"不生嗔恨"的忍辱法，不论恶魔如何恶口詈骂，"终不嗔恨，终不退没，终不自言我有何罪，亦复不以恶眼视魔"，从而成就无上忍辱波罗蜜。①

"若菩萨摩诃萨行菩萨行时，作如是念：'我为饶益一一有情，假使各如无量无数殑伽沙劫，处大地狱受诸剧苦，或烧、或煮、或斫，或截、若刺、若悬、若磨、若捣，受如是等无量苦事，为欲令彼乘于佛乘而般涅槃，如是一切有情界尽，而大悲心曾无厌倦。'是为菩萨摩诃萨恒起大悲。"②佛典中的本生故事难以准确计数，欧阳竟无遴选出的十二则故事堪称精髓，是对"菩萨摩诃萨恒起大悲"的精当诠释。在汉地，这些故事常作为壁画、雕塑、戏曲、变文的母题，菩萨"行菩萨行、行难行行"的慈悲精神通过文学艺术的形式日渐深入人心。欧阳竟无以会通儒佛两家的学识，又专门拈出"舍身饲虎"的故事，以之为例，全面开显大乘慈悲精神的十种深刻含义：

"一者，舍身饲虎义是唯一义。"杀身成仁，舍生取义，菩萨心愿唯有拔众

---

① 《欧阳竟无佛学文选》，第111—116页。
② （唐）玄奘译：《大般若波罗蜜多经》卷五十四，《大正藏》第5册，第305页。

生苦一事。"二者，舍身饲虎是决定义。"五蕴和合之身危脆，决定不可留，众生有苦，决定济拔，众生未度，不入涅槃。"三者，舍身饲虎是至极义。"中庸至善，君子无所不用其极，为救度众生菩萨可舍出一切一切，不留余地。"四者，舍身饲虎是快足义。"菩萨以众生之乐为乐，众生苦拔得乐，菩萨因而快足。"五者，舍身饲虎是无碍义。"菩萨住于空性，故能弃绝分别心，不被计较、踌躇、爱恶等无明所阻碍而成就度生事业。"六者，舍身饲虎是不挠义。"菩萨历尽艰辛而百折不挠，所谓"不挠"，即"能忍"，能忍一切苦厄，方成菩萨事业。"七者，舍身饲虎是平等义。"此指菩萨住于空性而等视一切众生，不起任何分别。"八者，舍身饲虎义但自顾义。"菩萨一心只以自身心愿救度众生，无有藉此获得福报的想法，也无有"我能不能做到"的犹疑。"九者，舍身饲虎是蓦直义。"菩萨夙昔行救苦大愿，悲智等修，救度众生时自然表现出纯然的真心和本心，但行中道，不落两边。"十者，舍身饲虎是习成义。"菩萨这种行为并非出自偶然，而是其累世修行而自然圆满的功德和果报。[①]

流行到汉地的本生经有康僧会译《六度集经》、支谦译《菩萨本缘经》和竺法护译《生经》等，这些经属于最早的汉译大乘经典。如果说其时中国本有文化传统对立足于印度文化和佛教教义的"慈悲"观念尚有一个理论探索和确立的过程，这些经中传播的佛陀在过去生对众生的悲心悲行，正是对"慈悲"观念的最直观的展示。虽然以故事形式发明教理在佛教教学中并不被认为是"了义"，而是"不了义"，然而其对人心的普洽和滋润也是不可比拟的。盖因此故，在中国历史上，《六度集经》之类的经典每每被用作通俗教化的材料。可以想见，普通民众认识佛教正是从直观体认佛菩萨的慈悲精神开始的，中国社会接受佛教也和"佛教是行慈悲的宗教"这一认知莫大相关，从这个意义上，在中国本有文化制造的语境中，"慈悲"塑造了佛教的形象，并代表佛教扎根中国人文化心理之深层，最终为百姓日用而不知。

《大智度论》云："慈悲是佛道之根本。所以者何？菩萨见众生老病死苦，

---

① 《欧阳竟无佛学文选》，第109—111页。

身苦、心苦，今世、后世苦等诸苦所恼，生大慈悲，救如是苦，然后发心求阿耨多罗三藐三菩提；亦以大慈悲力故，于无量阿僧祇世生死中，心不厌没；以大慈悲力故，久应得涅槃而不取证。以是故，一切诸佛法中，慈悲为大；若无大慈大悲，便早入涅槃。"[1]至大无外、无远弗届的慈悲心既是成佛道路的起点，也是成佛道路的终点。"诸佛如来以大悲心而为体故。因于众生而起大悲，因于大悲生菩提心，因菩提心成等正觉。"[2]菩萨从起点到终点一以贯之的、在践履慈悲中实现慈悲的行为，就是菩萨行。

三、菩萨行：慈悲与成佛的实践

《大智度论》卷九十一："须菩提白佛言：'世尊！何等是菩萨摩诃萨道——菩萨行是道，能成就众生、净佛国土？'佛告须菩提：'菩萨摩诃萨从初发意已来，行檀波罗蜜，行尸罗、羼提、毗梨耶、禅、般若波罗蜜，乃至行十八不共法，成就众生、净佛国土。'"[3]须菩提和佛的问答，提示了如下旨意：其一，成就佛果是通过菩萨道实现的；其二，菩萨道之行即菩萨行，是菩萨所行法及种种实践；其三，这些行法包括六波罗蜜及十八不共法。

梵文"波罗蜜"（又作"波罗蜜多"）意译为"度"、"到彼岸"。《大智度论》卷十二："若能直进不退，成办佛道，名到彼岸。复次，于事成办，亦名到彼岸（天竺俗法，凡造事成办皆言到彼岸）。"[4]可见，波罗蜜既是因，又是果，是"因得果名"。"檀、尸罗、羼提、毗梨耶、禅、般若"也是音译，意译为"布施、持戒、忍辱、精进、禅定、般若"，这是初发心菩萨在践履菩萨道的过程中所要假持的六种菩萨行法与实践。

"释尊过去生中事——'本生'与'譬喻'的内容，加以选择分类，被称

---

① 《大智度论》卷二十七，《大正藏》第25册，第256页。
② 般若译：《大方广佛华严经》卷四十，《大正藏》第10册，第846页。
③ 《大智度论》卷九十一，《大正藏》第25册，第701页。
④ 《大智度论》卷十二，《大正藏》第25册，第145页。

为波罗蜜多的，或四、或六、或八、或十。波罗蜜多的名数虽有不同，而都是出于传说中的'本生'或'譬喻'。依释尊所行的而一般化，成为一切菩萨所共行的波罗蜜多。"①最早成立的大乘佛经有《六波罗蜜经》，把本生故事中佛陀在过去生的事迹分为六类分别系于六种波罗蜜行的名目下，菩萨以此为榜样而行菩萨道。前述《六度集经》共八卷，以"六度"分为"布施度无极"二十六事，"持戒度无极"十五事，"忍辱度无极"十三事，"精进度无极"十九事，"禅度无极"九事，合共九十一事。②其中"布施""忍辱""精进"三项最能体现菩萨慈悲济度、难忍能忍、难行能行的精神，共五十八则也占绝大比例，"慈悲"于菩萨行的重要性可见一斑。

然则何为"十八不共法"？《大智度论》卷三十六："虽三解脱门、涅槃事同，而菩萨有大慈悲，声闻、辟支佛无。菩萨从初发心行六波罗蜜乃至十八不共法，欲度一切众生、具一切佛法故胜。"③龙树此段话是对《摩诃般若波罗蜜经》中某段经文的论释，是对佛意的阐发，非常显明地区别了大小乘：虽然"空、无相、无愿"这三条通往解脱的道路，以及道路所抵达之"涅槃"为大小乘所共通，但"大慈悲"却是大乘所独有，声闻、辟支佛无。菩萨道就是菩萨从初发心到践行"布施、持戒、忍辱、精进、禅定、般若"，最后获得十八种与二乘不共的大智慧，以大慈悲大功德而成就佛果的道路。

据《大品般若经》卷五、《大智度论》卷二十六、《大乘义章》卷二十（末）、《法界次第》卷下等所述，"十八不共法"是指：一者身无失，谓佛自无量劫以来，常用戒定、智慧、慈悲等修其身，诸功德圆满，一切烦恼皆尽。二者口无失，谓佛具无量智慧辩才，所说之法随众之机宜使皆得证悟。三者念无失，谓佛修诸甚深之禅定，心不散乱，于诸法之中心无所著，得第一义之安稳。四者无异想，谓佛于一切众生平等普度，心无简择。五者无不定心，谓佛

---

① 《初期大乘佛教之起源与开展》，第123页。
② （吴）康僧会译：《六度集经》，《大正藏》第3册，第1—51页。
③ 《大智度论》卷三十六，《大正藏》第25册，第323页。

之行住坐卧常不离甚深之胜定。六者无不知已舍，谓佛于一切诸法皆悉照知而方舍，无有了知一法而不舍者。七者欲无减，谓佛虽具足一切功德，而于诸法志欲常不息，度脱众生心无厌足。八者精进无减，谓佛之身心精进满足，常度一切众生，无有休息。九者念无减，谓佛于三世诸佛之法，常念持而无所缺减。十者慧无减，谓佛具一切智慧，无量无际不可尽。十一解脱无减，谓佛远离一切烦恼执着，具得有为、无为之解脱。十二解脱知见无减，谓佛于一切解脱中，知见明了，分别无碍。十三一切身业随智慧行、十四一切口业随智慧行、十五一切意业随智慧行，此三者谓佛造作身口意三业，均先观察得失，伴随智慧而行，故皆无过失而利益众生。十六智慧知过去世无碍、十七智慧知未来世无碍、十八智慧知现在世无碍，此三者谓佛之智慧知过去、未来、现在三世事，通达无碍。

以上可知，"十八不共"的核心词是"智慧"，净影慧远在《大乘义章》中亦以为"十八不共体唯智慧。故龙树云：'大乘中说十八不共，一切皆以智慧为义。智能为主，故说为慧，随相别分'"①。慧远所引非《大智度论》龙树原文。在六度中，智慧是"般若波罗蜜多"。智慧与慈悲通常被比作大乘菩提心的"两翼"、大乘菩萨行的"两轮"，缺一不可。然智慧与慈悲的关系论者所持不一而足。如《大宝积经论》："菩提心者，唯智根本。"②即以为菩萨行根本是与智慧相应，慈悲也必须与智慧相应。这是以智慧为成佛的首要因素。龙树却以为"大悲是一切诸佛、菩萨功德之根本"③。《大智度论》中有一个有趣的比喻，把"大悲"比作"般若波罗蜜之母"，故也是"诸佛之祖母"。"菩萨以大悲心故，得般若波罗蜜，得般若波罗蜜故，得作佛。"④相同意思的还有《大日经》："菩提心为因，大悲为根本，方便为究竟。"⑤《瑜伽师地论》：

---

① （隋）慧远撰：《大乘义章》，《大正藏》第44册，第872页。

② （后魏）菩提流支译：《大宝积经论》，《大正藏》第26册，第206页。

③ 《大智度论》，《大正藏》第25册，第211页。

④ 《大智度论》卷二十，《大正藏》第25册，第211页。

⑤ （唐）善无畏、一行译：《大毗卢遮那成佛神变加持经》卷一，《大正藏》第18册，第1页。

"如来，若有请问菩萨菩提，皆正答言：菩萨菩提，悲所建立。"① 《大丈夫论》："惟能作福无智无悲者名为丈夫，有福有智无悲者名善丈夫，若修福修悲修智名大丈夫。"② 这都是以为在成佛的菩萨道中，"悲"比"智"更重要，盖起悲则能感知他苦，能知他苦才能生起济拔他人的心愿，有此心愿才会寻求种种方便以实现之，而方便必缘于智慧。印顺曾把大乘经分为"重悲"、"重智"和"重仰信"，③ 以上可证。

佛的智慧即所谓"一切智智"，佛的慈悲即所谓"大慈大悲"，佛之一切智智都是不落言诠的，文字只能执其一端。上述对慈悲和智慧之关系的论断亦当以"如珠走盘"透视之，不可就此死于句下。各种经论皆可理解为佛之教法，针对众生根机方便教化。与根器偏悲者说智，与根器偏智者说悲；或反之，皆时节因缘不同故，"佛种种因缘答"。④ "悲"与"智"既是"车之两轮鸟之两翼"，又如何能分彼此孰更"根本"？若有人见人落水，单有悲心只能望河兴叹，单有智慧则堕入干枯冷漠。在大悲心的修习和长养中，智多于悲则偏枯，悲多于智则偏润，以对治法事之，便两全其美、相辅相成。若强分前后高下，"方便"就真的变成"末流"了，是为佛意所不听、为大乘精神所不肯。

大乘极强调"悲心"，盖因大乘思想是对小乘思想的修证和推进，小乘之禅定有独善隐遁的倾向，不能体现大乘菩萨求无上佛道的精神。《小品般若经》即有"菩萨不舍众生故，不入深定、不证实际"的说法：

> (佛言)"须菩提！尔时菩萨行空解脱门，而不证无相，亦不堕有相。譬如鸟飞虚空，而不堕落；行于虚空，而不住空。须菩提！菩萨亦如是。若行空学空，行无相，学无相；行无作，学无作。未具足诸佛法，而不堕空

---

① 《瑜伽师地论》卷四十四，《大正藏》第30册，第537页。
② 提婆罗造：《大丈夫论》，(北凉) 道泰译，《大正藏》第30册，第265页。
③ 《初期大乘佛教之起源与开展》，第479页。
④ 《大智度论》卷八十五，《大正藏》第25册，第656页。

无相无作。譬如工射之人，善于射法，仰射虚空，箭箭相拄，随意久近，能令不堕。如是，须菩提！菩萨行般若波罗蜜，方便所护故，不证第一实际，为欲成就阿耨多罗三藐三菩提善根故，成就阿耨多罗三藐三菩提时，乃证第一实际。是故，须菩提！菩萨行般若波罗蜜，应如是思惟：诸法实相，而不取证。"

须菩提白佛言："世尊！菩萨所为甚难，最为希有。能如是学，亦不取证。"

佛告须菩提："是菩萨不舍一切众生故，发如是大愿。须菩提！若菩萨生如是心：'我不应舍一切众生，应当度之。'即入空三昧解脱门，无相、无作三昧解脱门。是时菩萨不中道证实际。何以故？是菩萨为方便所护故。

复次，须菩提！菩萨若欲入如是深定，所谓空三昧解脱门，无相、无作三昧解脱门，是菩萨先应作是念：'众生长夜着众生相，着有所得，我得阿耨多罗三藐三菩提，当断是诸见，而为说法。'即入空三昧解脱门。是菩萨以是心，及先方便力故，不中道证实际，亦不失慈悲喜舍三昧。何以故？是菩萨成就方便力故，倍复增长善法，诸根通利，亦得增益菩萨诸力诸觉。"①

以上经文是对"智慧"、"方便"、"慈悲"三者关系的最好说明。对"智慧"而言，"慈悲"是方便，若不生起"我不应舍一切众生，应当度之"的慈悲心，便不得入"空、无相、无作"三昧解脱门；对"慈悲"而言，"智慧"是方便，若不入三三昧，便无从"诸根通利"，无从增益诸力诸觉，自然难成慈悲大愿。

"慈悲"作为衡量大小乘的利器，在此又一次得到彰明：小乘以三三昧为门而入涅槃解脱，是解脱道的解脱行，依出离心而安立，以自利为趣归，"目的在于引导解脱行者灭除烦恼与业，以及生老病死所摄的一切苦，而得解脱，入无余涅槃，灰身灭智，永远出离世间。"大乘依菩提心而安立，以自利利他慈悲济众为归趣，"目的在于引导菩萨行者对治一切执着，修集一切善法，并成熟一

---

① （后秦）鸠摩罗什译：《小品般若经》卷七，《大正藏》第8册，第227页。

切他众生，而证无上正等正觉，得大解脱，入无住涅槃，以大智大悲，无休息地度化一切众生。"[1]

综上，菩萨行就是与佛之慈悲和智慧相应的一切行。菩萨行以菩提心为"里"，没有菩提心就不会入菩萨行；菩提心以菩萨行为"表"，没有菩萨行就会使菩提心落空。菩提心是自利利他的心，菩萨行也是自利利他的行。菩萨行有两个维度：自利，即菩萨通过菩萨行自修集一切善法，成就无上正等正觉；利他，即菩萨普度众生，拔苦（悲）与乐（慈），令一切有缘众生趣入菩萨道、精进修行而至佛果。菩萨行的生起也是智慧和慈悲的生起，但不同的菩萨行悲智之显隐亦不同，各有侧重。仅以"方便"的立场而非"了义"的立场，则发起菩提心趣入菩萨行时，"悲心"是根本；证得菩提心圆满菩提行时，"智慧"是根本。《大般若经》："菩萨不善、无记及着心行善法，非菩萨行；但以悲心故及空智慧，为阿耨多罗三藐三菩提行，是名'菩萨行'。"[2]经文中"不善法"、"无记（不善不恶）法"可理解为不具备"悲心"的法，"着心行善法"可理解为不具备"空智慧"的法。从这个意义上来说，慈悲心和智慧心相就是菩提心，慈悲行和智慧行相就是菩萨行，从发起菩提心到证得菩提心的道路，就是大乘菩萨道。大乘佛教慈悲观就蕴含在大乘佛教菩萨道思想之中，究极而言，此二者同样是不一不异的。

（本文为中国文化研究所集体课题《中国文化观念通诠》中的一部分）

---

[1] 《作为佛教的佛教》，第221页。
[2] 《大智度论》卷八十五，《大正藏》第25册，第656页。

禅定与大乘慈悲心的修习
——以"慈悲观"和"慈心三昧"为例

一、三三昧与解脱之门

佛教大小乘的教义皆以"苦"的解脱为中心，开显出"苦、集、灭、道"四圣谛，即释迦牟尼佛证悟后初转法轮所说的四种真理。四圣谛为"染净因果"，苦谛为果，集谛为因，是染缘因果；灭谛为果，道谛为因，是净缘因果。四圣谛为大小乘共有的纲宗，找到一条从"苦"中解脱的"解脱道"为大小乘所共求。小乘解脱道以"出离心"为起点，大乘解脱道也不离出离心，只不过大乘发出离心同时还要发大悲心，两者互不偏废、相辅相成，大乘解脱道便不名其为解脱道，而称"菩萨道"，以和小乘分流。故小乘的解脱行若以大乘菩提心摄之，则成菩萨行助行。

就道谛而言，小乘佛教徒所修的道，主要被概括为"八正道"——正见、正思惟、正语、正业、正命、正精进、正念和正定。另有五根、五力、四念处、四正勤、四神足、七菩提分等，合为"三十七道品"。八正道可分类为戒定慧三无漏学，正语正业正命为戒学，即佛教戒律；正定为定学，即坐禅修定；正见正思惟正念为慧学，即学习教理，依照教理在定中修观，获得般若智慧。三学互为因果关系，戒为定基，由戒生定；如实智慧须在定中修观而得，所谓"因定生慧"；而修观须先从闻思中获得智慧，然后成坐禅修习的重要内容。故"三学"在实践上是以禅定为中心的，禅定贯彻定慧二学以及大乘六度中的禅波罗蜜和般若波罗蜜二度。"定慧"又别称为"止观"，"定"依梵文原音即为"三昧"、"三摩地"。

《大智度论》卷十七："常乐涅槃从实智慧生，实智慧从一心禅定生。"①日本学者木村泰贤甚至以为，禅定"乃所有佛教思想的基调，一切佛教思想，是禅定思察的结果"②。从木村的结论自然可以有另外一种表述：佛教慈悲思想，无论大小乘，都是禅定思察的结果。

三三昧——空三昧、无相三昧和无愿三昧这三种观行法门，被小乘佛教视为解脱道起点处的三个通往涅槃解脱的门户，所谓"三解脱门"，也可说是解脱行的三种实践原理。若就所观之理，又称三空；若就断障之意，则称三治。印顺《空之探究》："《杂阿含经》所说的空三昧、无所有三昧、无相三昧，集为一聚而被称为'圣法印'。后来，依此而演化出意义相关的三组：（一）空三昧、无愿三昧、无相三昧——三三昧，也名三解脱门。（二）不动触、无相触、无所有触——三触。（三）诸行无常、诸法无我、涅槃寂静——三法印。"③

二、"五停心观"中的"慈悲观"：慈悲与禅定初阶

三三昧禅观即以佛教缘起法则为本，遍观身心及经验世界的一切现象皆系无常、苦、无我，从而生起对三界生死流转的怖畏厌离，树立一切苦、空、无我的坚定观念，依此观念离断烦恼，趋求涅槃。若以"诸行无常、诸法无我、涅槃寂静"三法印论，三三昧也可表述为"苦、空、无我"，小乘解脱道的所有观行，皆统摄于"苦、空、无我"而分出种种具体而繁琐的手段、名目。北传小乘观法较南传为简明，"其修习次第为：五停心观、四念住观、四谛观，五停心观中的十二因缘观，属于修观，余四观为修止"④。

① 龙树造：《大智度论》卷十七，（后秦）鸠摩罗什译，《大正藏》第25册，第180页。
② 木村泰贤：《大乘佛教思想论》，转引自陈兵《佛教禅学与东方文明》，上海人民出版社1992年版，第29页。
③ 释印顺：《空之探究》，中华书局2009年版，第49页。
④ 陈兵：《佛教禅学与东方文明》，上海人民出版社1992年版，第283页。

小乘佛教的"慈悲"首先是五停心观中的五门观法之一。五停心观又称五观、五度观门、五度门等，是声闻乘人在最初入道时所修的五种观法，包括不净观、慈悲观、因缘观、念佛观和数息观。"停是息止安住之义，息离贪等，制意住于不净等法，故曰停心。"①五停心观对治五种粗重的过失使其停止于心，具体为：以不净观观察一切根身器界皆属不净，停止贪欲；以慈悲观观察一切众生痛苦可怜之相，停止嗔恚；以因缘观观察一切法皆从因缘生，前因后果，历历分明，停止愚痴；以念佛观观察佛身相好，功德庄严，停止业障；以数息观观察呼吸出入之相，停止散乱。

《大乘义章》卷十二以"一释名辨相、二治患不同、三三善分别、四就地分别"四门对五停心观予以详解。兹仅拈出有关"慈悲观"的部分如下：②

"释名辨相"。作为禅定初阶，慈悲观属"众生缘慈悲"（关于众生缘慈悲、法缘慈悲和无缘慈悲之别，详见稍后）："慈悲观者，普缘众生作其与乐拔苦之想名慈悲观。"

"治患不同"。慈悲观总体而言都对治根性中多嗔的众生，但慈观和悲观又有区别。一者，如果把嗔分为"将被夺取性命而生起的嗔恚"和"遭受鞭挞之痛而生起的嗔恚"两种，则断命之嗔粗而易舍，修慈能对治，鞭挞之忿轻而难离，修悲方治。二者，如果把嗔的对象分为"众生"和"非众生"两种，则对众生的嗔恚易除易遣，修慈能治，对非众生的嗔恚难离难舍，修悲方离。三者，如果把嗔分成"有因缘"和"无因缘"两种，则有缘生嗔易除易舍，修慈能治；无缘生者性必深厚，难除难断，修悲方治。四者，如果把嗔分成"缘于过去久远的因缘所生"和"缘于现在暂近的因缘所生"，则缘于过去久缘生者，因去境玄远，嗔容轻薄，易除易舍，修慈能治；缘现生者，近境逼心，忿恼必深，难裁难忍，修悲方治。五者，如果把嗔的对象分成"圣人"和"凡夫"两种，则憎圣人者易除易舍，修慈能治；嗔凡夫者难忍难舍，修悲方治。六者，如果把嗔分成上中下三品，则上嗔易息，修慈能治；中嗔次难，修悲方治；下

① （隋）慧远：《大乘义章》卷十二，《大正藏》第44册，第697页。

② 同上，第698页—699页。

嗔难断，修慧方离，修慈或修悲不能对治。

"三善分别"。五停观中，修持不净观能达到"无贪"的善德，修持慈悲观能达到"无嗔"的善德，其余三观门能达到"无痴"的善德。

"就地分别"。如果按照毗昙类的论典，修持慈悲观通用于"欲界四禅未来中间七地"。按照成实法，通用于"一切地"。大乘法中"粗同毗昙，细同成实"。

依鸠摩罗什译之《坐禅三昧经》，凡嗔恚心重的人，当修慈悲观，又名"慈心三昧"。该经把修持过程分成三个阶段，逐段观想。

第一阶段，"若初习行者当教言：慈及亲爱"。当修行者得到种种身心快乐之时，譬如寒时得衣、热时得凉、饥渴得饮食、贫贱得富贵、行极时得止息等等，应当推想关照自己的亲人、爱友，由近及远，由少而多，希望他们能和自己一样离苦得乐。把心念系在这种慈的观想上不游离，若游离则及时回到慈悲观上来。

第二阶段，"若已习行当教言，慈及中人"。修行者若得种种身心快乐，应当推想关照那些和自己亦非亲爱、亦非仇怨的"中人"，方法与第一阶段同。

第三阶段，"若久习行当教言，慈及怨憎"。方法同上。如此，利乐他人的心从亲爱之人扩展到中人又扩展到无量众生，广及世界，周遍十方靡不同等，这样的心即为清净"大心"，以这样的心量，"见十方众生皆如自见"，每个众生的快乐都了了分明现于目前，"是时即得慈心三昧"。[①]

《坐禅三昧经》的慈悲观是三段观想法，呈现出直线递进的模式。《俱舍论》卷二十九中的慈悲观步骤要复杂得多，可称为"七周观想法"，呈现出回环往复的模式。七周观想，即观想对上亲（父母师长）、中亲（兄弟姊妹）、下亲（朋友知识）、中人（非怨非亲）、下怨（害下亲者）、中怨（害中亲者）、上怨（害上亲者），给予佛、菩萨、声闻、独觉所受的真正快乐。[②]

---

① （后秦）鸠摩罗什译：《坐禅三昧经》卷下，《大正藏》第15册，第278页。
② 世亲造：《阿毗达磨俱舍论》卷二十九，（唐）玄奘译，《大正藏》第29册，第150页。

又，依智顗《释禅波罗蜜次第法门》所述，对骤然间所发不问可否的非理嗔，修众生缘慈；对人实来恼我而起的实理嗔，修法缘慈；对以己所解为是，其他说行为非的诤论嗔，修无缘慈。这是大乘所说，小乘不举众生缘慈。[1]

五停心观在闻思修三慧中属于闻慧，就声闻行法而言，是进入圣贤位前所必修的初阶法门；就菩萨行法而言，是修习禅波罗蜜前所不可缺少的方便法门。五停心观之义赅罗大小乘，通凡圣所修，小乘俱舍家特置于七加行的第一位。《大乘义章》："见道已前修七方便名方便道。五停心观，总、别念处，煖等四心是七方便。"[2]意即五停心观、总相念处、别相念处（此二即四念处）以及煖法、顶法、忍法、世第一法（此四为观四谛的四种善根位）共次第七种是声闻乘行人见道前所必修的加行法，或菩萨乘行人登地前所必修的方便法。可以说，对大乘行人而言，五停心观中的慈悲观"是从慈心不嗔恚而进入平等大慈悲之大菩萨行的初门"[3]。

大小乘禅法繁多，但大致可分为顿渐二门，顿者直指人心明心见性，渐者止观双运次第修成；而止观双运的渐法又可分顿渐二种，顿者直接从修观入手，入止观双运，渐者从止门入，在止的心一静境中修观最后达到止观双运的佳境。"修止有多种门径，广而言之，眼耳鼻舌身意六根及六尘境，皆可开为禅门，择一而入，以一根摄六根，一念摄万念，系心专注一缘，断除沉、散二障，达寂止不动，终则一念亦舍，入无分别（不作意分别）定，为各门修止所共同遵循的基本法则。"[4]由此，修止之门可分为观息（摄鼻根）、观想（摄眼根）、系缘（摄身根）、持诵（摄耳根）和念想（摄意根）五大门。

以上述五种入禅之门的分类法，五停心观中的数息观属于"观息"一门，不净观和念佛观属于"观想"一门，慈悲观属于"念想"一门。"观想"限于

① （隋）智顗：《释禅波罗蜜次第法门》，《大正藏》第46册，第516页。
② （隋）慧远：《大乘义章》卷十二，《大正藏》第44册，第789页。
③ 圣严：《五停心·四念处》，华夏出版社2011年版，第92页。
④ 陈兵：《佛教禅学与东方文明》，上海人民出版社1992年版，第267页。

想象某种具体的形相，"念想"尤指想象某种抽象的意境或情怀。五停心观是由观入定的初级修行课目，禅定依深浅不同有色界的"四禅定"——一禅定、二禅定、三禅定、四禅定，和无色界的"四无色定"——空无边处定、识无边处定，无所有处定、非想非非想处定，总称"四禅八定"。按照北传禅学，在第四禅定心中可以修习"慈悲喜舍"四无量心。①其中"慈无量心"和"悲无量心"的生起、对治、修证、功德等，和五停心观中的"慈悲观"有很多共同之处，从禅定境界说，慈无量心、悲无量心较之五停心中的"慈悲观"更微细，同时也更广大，乃至"无量"。

三、慈悲喜舍四无量心：四种大小乘兼修的世间禅定

《解深密经》卷三："一切声闻及如来等，所有世间及出世间一切善法，当知皆是此奢摩他毗婆舍那（止观）所得之果。"②万法由心生，一切唯心造，佛教的世界是"心"的化现，从佛教止观的角度，亦可说佛教的世界是定中所现前的世界通过种种理性的方式外化，佛教的修行就是通过禅修实践，实证前辈的定中所得，尤其佛祖释迦牟尼证悟的"法界"。释迦牟尼证悟的法界，无有边、无有量、无十方之障、六时之碍，圆明澄澈，不可思议，非世间的语言逻辑所能抵达。语言文字符号等凡夫六根之所系只能充当"指月之指"，得鱼即须忘筌，得月便应忘指，即谴即立，即卷即舒。释迦牟尼慈悲垂教，分时开显定中所得，后辈佛徒以佛为依归和榜样，建立起以禅修实践为基础的种种"指月之指"，佛教生命力正体现在这种代代相传、前仆后继之中。所以，"慈悲"首先不是哲学观念或文化观念，而是以闻思修慧为前提的禅定实践。净影慧远云："四无量心依禅定起。"（《大乘义章》）四无量心就是四种禅定的修行和修证，有了慈心定和悲心定的证得，方堪称有"慈悲心"及"慈悲"的主观体验，这种体

---

① （隋）智顗：《释禅波罗蜜次第法门》卷六，《大正藏》第46册，第516页。
② （唐）玄奘译：《解深密经》卷三，《大正藏》第16册，第701页。

验进一步通过逻辑的方式外化，才有所谓哲学意义上的"慈悲观"。"慈悲观"的"观"首先是"止观"的"观"，然后才是"观念"的"观"，这是佛教所谓"第一义谛"和"第二义谛"的区别。哲学意义上的"慈悲观"继续外化为世间尤其人与人之间交往的行为准则，才有所谓伦理学意义上的"慈悲观"。心量的开拓可以无限大，禅定中生起的慈悲也可无限大。但哲学是需要论证前提的，离开时间、空间等基本范畴，哲学的论证将无法继续；伦理学更是从形而上学的普遍结论中推导而来，落实在更具体狭小的时空之中。所以，从禅定的"慈悲"到哲学和伦理学的"慈悲观"，是一个固步自封、步步窄化的过程。

"四无量心"的"无量"即指心量的无量。《阿毗达磨俱舍论》卷二十九："言无量者，无量有情为所缘故，引无量福故，感无量果故。"①《大智度论》把无量心称作"大心"和"广心"。又"等缘一切故复名等"②，心量无量必能等视无量有情众生，得无量福德果报。四无量的修习在大小乘佛教慈悲心的修习中可谓枢纽和关钥，不可不详论。

四无量心为大小乘兼修，智顗大师把四无量心归为"世间禅"。虽然大乘以"六度"修习慈悲心，尤其六度中的布施度和忍辱度，但禅定意义上的"四无量心"更是大乘行人修习慈悲心的基本功课，事实上两者互相交错，互相贯彻，很难分开。小乘行人发出离心、修解脱行、持戒、住阿兰若、修定、起解脱智对治烦恼、成就阿罗汉，依经中所云，四无量心的修习对其有益而无害。智顗大师云："若佛弟子有二种人，所谓小大两乘。是二种人得四禅时，进修无量心者。小乘之人，为自调心增长福德，易得涅槃故；大乘之人，欲度众生，必以大悲为本故。"小乘行人一心自利，并无救拔他人的意愿，修到四禅时，也仅能自行具足，而无益他之德。"若修四无量心，缘于十方众生而入三昧，慈悲普摄，利他心大，是故功德转多。"③慈悲心可令小乘行人心柔软堪调，更容易

---

① 《阿毗达磨俱舍论》卷二十九，《大正藏》第29册，第150页。
② 《大乘义章》卷十一，第686页。
③ 《释禅波罗蜜次第法门》卷六，《大正藏》第46册，第516页。

断除烦恼、趣入涅槃解脱。大乘行人本来就发起了欲度众生的大愿，以大悲为本修习慈悲喜舍四无量心自是应有之义。

本书《"慈悲"进入中国文化观念：从佛经初译到大乘初传》一文中，论述安世高译经中的"慈"即"慈心定"时，已经约略介绍了四无量心；随后又绍述了龙树《大智度论》对"慈悲"的定义，这一定义大体为后世论书所通用。其实龙树也是把"慈悲"放在"四无量心"整体中来讨论的。净影慧远的《大乘义章》总结了隋以前大小乘教义，涉及诸多大小乘经论，具有佛学辞书的性质。相应的，《大乘义章》卷十一中"四无量义八门分别"一节，也从八个方面（"释名辨性一、开合制立二、次第三、三缘分别四、体用分别五、修得之义六、就处分别七、大小无量差别八"）剖析慈悲喜舍四无量的方方面面，所引文献涉及毗昙学、成实派理论、《十地经论》、《地持经》、《杂心论》、《大智度论》、《大般涅槃经》、《维摩诘所说经》等，赅罗大小乘，细检各家不同。其既有"大而全"之功，又有繁琐重复之失。本部分从中提撕出四个方面，以期粗略勾勒慈悲喜舍四无量心之大概。①

其一，"慈、悲、喜、舍"四心之义趣。以"义趣"论，用表诠法，偏于立。四无量心，一言以蔽之，"化"而已，属于"化物心"。"化"出自儒家典籍，"化育"之意，是天之德，以感化培育万物，所谓"化生者天也，化物者德也"。由此可见佛教把四无量心作为最高级别的德目。慈是爱怜，悲是怆恻，喜是庆悦，舍是忘怀，这是四心的基本情感取向。若论功能，则慈能与乐，悲能拔苦，喜能庆物，舍能齐益怨亲等故。这四种功能在不同的经典里又有不同的归类。如二分法：慈心能与物乐，悲喜心佐之，三者归为"乐想"，舍心既去怨又离亲，冤亲平等故无有怖畏而得安乐，归为"安想"。或把"慈悲喜"归为"有"，把"舍"归为"空"。三分法：慈悲二心都有"无嗔"的性质，归为一，后二心单列。四分法：慈能除较重的嗔恚心，悲能除较轻，余二亦单列。从五分法到八分法，都是对慈和悲作进一步细分，然后进行不同组合。大体慈有"令其安"、"令其乐"、"守护之"、"视之如己"这四种

---

① 《大乘义章》卷十一，第686—691页。

意蕴，悲有"拔其苦"、"令住正"、"怜悯之"、"利润之"这四种意蕴。

其二，"慈、悲、喜、舍"四心之对治。以"对治"论，属"遮诠"法，偏于破。毗昙学中慈心和悲心皆对治嗔恚心。《大般涅槃经》则分别为慈息贪欲，悲止嗔恚，悲也能止害、觉喜、除嫉妒。慈既治嗔又治贪，因二者有逻辑联系：若贪五欲之乐，便对众生不能与乐而生嗔心。治嗔心即治贪心，反之亦然。喜治因嫉妒而不乐；舍治一切贪嗔痴。舍对治的贪和慈对治的贪不同在于，舍治"淫贪"，即过分过度的贪，如对亲情的偏爱即是"淫贪"。

其三，"慈、悲、喜、舍"四心彼此之关系。从"心"而言，四心皆化物之一心，一门说四。而四者的关系有"以一摄三"、"此隐彼显"、"相辅相成（相资相顺）"、"以起修和化益论次第"、"修一不及其余"等几个方面。

"以一摄三"。《地持论》把四无量心统称大悲，成就大悲者名哀愍菩萨；从悲心起修成就悲心定，慈、喜、舍的作用功德皆摄于其中。从行而言，《维摩诘所说经》把慈行作为德性之体，后三作为德性之用，慈行即含摄法界一切功德，悲、喜、舍只是随人化益，是菩萨为不同众生而量身打造。从理上说，四行皆是体、皆是用，互相依存。

"此隐彼显"。把四心分成两类、三类乃至八类，就是为了强调某种功德或对治某种过患而作策略性的表述，无论隐显如何，通则义齐，隐显互彰。

"相辅相成"。以慈悲二心为例——慈欲与乐，无悲拔苦则与乐不成，故悲资慈；悲欲拔苦，无慈与乐苦终不去，故慈资悲。而修慈悲心时，若不以喜心除去嫉妒，与乐拔苦皆不得成就，故用喜心资成慈悲。同样，喜欲庆物，若无慈悲拔苦与乐，即无所庆，故用慈悲助成喜心。而慈心悲心和喜心共同需要舍心相助。要达成与乐、拔苦、庆物这些理想，普遍利益一切众生，就不能对怨亲有所分别。修舍心，除去由染心带来的简别的障碍，方能"齐与俱拔等庆"，故用舍心资成慈心、悲心、喜心。同样，修成舍心是为了平等利益一切众生，若无慈心之与乐、悲心之拔苦、喜心之庆物随喜，又拿什么来平等利益众生呢？所以慈行、悲行和喜行又成就了舍行。这是四心四行相资相顺、相辅相成的关系图式。从大乘佛教空有之辨的角度，慈悲喜三行是有行，舍是空行。没有空性智慧作基础，慈悲喜心就会被假有迷惑，成为有染着有执取的两种烦恼——"爱烦恼"和"见烦恼"。这是用舍心资成前三。反之，真空假有，不一不异，若无慈悲喜这三种"有行"，舍这一种"空行"也就没有附丽，终归沉没。这是用前三种心行资成舍心行。

"以起修和化益论次第"。慈悲喜舍四心以修习论，有从易到难的次第：慈是把乐给予他者，把有益于别人的事"租借"出去，算比较容易做到的，所以可先修慈。悲是把他者从眼前的苦中济拔出来，通过和他者交流才能达到这个目的，较慈难作，故在慈后修悲心。看到他者苦而生怜悯的悲心，比较容易，比如有人看到怨家受苦也能生悲，而看到他者乐却未必能生随喜之心，故喜心生起不易故，悲后次修喜心。根据亲疏而行有等差有偏向的饶益之行比较容易，平等地饶益普遍广大众生，殊为难作，故最后修舍心。另外慈悲喜是有行，舍是空行，空行难发，最后修。《维摩诘所说经》更从利益教化的角度分判慈悲喜舍四心的次第：菩萨以慈心令众生发菩提心，以悲心救众生脱离苦海，以喜心看到众生住于正法不动摇，以舍心所生般若空慧摄受一切众生的菩萨行。依据这个菩提道所行次第，菩萨先修慈与乐，次行悲拔苦。所化众生依教受法，虽未得脱，去脱不遥，故随生喜。一旦看到彼人依法修成智慧心，菩萨即放舍，好比父母养子长大，心即放舍。

"修一不及其余"。据《大般涅槃经》，慈、悲、喜、舍的分别也是针对修行人不同的根器，慈心重者容易攀援无乐众生，悲心重者容易攀援有苦众生，喜心重者容易攀援得乐众生，舍心重者容易攀援究竟解脱众生。故多慈的根器就不具悲喜舍心，余亦如是。不同根器之人修行四心的侧重有所不同，且不能四门同时起修，如修慈之时不得修余，余时亦尔。

其四，"慈、悲、喜、舍"四心之大小。"慈悲喜舍四无量心"，既言无量，谈何大小。然而无量是究极而言，大乘行人未达至无量前，其四心自有大小之分；小乘行人即便修成也不能称作"无量"，只能称其"小"。所以四心大小之别，既相关大乘修行位次，也相关大小乘之别，但主要指大小乘之别，和大乘从自己的角度称小乘为小是完全重合的。大乘之"最大"即等同"无量"。这是关于四心大小的最粗浅的界定。

四心有"三缘分别"：众生缘、法缘和无缘。"缘"即"念"，念即守境不忘、深思其事。此处的"缘"即指修习慈悲喜舍四种禅定时心念所系着处或观想所攀缘的对象。《大乘义章》先从教化方法（化益）的角度沿用了两种分判法：依《大般涅槃经》，缘诸众生欲与其乐名众生缘，缘诸众生所须之物名为法缘，缘如来者名曰无缘。依《十地经论》，缘生与乐名众生缘，缘化生法名曰法缘，观诸法空说为无缘。再从教化对象的角度，缘诸众生欲与其乐，如缘父母妻子眷属，名众生缘；缘诸众生，但知众生为五阴生灭法数，故无我、无人，名为法缘。观五阴空名曰无缘。毗昙学以为欲界苦多，故四无量心唯依欲界众生而起，不依色界和无色界众生而起。成实法中，四无量心通缘三界，因为色界和无色界诸众生等亦有退没堕恶道的可能。佛说慈心普覆一切，无量缘于三界众生而起。

　　"三缘分别"是简别四心大小的核心依据。而大小不同略有十二。心体不同：小无量心以第六识、第七识为体，大无量心以转妄成真的真识为体。心法不同：小无量中慈心与悲心归为无嗔，喜是乐受，舍是离贪。大无量心是智慧性。有漏无漏不同：小无量心一向有漏，大无量心一向无漏。有常无常不同：小无量心一向无常，因其以妄心为体，大无量心是常，因其以真心为体。心有攀缘和心无攀缘不同：小无量心攀缘分别，大无量心心如虚空，无一分别而能普益一切众生。行缘不同：大无量心既能平等普缘一切，又能自在利益一切；小无量心在普缘和自在这两个方面总是有缺失，非缺此即缺彼，或两厢尽失。依法不同：小无量心依世间法成，大无量心依真谛成。如《大般涅槃经》云：舍世谛慈得第一义慈，第一义慈即是佛性。成就的德行不同：小无量心一行一缘，大无量心德体圆通，一一门中旷备法界一切行德。起行不同：小无量心出生小善，大无量心能生一切功德善根。功能不同：小无量心能缘不能度，大无量心能缘能度。小无量能度小苦小恶众生，大无量心能度大苦大恶众生。位分不同：小无量心位在世间，大无量心位在出世，初地以上才堪称"无量"。所以就慈悲心而言，出世间的慈悲心才是大慈大悲。以大小乘而有不同：凡夫若修慈悲喜舍四心，发出离心则修的是小无量心，和声闻缘觉二乘所修共同；发菩提心则修的是大无量心，和菩萨所修共同，且不与声闻辟支佛共。

　　需要注意的是《大乘义章》中已经有较为成熟的法性如来藏思想，故净影慧远多引征成实、地论、涅槃等学派的文献,世谛真谛、妄心真心、常乐我净等观念自然成为简别大小慈悲喜舍四心的依据。这和龙树开创的大乘中观学派还是有所异趣。如《大智度论》以为,众生缘慈非但缘一切众生而起慈悲,也缘众生相而起;法缘慈破我相,没有一和异的分别,观众生但为五阴假合而起慈悲;此等众生,只破我空,未破法空,对法尚起执着;无缘慈谓佛心不住有为、无为性中,不住过去、未来、现在世,知诸法不实、颠倒虚诳之相,心无所缘,故以其无缘佛心,愍念众生不知诸法实相,往来五道,执着诸法,分别取舍,为此,令众生得诸法实相之智慧。般若空宗不论真心妄心净心染心,惟论诸法实相、真空假有、中道智慧,一切执着烦恼,概以般若法门谴荡之。这是也是后世空有两宗的区别。

其五,"慈、悲、喜、舍"四无量心之修习方法。所谓修习方法即观法,由观得定,由定成就广大无量。在《大乘义章》中,净影慧远以慈心定的修习为例,依观照对象不同而分为三大类:众生缘慈、法缘慈和无缘慈。

先说众生缘慈。众生缘慈的修得又分两条途径:离欲得和修得。"离欲得"主要针对慈、悲、喜三心的修得,"修得"专指舍心的修得。

"离欲得"修习法或可称为"七品修习法",和《俱舍论》中慈悲观的"七周观法"类同:先把众生依亲 (对自己有益,乐受)、怨 (对自己有损,苦受)、无亲无怨 (对自己无益无损,无乐受无苦受) 分为七品:上亲、中亲、下亲;中人;上怨、中怨、下怨。修习时再分"七品",即七个步骤,其次第为:第一步,先缘上亲欲与上乐、次缘中亲欲与中乐、后缘下亲欲与下乐。第二步,把中亲视作上亲,欲与上乐;把下亲视作中亲,欲与中乐;把中人视作下亲,欲与下乐。如此次第辗转,一直到第七步:缘彼上怨齐同上亲等与上乐,即能把最怨恨的众生和最亲近的众生平等对待,没有任何分别,并且给与他们最无上的喜乐。这七个步骤,前六步都是修慈的方便,直接名之为"慈",第七步,慈心修成,可以名之"亦慈亦舍",因为与乐即慈,平等即舍。把修慈和修舍列为一组是这样,把修悲喜和修舍列为一组也同理。这是成实的修法,依部派佛教的毗昙和毗婆沙经典,修成第七步尚不名为"舍",只能叫作"慈悲喜成就",因为其心尚未了达真正的般若空性,"非是中容亡怀心故"。

"修得"一途开辟了别一种路径：分众生为七品，与上同。但第一步，先缘中人而修舍心，因为中人于己无怨无亲，容易割舍。第二步，视下怨等同为中人，修舍离贪；第三步，视中怨等同中人，修舍离贪。如是递进，到第七步，视上亲等同中人，修舍离贪。前六步为方便，第七步，连最上亲皆能舍去，舍方可云"修成"。从"舍"起观得定而达无量心的方法，往往引发三种疑问。若问为何先舍三怨后舍三亲？因为怨容易舍，亲不易舍。若问慈心为与众生乐，为利益众生，自然要修习，舍心不过"忘怀"，不能对众生有大利益，为什么还要修呢？因为修舍心即是修平等心，慈悲喜心纵然充沛，没有平等心做根本，必然先利益自己亲爱的众生，后利益自己怨憎的众生，这不是真正的慈悲心。为蠲除这种祸患，所以要修舍心。另外，不修舍心，则修习利益亲我爱我的众生的慈悲喜心容易，修习利益怨我害我的众生的慈悲喜心很难。而且，不修舍心，不修平等心，慈心和悲心容易堕入"爱见"烦恼，起染着心、度量心。①

次说法缘慈。法缘慈即观因缘所生法，深见诸法因缘生之理而起平等之慈。《大般涅槃经》卷十四："法缘者，不见父母妻子亲属，见一切法皆从因缘生，是名法缘。"净影慧远亦将法缘慈的修习分成由浅入深七个步骤：第一步，诸法无我，观众生从体性或本质而言只是五蕴和合，无我无人；第二步，诸行无常，观众生体性只是无常生灭，无我无人；第三步，观众生体性只是假以因缘和合故而示现，缘散则空，无我无人；第四步，观众生体性只

---

① 《维摩诘所说经》中所谓"爱见大悲"，(《文殊师利问疾品》，《大正藏》第14册，第545页) 即指未证实相之理，承认有能爱、所爱二相而起的大悲。僧肇曰："此悲虽善，而杂以爱见有心之境，未免于累，故应舍之。"道生曰："作上二观起大悲之时，若于观中有爱念心，又见众生而欲拔济之者，为爱见大悲也。"(《大正藏》第38册，第378页)。

是如乾达婆城这样的幻象，是假应机情幻化而变现，无我无人；①第五步，观
众生执虚为实，执无为有，皆是如梦所见的妄想；第六步，观众生体性也是
因其业识聚集成五蕴和合之身，业力真实不虚；第七步，观众生体性是"真
实如来藏性缘起法界"，无我无人。于此又可见净影慧远的如来藏思想。《宝性
论》举"如来藏"有"如来法身周遍、如来与真如无别、一切众生悉有真如
佛性"三义，若净影慧远之法缘慈依上述三义而安立，则观至第七步，已几
乎等同于佛之无缘大慈。

最后说无缘慈。修习分四个步骤："一观五阴假有性无如土禾城缘假无性。
二观五阴妄相本无如乾闼婆城远观似有近观本无，非直无性亦无城相。三观五
阴情有理无如梦所见，但出妄心心外无法。四观五阴真法所集，穷其本性体是
真如。古今常湛不起不灭。"如果说法缘慈但悟众生空，以为诸法实有，无缘慈
彻证一切法空，证空之时，也是假名的众生显现之时，缘起之假名众生即"毕
竟空"，"毕竟空中不碍众生"。在"智慧即慈悲"的现证中，既通达我空法空，
又对假名众生生起深切悲悯。此为大乘之中道实相观，悲智平等，如如不动。

（本文为中国文化研究所集体课题《中国文化观念通诠》中的一部分，并
载于《第四届黄梅禅宗文化高峰论坛论文集》2013年11月）

---

① 印度人将幻现于空中之楼阁山川（亦即海市蜃楼）称为乾达婆城。佛典中常用此词以形容诸法
之如幻如化。如《大品般若经》云："解了诸法，如幻如焰，如水中月，如虚空，如响，如犍闼婆城，如梦，
如影，如镜中像，如化。"（《大正藏》第8册，第217页）《大智度论》卷六解释此文云："如犍闼婆城者，
日初出时，见城门楼橹宫殿行人出入，日转高转灭。此城但可眼见而无有实，是名犍闼婆城。有人初不见
犍闼婆城，晨朝东向见之，意谓实乐疾行趣之，转近转失，日高转灭。饥渴闷极见热气如野马，谓之为
水，疾走趣之转近转灭。疲极困厄至穷山狭谷中，大唤啼哭闻有回应，谓有居民求之疲极而无所见，思
惟自悟渴愿心息。"（《大正藏》第25册，第103页）。

佛教应对现代生态危机的理论与实践空间：
从"缘起"到"慈悲"

围绕"佛教生态观"、"佛教生态哲学"、"佛教生态伦理思想"的讨论层出不穷，各有侧重。"佛教生态观"或有意不落入"哲学"、"伦理学"等现代学科分类的框定；"佛教生态哲学"着重阐发佛教生态思想的形而上学基础；"佛教生态伦理思想"直接承续西方的"生态伦理学"。"生态伦理学"以改造乃至颠覆传统人际伦理为目标，迄今聚讼纷纭。"佛教"和这个不确定的新名词并置，很多时候是一种"方便说法"。《维摩诘经》中"心净则国土净"一句最能引发关于佛教与生态保护的讨论，不妨视其为从佛经中拈出的"生态主义口号"。

生态学在20世纪20年代成为一门独立学科；20世纪60年代，现代环境保护运动在西方发达世界兴起，生态（环境）哲学和生态（环境）伦理学应运而生。各种"非人类中心主义"学说把东方文化传统、宗教传统，尤其是佛教当作重要的思想资源。①基于对全球生态现状的深切忧虑、对当代人类正处于苦难和道德危机的现实判断，以及身为世界性宗教的淑世情怀，佛教开始回应生态哲学和生态伦理学领域的众声喧哗。

在现代语境下讨论"佛教与生态保护"，要从广大甚深的佛教义海中择取古德思想遗产以作新发明。例如，佛教之"无情"指没有情识活动的矿植物，"有情"指一切有感情、意识的生物。天台宗九祖湛然提出"无情有性"，以为

---

① "深生态学"创始人阿伦·奈斯、美国诗人施耐德、美国环境伦理学家罗尔斯顿和德国哲学家席尔瓦等人的相关文献。

草木瓦砾等无情物也有佛性。这一学说经常被用来强调佛教的"众生平等"思想，比附生态伦理学中的生态中心论。事实上"无情有性"说印度佛教经论中有之，湛然之前的竺道生、净影寺慧远、吉藏等都曾涉及。至唐中叶，天台学说受到华严宗挑战，孰为"圆顿"，各执一词。承续天台宗法脉的湛然只好挺身而出，他在《金刚錍》中论证并判释华严宗所持之"无情无性"是"小宗"和"权便说"，天台宗所持之"无情有性"是"大教"和"究竟义"。湛然应对的现实问题和今天的环境危机相去甚远，他的一家之言能进入现代视野，正是作为恰当的思想资源被选中以支持某种结论。

对治生态危机这个典型的现代病，"智慧如海"的佛教传统和当代生态伦理学有多少会通的空间？根本义理指向出世的佛教如何找到以生态保护实践入世的"方便法门"？总而言之，从佛教义理到生态保护实践何以可能？这是本文关心的问题。本文将从三个方面展开论述：第一，在非人类中心主义的视野里，佛教应对现代生态危机的理论与实践空间；第二，大乘佛教支持生态伦理并介入生态保护实践的两条路径——基于佛教信仰的"菩萨行"修行实践和基于宗教会通的伦理实践；第三，大乘佛教"慈悲"理念贯通佛教义理和生态伦理的可能性。

一、关于非人类中心主义伦理学的考察

生态伦理学是生态危机逼迫来的现世学问，它以规范人与自然的关系为己任，最终指向行动和实践。生态危机是现代以后有关人类生存环境的经验事实判断，也是对现代道德的价值判断。反思生态危机，必须从反思西方社会现代化运动开始。西方现代化的成功一方面依靠其残酷的殖民化扩张所获得的原始积累，一方面依靠对自然资源的无节制开发、利用和掠夺。殖民过程也是西方价值理念传播并权威化的过程。就资源破坏而言，全球性现代化就是步西方现代化的后尘，并且把后者产生的环境恶果无限放大，生态危机的到来几乎是必

然的。中国古代也有生态破坏事件，也有生态失调现象①，却没有像今天这样弥散到社会政治、经济、宗教、文化等各个领域，"危机"二字传达出人类内心深处的焦虑和恐慌。

用当代社群主义哲学家麦金太尔的话说，"现代道德理论中的问题显然是启蒙运动失败造成的"，正是近代启蒙运动确立了个人主义和人类中心论的价值标准，这一切建立在"启蒙运动的谋划之上"②。导致生态危机的正是这一在现代社会中被合理化的以"控制自然"为核心的人类中心主义价值观。

当代生态伦理学的主流是所谓"非人类中心主义"。传统伦理学仅研究人与人之间的道德关系，人与自然环境的关系被界定在外。在非人类中心主义者看来，这种伦理学是狭隘的人类中心主义的伦理学，代表人类道德进化的一个有限阶段，因此是不完全的；而非人类中心主义生态伦理学就是要突破这个界限，把道德关心的对象扩展至人以外的存在物，包括生命个体、物种、生态过程、生态系统等，肯定其同样具有道德价值，人类对它们负有直接的义务。在生态伦理学领域，有一部分人坚持从"弱人类中心主义"立场来应对危机，认为"人是大自然中唯一具有内在价值的存在物，环境道德的唯一相关因素是人的利益，因此，人只对人类负有直接的道德义务，人对大自然的义务只是对人的一种间接义务"。而"非人类中心主义则认为，大自然中的其他存在物也具有内在价值，其他生命的生存和生态系统的完整也是环境道德的相关因素，因此人对非人类存在物也负有直接的道德义务，这种义务不能完全还原或归结为对人的义务"③。各种非人类中心主义学说的理论目标就是要论证非人类存在物同样具有"内在价值"。

然而，从生物中心主义到大地伦理学，再到深生态学，非人类中心主义各

---

① 如《历史时期黄河中游的森林》一文即考察了从西周到明清黄河中游森林植被日渐萎缩的过程。史念海：《河山集二集》，三联书店1981年版，第232页。

② 麦金太尔：《德性之后》，龚群、戴扬毅等译，中国社会科学出版社1995年版，第80页。

③ 何怀宏编：《生态伦理——精神资源与哲学基础》，河北大学出版社2002年版，第337页。

流派不得不同归一个共同的理论困境。它们反对的是在现代社会中占主导地位的人与自然关系模式，这套模式是依据人本主义和科学主义两大思想传统来完成合理性论证的，并且借进步主义的历史观得以现实化。所以，非人类中心主义必须在这三个"主义"之外另辟蹊径，寻求理论支持。他们不得不转向若干西方非主流哲学、"新物理学"、生态学以及东方传统思想和传统宗教。其中，以深生态学和佛教传统最为密切。因此，对深生态学的考察有助于思考佛教如何应对当代生态危机。

"深生态学"一词由挪威哲学家奈斯提出，与其相对的是"浅生态学"，即从传统伦理学立场来处理生态环境问题的观念。奈斯对比两者的不同：浅生态学是人类中心主义的，只关心人类的利益；深生态学是非人类中心主义和整体主义的，关心的是整个生态系统的和谐与稳定。浅生态学只关注环境衰退的具体方面和技术原因；深生态学则"力图探明那些支撑着我们的经济行为的以价值观、哲学与宗教的方式表现出来的基本假设"。浅生态学"反对污染与资源枯竭，……主要目标：发达国家人民的健康和财富"；深生态学对"占主流地位的现代技术统治论文化采取一种毫不妥协的反对态度"①。

奈斯在论述深生态学的体系时给出了一个结构图，图表分成四个层次：第一层次是"终极原则与生态智慧"，第二层次是"深生态学八条纲领"，第三次层是"一般原则规范"，第四层次是"适应于特殊情况的特殊规范或决策"。图表中的第一层，他列举了"佛教（B）"、"哲学（P）"、"基督教（C）"三个传统。奈斯说："生态智慧不是经典意义上的宗教。它们更宜于定性为受生态科学鼓舞的全景意义上的普遍哲学。"又说："深生态学运动的支持者以他们的根本信仰和意念力为基础介入当代冲突。这个基础给予他们特殊的力量和对一个更加绿色的未来的快乐憧憬。"②可见，奈斯一方面强调深生态学是哲学

① 何怀宏编：《生态伦理——精神资源与哲学基础》，河北大学出版社2002年版，第487页。

② 陈剑澜：《非人类中心主义环境伦理学批判》，《哲学门》第四卷第一册，湖北教育出版社2003年版，第166页。

而非宗教，另一方面又强调支撑深生态学运动的"特殊的力量"不是别的，而是"信仰"。

问题在于：如果深生态学定性为哲学，则上述四个层次中，从第一层次向第二层次亦即从形而上学到伦理学的过渡是关键，在元伦理学的范围内，涉及如何从"实然"推导出"应然"。如果这个中间出现裂缝或抵牾，后面的纲领、原则规范、特殊规范都将是自说自话，不足以支撑接下来需要开展的社会运动。

奈斯所谓"终极原则与生态智慧"指的是一个有机论和整体主义的世界观。"这种世界观认为，人不是与自然相分离的，而是自然的一个部分；包括人在内的所有存在物的性质，是由它与其他存在物以及与自然整体的关系决定的。"①奈斯的哲学依靠是斯宾诺莎和怀特海。斯宾诺莎以现代科学原则为前提，试图恢复有机论传统；怀特海以量子理论、相对论为基础，建构了"有机体哲学"。事实上，斯宾诺莎和怀特海的学说同样是科学主义的产物，由此并不能孵化出"终极原则"，哪怕拉上"生态学"这门超级科学，也不可能生发出"生态智慧"。也就是说，奈斯把深生态学结构图第一层设计为"终级原则与生态智慧"是经不起追问的，因为它无法从西方现代科学主义传统中找到有效的理论支持。

于是深生态学家把目光投向前现代思想传统和宗教传统，如佛教和基督教。一个以哲学为前提的生态保护运动在理据上未能自洽，不得不求助于宗教，这使深生态学陷入理论上的两难境地。一个以宗教为根基的生态保护运动是不需要繁复的哲学论证的，"宗教指向人类精神生活中终极的、无限的、无条件的一面"②，深生态学恰恰刻意回避被贴上"宗教"的标签，只是有限认可自身的信仰特征。问题是：如何在现代和前现代两种不同的伦理传统之间建立桥

---

① 陈剑澜：《非人类中心主义环境伦理学批判》，《哲学门》第四卷第一册，湖北教育出版社2003年版，第163—164页。

② 保罗·蒂利希：《文化神学》，陈新权、王平译，工人出版社1988年版，第7页。

梁，使之达成和解？正如麦金太尔指出的，现代伦理和前现代伦理相比，最大的特点是规范取代德性。前者是从个体观念推论出来的，而后者是在共同体（社群）中培育起来的认同感或身份意识。在现代社会中重建前现代伦理传统并非无的放矢，关键是如何在两种社会语境之间完成过渡和转换，从而具有实践意义。这是我们在现代危机背景下重审传统思想和传统宗教的价值功能时所不可回避的。

二、从"缘起性空"到"戒杀护生"

如果说"环境伦理学自身的'合法性危机'不只是伦理学内部的证明问题，而是关系到如何在现代知识语境中确立一个既目标明确又可以理解和应用于社会改造的人与自然关系理念的问题"[①]，那么佛教应对当代生态危机，无论从理论还是实践，也一样要为回答上述问题而努力。

有学者把人类基本道德生活描绘为由三个基本层次组成的综合性系统，分别是：终极信仰的超越层次，属于道德形上学范畴；社会交往的实践层次，属于普遍社会道德规范范畴；个人心性的内在人格层次，属于美德伦理或个人道德的范畴。信仰追求和个人美德境界的追求常常是一致的，前者对后者有价值导向作用，后者是前者的人格化和内在化。而在现代民主社会和理性多元论的文化条件下，只有那些可以为广大社会公民或道德个人所普遍接受的社会伦理规范，才是真正有效的普遍道德规范，否则只能沦为空洞教条，不能内化为每个人的道德品格和行动准则[②]。现代社会的生态危机究其本质是道德危机，佛教在现代社会发出有效声音，要平衡出世间的义理和入世间的伦理，要维系指向佛陀本怀的信仰向度和指向普遍伦理的实践向度。这就是明代之智旭，近代之太虚、印顺，以及当代很多佛教高僧大德不断提撕的"契理契机"精神。

---

① 《非人类中心主义环境伦理学批判》，《哲学门》第四卷第一册，第172页。
② 万俊人：《寻求普世伦理》，北京大学出版社2009年版，第21页。

"契理契机"的肯綮处在于理不变，机常变；理引而不发，机常变常新。佛教的终极目标是觉悟和解脱，作为一种"教法"，佛教要随顺不同时空因缘之流转迁变、聚散生灭而不断开出新新气象。按照"契理契机"精神，对大乘佛教修学者而言，生态保护实践是发菩提心、趣菩提道、成菩萨行的"方便"，是成佛的"必修课"；对佛教信仰以外的人群而言，佛教根本义理中必能推导并生发出让不同宗教文化传统下的人群共享的伦理原则并指向生态保护实践。

在大乘佛教修学者心目中，佛陀所立之教和世间学说不同，前者指向解脱觉悟，后者指向生死轮回。佛陀依"菩提心"成就佛果。"菩提心"也有两个向度：一是自度，誓愿自成就无上正等正觉（即证悟无生无死的涅槃境界而成佛）；二是度他，誓愿度脱其他众生。"菩提心"是佛陀本怀，佛陀还要以语言、文字、逻辑等为方便，在娑婆世界安立"言教"。佛陀证悟了世间一切法的生起、存在，以至消灭必由因缘造成，缘聚则生，缘散则灭，缘起法即佛陀所觉悟的世间一切事物之生灭变化的根本法则。世间万物之流转生死（缘起）和还灭涅槃（性空）是一体两面，缘起即空，空即缘起。由缘起开显诸法差别相，由空开显诸法平等相。由空，则无我，无法，一切无住、毕竟无所得，超越世间性；由缘起，则不舍世间，以慈悲和智慧摄受一切为度化众生的方便。佛以其本怀、以其大悲大智令众生圆满悟入诸法实相（一切事物的真相或真理）。

缘起论是佛教独特的世界观，是佛教区别于其他宗教、哲学的根本特征。在佛教传统中，"缘起性空"作为世界的真相，是佛陀"发现"而非佛陀"创造"，无需论证，可堪作一切论证的起点。

大乘佛法是以菩萨为中心的修行实践系统，佛教修持者要成就佛果首先要发菩提心——由大悲心引发的为众生利益而立志成佛的愿心。发菩提心者为菩萨，菩萨所行法即"菩提道"，指菩萨本着利益大众的愿心，以解脱为目标而进行的身心实践和利众行为，或曰修持"布施"、"持戒"、"忍辱"、"精进"、"禅定"、"般若"六种法门（六波罗蜜），以从生死苦恼之此岸得度到涅槃安乐之彼岸。一旦发"菩提心"，个人的度生事业便汇入到佛陀的度生事业中。

从佛教义理到修行实践的内在理路为：（1）由缘起开出慈悲心行，由性空开出平等智慧——慈悲和智慧是菩萨行的两轮。（2）世间法是因缘和合的生灭法——"此有故彼有,此生故彼生","此无故彼无,此灭故彼灭",①众生是不可分割的整体——"芥子容须弥,毛孔收刹海"。众生在各自所造业力的牵引下,以不同的生命形态在三界六道轮回流转。因缘和合故,因果无限,因缘不可思议,果报亦不可思议,"已作不失,未作不得"②。(3)发菩提心、行菩萨道是出离三界的必由之路。以平等智慧,"自他同体",六道众生毕竟平等。菩萨行者破我执、法执,远离贪嗔痴三毒,不造身语意三业;以慈悲心行,菩萨行者不舍三界六道的一切众生、有情无情,与一切众生乐,拔一切众生苦。一个发心成佛、精勤修行的菩萨行者,一定会行善戒恶,以至善的慈悲之心,对众生倍加呵护。

如果比照奈斯为深生态学设计的结构图,则从佛教根本义理到佛教生态实践亦可表述为:第一层为"缘起"、"性空"(此为一体两面);第二层为由"缘起"开出的"因缘和合"和由"性空"开出的"众生平等";第三层为由"因缘和合"开出的"整体主义生态观"和由"众生平等"开出的"非人类中心主义生态观";第四层为由"整体主义生态观"开出"慈悲心行",由"非人类中心主义生态观"开出"平等智慧(如因果业报等)"。最后,第五层,由"慈悲心行"和"平等智慧"开出"拔苦与乐"、"戒杀护生"等戒律规范和伦理德目。佛教以觉悟和解脱为最终目标,依觉悟而生实践,依实践而更增觉悟。佛教和深生态学在实践层面颇有可会通之处。

接下来的问题是,对不持有佛教信仰的人群,如何超越不同文化传统和不同宗教传统的差异,融合现代理性文明的积极成果,找出人类共享的相同或相似的道德规则应用于包括生态保护实践在内的一切现代事务?孔汉思等宗教伦理学家认为人类原本就共享一些道德原则、规范和理念,即"金规则",台湾"人间佛教"的践行者星云则拈出"慈悲"。他指出,娑婆世界最大的缺陷,就是爱与恨的分歧、怨与亲的疏离,世间的诸多争端和混乱多是因此而起。所

① (刘宋)求那跋陀罗译:《杂阿含经》卷十,《大正藏》第2册,第99页。

② 弥勒造:《瑜伽师地论》卷三十八,(唐)玄奘译,《大正藏》第30册,第1579页。

以，基督教宣扬要"爱你的仇敌"，儒家则主张"泛爱众而亲仁"，都是为了解决这个基本矛盾。佛法的根本就是慈悲，慈悲正是化解爱与恨、怨与亲对立的根本法门。^①当代著名基督教神学家约翰·希克如此表述："爱、慈悲、舍己为人、仁慈和宽恕——我们已看到他们构成了各大传统的基本伦理原则——并非由超自然的权威强加的不相容的理念，而是产生于我们人性的理念，我们的人性在宗教传统中被加强、净化和提升到新的层次。"^②本文将进一步考察佛教"慈悲"理念如何与生态保护实践相贯通、相融摄。

三、"慈悲心行"和生态保护实践

国内较早介入生态伦理学研究的学者何怀宏认为生态伦理学有两大特征：其一，强烈诉诸实践，有比伦理学更强的意图，想对人们的行为和生活方式发生某种影响；其二，它不仅是一种知识体系，还可以成为一种类似于宗教信仰的终极关切。归根结底，克服生态危机的更深层的意义是拯救人心。因而各路生态伦理思想总是在理论建构和个人情怀之间首施两端，"对于真正有心于这门学问的人们来说，它不会仅仅带来一种知识的愉悦，它还会带来一种对于现实的焦虑和无论如何想做点什么的渴望，它可能会要求一种精神信念的支持和生活方式的改变。于是，生态伦理也就会成为一种承担，首先是信念的承担，然后是行动的承担。"^③

然而生态伦理学到目前为止还在流浪途中，出入人类历史上各种精神资源和哲学理论，上下求索，既无力自行建构一个信念体系，也无力挽狂澜于既倒——生态危机即是人心危机，它何以能拯救人心呢？不过生态伦理学最大的功德也在于它的综合性：它提出了问题，吸引不同的科学和哲学体系以及不同的宗教传统沿着同一个方向思考。

---

① 星云：《发心与发展》，普门学报出版社，《普门学报》2002年第10期。
② 约翰·希克：《宗教之解释》，王志成译，四川人民出版社1998年版，第381页。
③ 《生态伦理——精神资源与哲学基础》，第3页。

　　佛教极为重视"心"的作用，佛法又称"心法"。依照佛法，一切法都依心的关系而存在，一切法依心的转变而转变。《华严经》云："心如工画师，能画诸世间。五蕴悉从生，无法而不造。"① 《维摩诘所说经》中"若菩萨欲得净土当净其心，随其心净则佛土净"② 更被视为上世纪90年代台湾佛教界发起的"心灵环保"运动的直接经证。

　　生态伦理学是西方环境保护运动的产物，"心灵环保"是当代"人间佛教"关怀社会、参与社会运动的切入点，"人间佛教"强调以大乘自度度他的精神，关怀"此时、此地、此人"，"从心的净化，引发行为的清净，影响报体，趋向世界的清净"。③ 对大乘佛法而言，所谓的"心"就是菩提心。发菩提心者为菩萨，菩萨依菩提道，行菩萨行，上求佛果，下化众生。在大乘佛教"菩提心——菩萨——菩萨行"修行框架中，慈悲跟发菩提心最有密切关系。"菩提心不由禅定中来，也不由智慧中来，而是从大悲心来。"慈悲是"核心"，是"心中之心"，"没有慈悲，一切福德智慧，都算不得菩萨行"。④

　　缘起法是佛教对世界真相作出的根本判断，是佛教与其他宗教或哲学体系之不共所在。以缘起法法观照，则世间一切由因缘所成，而因缘本身又由其他因缘所成，彼此相因相待，无穷无尽。世间的一切——物质、心识、生命等，依托种种因缘和合而成为现实的存在，犹如网上的结，因各种交互关系而存在，而非无依凭的绝然存在。在这样的交互关系中，不变的、绝对的、有主宰力量的"我"了不可寻，"人人为我"，当下即是，"我为人人"，一切放下。"所以从这样的缘起事实，而成为人生观，即是无我的人生观，互助的人生观，知恩报恩的人生观，也是慈悲为本的人生观。"⑤

　　深生态学创始人奈斯的主张和缘起法之"无我"有相似处。他竭力破斥

---

① （唐）实叉难陀译：《大方广佛华严经》卷十九，《大正藏》第10册，第279页。

② （后秦）鸠摩罗什译：《维摩诘所说经·佛国品》，《大正藏》第14册，第475页。

③ 释印顺：《学佛三要》，中华书局2009年版，第42页。

④ 《学佛三要》，第72页。

⑤ 同上，第79页。

以人类为中心的、人与环境分离的生态观，拒绝"环境中的人"，"偏爱关系性的、总体场景中的人这一人的形象"。奈斯对所谓"总体场景模式"作了如下描述："有机体只是生态之网的网结或内在关系的连接点。两个事物A和B的内在（内部的）关系是这样一种关系，这种关系决定或基本构成了A或B，如果没有这种关系，A或B就不再是他们自己。总体场景模式不仅消解了环境中的人这一概念，还消解了环境中的物这一概念。"①他在深生态学"八条纲领"中进一步指出，所有生命都是由某种无所不在的亲密关系紧密联系在一起的，所有生命都拥有内在价值，没有任何存在物可以仅仅被当做工具来对待。复杂性和自动平衡是实现最大限度多样性的重要条件，所有生命价值平等意味着生物物种平等，一个细菌或一棵树的价值并不比一个人的价值更低，尽管后者可能更为复杂也更为丰富。这可作为《心经》"诸法空相"四字的"生态学诠释"：既是诸法，人类只是山河大地、草木丛林、有情无情当中的一法而已；既是空相，则宇宙洪荒的空相不因其大而大，草芥瓦砾的空相不因其小而小。

然而奈斯的学说无法跳出西方现代人文主义和科学主义的窠臼，以为人的边界即世界的边界，人通过描述世界的每一个片段并将它理论化而熟悉这个世界，世界随着人的认识活动而展开。在佛教看来，人只是"六道众生"之"一道"，佛教不废世间法，亦不受世间法的时空限定。奈斯得出结论的途径是科学主义的先"格物"后"致知"，"先取一冷静的求知一对象，由知此一对象后，再定我们行为的态度"②。在佛教看来，这种主客二分的理性主义的认知方法不过是名言计度，是截断过去与未来的现世主义，不能抵达世界之"一实相"。佛教缘起法也是"中道法"，佛陀不以绝对的"有、无"二分来断定事物，反之，"断定事物存在与否"这种方式也绝不是认识世界或生命的正确方式，世界或生命的变化流程是非有非无、不常不断的。缘起法也可以表达为"诸行无常、诸法无我、涅槃寂静"，此即"三法印"，用以勘验各种学说是否

---

① 《生态伦理——精神资源与哲学基础》，第488页。
② 唐君毅：《说中华民族之花果飘零》，三民书局1974年版，第148页。

契合佛陀本怀。其中"涅槃寂静"即不废生灭的因缘而觉悟不生不灭的诸法实相，从而打通世间和出世间。这种觉悟是人生不可重复的亲切体验，"如人饮水冷暖自知"。在这个修行实践中，心量无限扩大，外在世界收归于内在本心，又落实在一己的修行实践中，觉悟之知与实践之行相生相伴、层层推进。也就是说，佛教"缘起性空"的世界观不从哲学推导中来，不从理性思辨中来，而从个体"信解行证"中来；佛教中的慈是"无缘大慈"，悲是"同体大悲"。由"缘起"而通达"慈悲心行"，不是依靠意识形态的力量，不是依靠理性思索和选择，而是从个人修行中获得体认并自然产生行动的愿望。"一切众生，特别是人类，不但由于缘起相的相依共存而引发共同意识的仁慈，而且每每是无意识地、直觉得对于众生对于人类的苦乐共同感。"①真正的"知行合一"要从"心"出发，超越理性追问，开显道德本原，通达终极关怀。从这个意义上，深生态学所谋求的践行的力量，也许恰好被其自身的理性之光所障蔽。

　　"慈悲"超越了"家庭"、"族群"、"国家"，"人类"的分别，超越了"职业"、"阶层"、"文化"、"宗教"等的藩篱，兼顾出世间的解脱信仰和入世间的人文关怀，"慈悲心行"也是"报恩心行"："人与人间，众生间，是这样的密切相关，自然会生起或多或少的同情。同情，依于共同意识，即觉得彼此间有一种关系，有一种共同；由此而有亲爱的关切，生起与乐或拔苦的慈悲心行。""从自他的展转关系，而达到一切众生的共同意识，因而发生利乐一切众生（慈）、救济一切众生（悲）的报恩心行。"②活跃于西方的菩提比丘注意到慈悲理念和生态保护实践的内在关联："由于佛教对一切依缘而生的事物的相互关联性和彻头彻尾的相互依存性的哲理性洞察，……由于佛教的不伤害他人和对众生之无分别的慈悲伦理，佛教为建立以尊重、关爱和慈悲为特点的人与自然之间的关系提供了所有的核心原理。"③只有对人类作整体性的观照，对人类痛苦

---

① 《学佛三要》，第81页。

② 同上，第80页。

③ 何则阴、闫艳、覃江译：《佛教与生态》，江苏教育出版社2008年版，第55页。

根源有深切的认识，才能有此悲悯。如果说生态伦理是一种"信念和行动的承担"，慈悲正可支撑起这种承担。慈悲情怀至大而无疆，至广而无方，非客观冷静的学理研究所能揣测和抵达。不仅在生态保护问题上，在所有针对现代问题的实践领域，慈悲都可作为打有佛教印记的"通行证"。

印顺把修习菩提心的过程概括为由浅入深的七个阶段：知母，念恩，求报恩；慈心，悲心，增上意乐；菩提心。慈悲和发菩提心最有密切关系，而"增上意乐"就是以悲心为本的一种强有力的行愿，"以现代通俗的说法，即是'狂热的心'，对度生事业的热心。热心到了最高度，便可以不问艰难，不问时间有多久，空间有多大，众生有几多，而不惜牺牲自己的一切，尽心致力救众生"。①这种彻底、无私、博大的慈悲心，是以"缘起性空"为起点的世界观、以"发菩提心"为起点的修行实践所必然达到的个人内心的真实体认，是不断扩大的心量和不断提升的精神境界在道德层面的落实。正是在这个意义上，即便深生态学和佛教在核心义理方面很难相互会通，深生态学的行动纲领与佛教的慈悲心行在生态保护问题上必会有相当共识。面对现代社会的道德危机、心灵危机及由此生发的生态危机，佛教正可为天下人心提供恰当的慰藉。

四、结语

"心灵环保"作为隐喻，是佛教以自家本分对当代生态保护运动一种回应。虽然生态保护不是佛教的传统问题，但生态危机正是佛教要关怀的最契理契机的问题，因为佛教的终极追求就是《心经》开头所说的"行甚深般若，度一切苦厄"。佛教所说一切法，都是围绕智慧和慈悲展开，真正的智慧是洞彻宇宙人生的大智慧，真正的慈悲是不分冤亲、不分种族、不分国界的"无缘大慈、同体大悲"。

为救度一切众生的苦难而无私无畏、永不休息，是慈悲的应有之义，因

---

① 《学佛三要》，第73页。

此，无论现代环境保护运动，还是佛教在现代语境下参与生态保护，落脚点都只有一个，那就是践行。对佛教徒而言，践行就是基于信仰的修行，对非佛教徒，诸如"慈悲"这样的佛教理念将传递一种内在的力量、一种超越时空的智慧，以及有所依怙和关怀的共同体意识。佛教自佛陀时代便重践行，佛陀正是在宗教实践中获得证悟。正是践行将美德带回我们的生活中。佛教回应现代生态危机，不仅是为自身在现代语境下的发展寻找到契机，更要传达一个有深厚传统和无尽宝藏的世界性宗教所拥有的安定社会、安顿民心的力量，这种力量就来自于——大慈大悲。

（原载《江苏社会科学》2012年第5期）

论生活禅的契理和契机

——以"三法印"及"现代性"为视角

如果肯认佛法是真理，是世界的真相和价值的来源，则其无"新"无"旧"，无"传统"无"现代"，无"中国"无"印度"……佛法无时无方，法住法界，法尔如是。佛陀成就正觉，安立教法，开显教理，指示出一条证悟涅槃的道路。他只以自己为佛法发现者和真理启迪者。2500多年前佛陀创教，只是佛法在人类社会有限时空示现的一个历史"事件"，是"一大事因缘"。所谓"流布"和"发展"，俱可归为佛法应化人间的方法和形式。"契理契机"是"教法"的方便，是"应病与药"，是使佛法泽被不同时节因缘下的众生。

依《维摩诘所说经·香积佛品第十》，香积世界以"香"为交流沟通的津梁，香积佛宣教亦载之以"香"。[①]而娑婆世界以言语为交通媒介，佛教在人类社会的传播有赖于兹。由言语承载之佛法的契机应化自佛陀时代始，然佛陀证悟之圆满境界远非言语所能穷尽。《杂阿含经》第404经，佛陀抓住一把树叶，又指着大林中的全部树叶说：我所见而未说之法多如林中叶，而我所说法少如爪中叶。[②]又见南本《大般涅槃经》："一切因地草木叶多，不可称计，如来所说少不足言。""我所觉了一切诸法，如因大地生草木等，为诸众生所宣说者，如手中叶。"[③]

考察人类历史中的佛教现象不妨借用两个维度的言说方便：佛陀本怀和

---

① 释僧肇：《注维摩诘所说经》，影印民国刻本，上海古籍出版社1990年版，第155页。
② 中国佛教文化研究所点校：《杂阿含经》上册，宗教文化出版社1999年版，第345页。
③ 《大般涅槃经》，河北省佛教协会佛教慈善功德会印行，第347页。

时空因缘。前者系佛陀证悟所得，本自圆满，超越时空。"若佛出世，若未出世，此法常住，法住法界。"①佛教的根本精神和佛陀的根本教法虽在"理"上难以言语表诠，在"事"上并非不可勘验。印顺法师曾论及用"三法印"判断佛法是否究竟："若与此三印相违的，即使是佛陀亲说的，也不是了义法。反之，若与三印相契合——入佛法相，即使非佛所说，也可认为是佛法。"②而时空因缘无非系于现实人生，所谓"有因有缘世间集，有因有缘世间灭"——需要还原历史、择取分析立场和方法。任何一种方法都有"管窥蠡测"之嫌，或如《庄子·天下》篇所言，"天下多得一察焉以自好"③——察即一"管"一"蠡"——好比以一小孔窥测整体的"道"，其必有所丧。然"物视其所一而不见其所丧"④——一孔虽小，恰是真理之光透过来的渠道，若能守一不移，"所丧"便如"遗土"，对大道并无有损害。总之，"法性法界"的普遍性和缘生缘灭的特殊性，两者不一不异、相生相即。

"生活禅"即佛陀教法契理契机的应化，是佛法在特定时空的具体示现。"契理"自是契合佛教根本精神与义理，"契机"为契合"20世纪90年代后的中国大陆"这个特定历史时空。本文以"三法印"为"纲"考察"生活禅"之"契理"，以20世纪中国人精神生活变迁为"目"考察"生活禅"之"契机"。本文强调"20世纪90年代后"这个时间节点，不仅因为"生活禅"创始人净慧法师恰在1990年前后提出如是修行理念，⑤更是由于自"五四"始，及其后的国共易代、"十七年"、"文革"乃至改革开放和启动市场经济，中国民众精神生活几度跌宕，并在20世纪90年代后又有新转折。

---

① 《杂阿含经》上册，第268页。

② 释印顺：《佛法概论》，中华书局2009年版，第105页。

③ 《庄子注疏》，中华书局2011年版，第556页。

④ 同上，第105页。

⑤ 净慧：《关于"生活禅"理念提出二十周年的一点感想》，《禅》2011年第4期，第4页。

一、关于"三法印"：以《杂阿含经》为核心

三法印"可作为佛教特征之三种法门。即诸行无常、诸法无我、涅槃寂静三项根本佛法。此三项义理可用以印证各种说法之是否正确，故称三法印"①。印顺法师对三法印的根本旨趣有精辟概括："一切有为法的本性是空寂的；空寂的，所以是无常、无我，所以能实现涅槃。这从缘起的空义开显。"而"缘起"堪称佛教教义中最重要的核心观念，是切入佛陀本怀的关钥。

在《阿含经》中佛陀经常宣说"无常"、"无我"、"寂灭"，但并未形成"三法印"这个说法。三法印的名称要迟至部派佛教时代，才见于《根本说一切有部毗奈耶》。龙树菩萨在《大智度论》中对三法印的义理阐幽发微。三法印的现代诠释工作大成于印顺法师，从《佛法概论》、《学佛三要》、《以佛法研究佛法》等著作中均可见三法印的核心位置。有些学者视三法印为小乘佛教的判教标准，印顺法师指出，"三法印"和大乘"一实相印"无二无别。净慧法师虽鲜有专文论三法印，但其生活禅理念的建立和完善过程中贯彻了三法印的根本精神，也即佛法根本精神。生活禅为三法印所印可，亦赋三法印以时节生机。

《杂阿含经》第299经记载：佛告比丘，"缘起法者，非我所作，亦非余人作。然彼如来出世及未出世，法界常住，彼如来自觉此法，成等正觉，为诸众生分别演说，开发显示……"②佛陀意指缘起法作为世间一切事物生灭变化的根本法则，非佛陀或他人造作，而是为佛陀觉悟并开显。缘起，指世间一切法的生起、存在，以至消灭都必由因缘造成，缘聚则生，缘散则灭。佛陀以"十二因缘"来说明生命于生死轮回中流转变化的过程，"人之流转生死，或还灭涅槃，非神意，非偶然，非无因，非命定"。③

"诸行无常"中的"行"指"有为行"。《杂阿含经》第956经："一切行无常，一切行不恒、不安、变易之法。"同经中偈曰："一切行无常，皆悉生

---

① 慈怡主编：《佛光大辞典》，佛光出版社1988年版，第571页。
② 《杂阿含经》上册，第271页。
③ 黄家树：《佛学经论导读·杂阿含经》，中国书店2009年版，第57页。

灭法，有生无不尽，惟寂灭为乐。"①法指事物形成的构成条件。有为法即生灭法，万物迁流变化，一切事物既由条件构成，亦是构成他事物的条件。凡由条件造作出的事物都非恒常不变，反之，凡无常变化的事物都由条件构成，法不孤起，仗缘方生。故"无常者，是有为行，从缘起，是患法、灭法、离欲法、断知法，是名圣法印，知见清净"②。

《杂阿含经》第53经，有婆罗门问证悟后的佛陀："沙门瞿昙，何论何说？"佛答："我论因，说因。"婆罗门又问："云何论因，云何说因？"佛答："有因有缘集世间，有因有缘世间集；有因有缘灭世间，有因有缘世间灭。"③前两句指生死的流转；后两句指涅槃的还灭。根据缘起观，一切法由因缘所成，而因缘本身又由其他因缘所成，彼此相因相待，无穷无尽。故一切法必具两种特性：生灭无常和当体无我。《大智度论》如此表述无常印："行者知三界皆是有为生灭作法，先有今无，今有后无，念念生灭，相续相似生故。可得见知，如流水，灯焰，长风，相似相续，故人以为一。众生于五常法中常颠倒故，谓去者是常住，是名一切作法无常印。"④

然上述经中的婆罗门还是困惑，佛陀继续解释：愚痴无闻的凡夫不能如实知色受想行识五蕴所成的身体依十二因缘生死流转、无常变易而成大苦聚集，故"爱乐、赞叹、染著、留住"，贪着五蕴，生生死死不得解脱。只有如实知五蕴为苦本，才能调伏欲贪，舍离染著，永灭生死轮转、烦恼苦厄。佛陀施教，一贯以人为本，以实践为本，反对谈论形而上主体。他从五蕴、十二处、十八界这些人生最切要处入手，引导学人由无常而领悟无我的深义。

佛陀时代的"无我"针对婆罗门教的"梵"或"大我"，但以佛陀一贯的对人的关怀和引导众生解脱的情怀，"无我"更要破的是永恒、不变、独一、自

---

① 《杂阿含经》中册，第768页。
② 《杂阿含经》上册，第62页。
③ 同上，第39页。
④ 龙树造：《大智度论》卷二十二，（后秦）鸠摩罗什译，《大正藏》第25册，第222页。

主的"我"。《杂阿含经》第11经，佛告诸比丘："色无常，苦因，若缘生诸色者，彼亦无常。无常因、无常缘所生诸色，云何有常？如是受想行识无常。"①五蕴无常，和合五蕴的诸般因缘亦属无常；由五蕴和合之"我"为无常，和合五蕴的"法"——各种因缘也是无常，如此循环无限，生灭法中无有恒常不变的"第一因"。《大智度论》云："一切法无我，诸法内无主、无作者，无知、无见、无生者、无造业者，一切法皆属因缘，属因缘故不自在，不自在故无我，我相不可得故，如《破我品》中说，是名无我印。"②

无常和无我虽为一事两说，但无常更易被人切身体会，因此佛陀常常先说"无常"，由无常体悟无我，进而趣入解脱："无常想者，能建立无我想：心离我慢，顺得涅槃。"③佛说："无常者则是苦，苦者则非我，非我者则非我所。圣弟子，如是观者，厌于色，厌于受想行识。厌者不乐，不乐则解脱。"④佛陀认为世人往往以五蕴而认定自我观念，具有主宰性，恒常不变，单一。实际上五蕴不断随条件变化，非自身所能掌控，自会产生不尽如人意的困苦情形，故"无常是苦"。五蕴既无常、困苦，故不能认其为掌控自身一切的自我，故"苦即非我"。五蕴既非我，也不会有自我所拥有的东西，故非我则非我所。五蕴的任何一部分都不能被认定为自我，因此五蕴中的任何部分也不能说是被自我所拥有的东西。"我、我所破故，是名寂灭涅槃。"⑤这是顺向解脱的观慧。

"诸行无常"和"诸法无我"二法印侧重观照"有因有缘世间灭"，《杂阿含经》262经中有个叫阐陀的比丘果然生起断灭见：既然"一切诸行空寂、不可得、爱尽、离欲、涅槃"，"此中云何有我，而言如是知、如是见，是名见法？"⑥——既无我，是谁知法见法，何必知法见法！此时佛陀已般涅槃，阿难

① 《杂阿含经》上册，第5页。
② 《大智度论》卷二十二，《大正藏》第25册，第222页。
③ 《杂阿含经》上册，第227页。
④ 同上，第5页。
⑤ 《大智度论》卷二十二，《大正藏》第25册，第222页。
⑥ 《杂阿含经》上册，第215页。

乃为其宣说佛陀向所开示之中道法：所谓中道，一面是"此有故彼有，此生故彼生"，有无明就有行，以至有生老病死忧悲苦恼集，"如实正观世间集者，则不生世间无见"；一面是"此无故彼无，此灭故彼灭"，如无明灭则行灭，以至生老病死忧悲苦恼灭，"如实正观世间灭，则不生世间有见"。①此一体两面，兼顾流转还灭，打通世出世间。至此，三法印归于中道的缘起法。

关于中道的经典段落见于《杂阿含经》第961经，经文大意是：有婆蹉种出家问佛陀："云何瞿昙，为有我耶？"佛默然不答，如是再三。比丘失望而还。阿难不解，佛告阿难，如果答"有我"，则增其向所认定之有恒常不变自我的邪见，此为"常见"；如答"无我"，则增其以事物终灭之邪见，此为"断灭见"。"如来离于二边，处中说法。所谓是事有故是事有，是事起故是事生。"②可知佛陀不以绝对的"有、无"二分来断定事物，反之，"断定事物存在与否"这种方式也绝不是认识世界或生命的正确方式。世界或生命的变化流程是非有非无、不常不断的。

《大智度论》云："有为法无常，念念生灭故，皆属因缘，无有自在，无有自在故无我；无常，无我，无相，故心不著，无相不著故即是寂灭涅槃。"③印顺法师把龙树菩萨的"三法印即是一法印"解释为："从相对而进入绝对界说，法是'空性'、'真如'，也称为'一实相印'。从绝对一法性而展开于差别界说，那就是缘起法的三法印——诸行无常性，诸法无我性，涅槃寂静（无生）性。因为无有常性，所以竖观一切，无非是念念不住、相似相续的生灭过程。因为无有我性，所以横观一切，无非是辗转相关、相依相住的集散现象。因为无有生性，所以直观一切，无非是法法无性、不生不灭的寂然法性。……这是佛开示的一切法的究竟法，也是展开于时空中的一般法。"④

① 《杂阿含经》上册，第216页。
② 《杂阿含经》中册，第773页。
③ 《大智度论》卷二十二，《大正藏》第25册，第223页。
④ 释印顺：《以佛法研究佛法》，中华书局2009年版，第2页。

以上以《杂阿含经》为基本经典，兼及《大智度论》和印顺法师的相关论述，扼要考察了"诸行无常"、"诸法无我"、"涅槃寂静"三法印的甚深法义。《杂阿含经》是原始佛教经典《阿含经》中最重要的部分，是佛陀在世时说法的朴实记录，从中可见佛陀正见缘起之真实深广，佛陀施设教化之平实淳朴。若以此揣摩佛陀本怀，除三法印昭示的"真实性"、"实践性"和"统一性"这"三大理性"，必有重有情、重人生、重现实、重正见、重践行、重超越的精神在。前者体现佛教缘起中道法则，是佛教区别于其他宗教哲学的最根本处；后者暗合中国文化精神。佛陀在印度创立佛教是大事因缘，佛教传入中国也是大事因缘。与其说佛教经数百年融为中国传统文化的一个部分，不如说佛教随顺因缘，在中国历史文化时空中流转迁变、聚散生灭，和中国本土文化一起开出新新气象。"随缘不变、不变随缘"，不变的是佛陀本怀，是通过"三法印"传达的缘起法则和中道实相，是佛陀慈悲拔苦的精神；变的是有为法，是历史时空的因果相续、因缘和合。

二、关于生活禅的"契理"：以"三法印"为视角

理不变，机常变；理引而不发，机常变常新，这就是"契理契机"的肯綮处。两者又必须一体同观，相即不可二分。中国历史上对"契理契机"加以强调的祖师大德不乏其人，如明代高僧蕅益智旭，但"传统和现代"的巨大断裂使"契理契机"对20世纪初的中国佛教尤显重要。太虚大师在《新与融贯》中说："平常所说新，乃对旧的反面而言，而佛法真胜义中无新无旧。……""新，需要佛教中心的新，即是以佛教为中心而适应现代思想文化所成的新的佛教。这佛教的中心的新，是建立在依佛法真理而契适时代机宜的原则上。"①"契理契机"折射出"革新"与"保守"、"传统"与"现代"、"新"与"旧"的紧张，直至净慧法师提出"生活禅"理念的20世纪90年代，这种内在

---

① 释太虚：《太虚大师全书》第一编第二册，善导寺佛经流通处，第450页。

的紧张关系远未消弭，以为佛陀2000多年的教法已不能适应时代人心，或以为众生善根不足以教化的悲观情绪充斥教内外。净慧法师认为，佛陀对人类内心世界及生命规律的揭示过去如是，现在如是，未来亦如是；佛陀的教法是当机的，这个机是指一切时空里的众生，而不仅限于古印度。所谓"传统"与"现代"、"革新"与"保守"都不过是葛藤，只有从这些葛藤中释然，才能以"沉着坚毅又进取无碍"的心态，学习佛陀和历代祖师的胸怀、胆识和善巧方便，维系佛教万古长青的生命。①

和太虚大师一样，净慧法师也以为现时代佛教发展的种种疑难和缺陷都集中在契机这个问题上。基于对佛教"现代化"和"化现代"的缜密思考，净慧法师提出"生活禅"的弘法理念："'生活禅'来源于祖师禅的精神和'人间佛教'的思想，目的在于落实人间佛教的理念，进而把少数人的佛教变为大众的佛教，把彼岸的佛教变成现实的佛教，把学问的佛教变成指导生活实践的佛教。"②这与2000多年前佛陀在古印度的教化路线如出一辙。佛陀正是针对尊神论、常见、断见、命定论、形而上的思辨等诸般时弊，立足现实（有情世间），从不同众生根性入手，引导众生步入解脱。从这个意义上，三法印既是诸法真相，也是修行道路，既是佛陀之证悟，又是佛陀之教法；既是事实，也是价值。从"三法印"到生活禅，既是佛法在当代中国大陆的契机应现，也是净慧法师对佛法教义的现代阐释。

净慧法师把《心经》作为修学生活禅所依的第一部教典，视《心经》为生活禅的纲领。生活禅的宗旨"觉悟人生，奉献人生"就是要落实《心经》"色不异空，空不异色，色即是空，空即是色"的精神上。③净慧法师以为，《心经》之所以重要，就在于经中发微了般若精义，而"般若的思想是佛法的根本

① 净慧：《中国佛教与生活禅》，宗教文化出版社2005年版，第3页。
② 《中国佛教与生活禅》，第126页。
③ 净慧：《生活禅钥》，三联书店2008年版，第187页。

见，只有在般若思想指导下所修习的一切善法才是无为、无漏的善法"①。

《阿含经》中的佛陀说法，以简易、导入解脱为原则，反对形而上学的追问。他帮助学人正见缘起、冥契"诸行无常"、"诸法无我"之真实相，就是从有情生命的最切实处"五蕴"入手的。《心经》是大乘核心经典，首句"观自在菩萨行深般若波罗密多时，照见五蕴皆空"，体现了佛陀的"吾道一以贯之"。净慧法师也以"五蕴"为引导学人进入"生活禅"理念的下手处："了知诸法缘起性空的实相的智慧，才是般若波罗蜜，了知诸法实相的智慧，要从照见五蕴皆空的实践中体征而来。"②他把"五蕴"方便地解释为"众生生命的总相、生活的总相"，生活禅之"禅在生活中"就是要以般若智慧修当下一念心，以般若的融通淘汰，否定、转变烦恼人生。这是佛法根本教义和生活禅理念的善巧对接。

佛陀依缘起法则带出无常观、空观与中道说，也以此提出五蕴非我说，批判众人的自我观念。依佛陀言教，净慧法师揭示出"人类存在的最大的问题是以自我为中心，一切从我出发。这是导致人生迷失的根本，是一切是非纷争、尔虞我诈、弱肉强食，乃至战争不息、争夺不已的总根源"③。净慧法师引导学人在正观佛法缘起法则，树立起正确的世界观和人类行为准则。他说："宇宙间万事万物的存在，是一种因果相续、彼此相依的存在；任何事物（包括有情世间和器世间）都不具备独存性。……我在哪里？我在众生中。……众生互为存在的前提，真正个体、独立的生命是不存在的。……佛陀教导我们要诸恶莫作，众善奉行，自净其意，这就是佛教修行总纲，也应视作人类行为的准则。"④

当年佛陀说法时经常感叹："所谓缘起，倍复甚深难见。"座下比丘或掉以轻心，或"心生忧苦、悔恨、蒙没、障碍"⑤。僧团中的长老阐陀甚至对无常无

---

① 《生活禅钥》，第189页。

② 同上，第193页。

③ 《中国佛教与生活禅》，第136页。

④ 《生活禅钥》，第136页。

⑤ 《杂阿含经》上册，第266页。

我产生畏惧：既然"无我"，谁去知法见法，何须努力修道？^①涅槃解脱更是无从道起。这种离于中道的常见和断见，以及弥漫其中的消极情绪在任何一个时代都没有异样。阐陀有此大疑惑时，佛陀已寂灭，不能亲自为他解答，幸有阿难还能转述佛陀住世时对迦游延的同类教导。同样是中道问题，净慧法师提供了易于为现代人接受的说法。他教导学人，平常所见之"我"是由色、心二法组成的假我，即使是"假我"，也要在不变随缘、随缘不变的大原则下善待它。假我是相对的，空性是绝对的，是直觉的，是现量的，只可以受用，不可以向人说破，只能从修行中亲证而来。^②他援引龙树《中论》"以有空义故，一切法得成"偈消除现代人对空的消极误解，指出空不是为了毁一切法，而是为了成一切法。正因为生命是无常的，是"空"，众生才有机会改变它并最终走向解脱。而佛教这种积极精神又落实在一念心之上，一念悟，当下即证得涅槃。^③

"三法印"中的"诸行无常"和"涅槃寂静"经常被误解为是矛盾的：无常属有为法，有生、住、异、灭；涅槃是无为法，不生、不灭。净慧法师继承了惠能禅法，把般若和佛性体用一如地归于当下一心，观无常即观空，观空即破执，破执即破烦恼，一念顿悟，当下成佛，此岸即彼岸，生死即涅槃。这种合般若与佛性于一心的解脱路径是中国文化思维对佛法根本教义的融通。

生活禅所涉的"心"约略有四种指向：此"心"是菩提心，是趣入大乘菩提道的出发点；此"心"是"般若心"，修行即正见缘起、能观空性；此"心"是真妄不二之心，修行关键在于妄心起时，识其性空，当下证真；此"心"与佛心无差别，本自圆满。一念迷则佛即众生，一念悟则众生即佛。上文曾提及，三法印既是佛陀开显的真理，也是佛陀言教的方法。净慧法师开显生活禅理念时，须臾未离缘起正见。拿"一念心"作开启"生活禅门"的钥匙：以"一念心"而贯彻三法印，以"一念心"彰显宗门意趣，以"一念心"作修行

---

① 《杂阿含经》上册，第216页。

② 《生活禅钥》，第268页。

③ 同上，第239—241页。

的切实下手处。

把三法印和生活禅并提有可能导致两种误解：其一，以为"三法印"见于小乘经教，生活禅趣归大乘，大乘发覆"一实相印"；其二，以为"三法印"属于古印度原始佛教，而生活禅既承禅宗一脉，必牢牢扎根在中国文化和中国哲学的土壤。净慧法师作文鲜有论及"三法印"，或为"防讥嫌"故？关于前一个误解，前文已述及，此处不赘；关于后一个误解，姑且移用牟宗三语聊作解答："近人常说中国佛教如何如何，印度佛教如何如何，好像有两个佛教似的。其实只是一个佛教之继续发展。这一发展是中国和尚解除了印度社会历史习气之制约，全凭经论义理而立言。彼等虽处在中国社会中，因而有所谓中国化，然而从义理上说，他们仍然是纯粹的佛教，中国的传统文化生命与智慧之方向对于他们并无多大的影响，他们亦并不契解，他们亦不想会通，亦不取而判释其同异，他们只是站在宗教底立场上，尔为尔，我为我。因而我可说，严格讲，佛教并未中国化而有所变质。"[1]以"三法印"的视角关照"生活禅"理念，则可看见"生活禅门"正依佛陀言教的本怀次第打开，以生活禅的视角关照三法印，则可领会佛法真理之随物赋形、历久弥新。

三、关于"生活禅"的"契机"：以现代中国精神生活之变迁为视角

关于佛教中国化的问题，牟宗三的立场颇合"中道"：于"事"上权立"佛教中国化"，于"理"上实有一个佛教，无所谓"印度佛教"或"中国佛教"。如果说本文第一、二部分侧重"一个佛教"的"理"，在这一部分，本文将把生活禅理念在时空因缘中"还原"，讨论生活禅和现时代精神生活的关系。

生活禅和人间佛教的关系已无须赘言，不仅有大量文章进行了有意义的讨论，净慧法师自己也反复强调，生活禅就是沿着太虚大师的"人间佛教"思想理路走下来的。有人甚至认为，生活禅就是人间佛教，说法不同而已。那么，

---

① 牟宗三：《〈般若与佛性〉序》，黄克剑、林少敏编：《牟宗三集》，群言出版社1993年版，第101页。

有着丰富佛法弘化实践的净慧法师为何不直接沿用"人间佛教"的名称而要另立"生活禅"呢?

在为生活禅弘化20周年做总结时,净慧法师不认为生活禅是另起炉灶,而是"根据现代人的根性,对传统佛教已有的那些贴近生活、鼓舞上进的教义、修行理念和修行方法,作出新的阐释,使之与现代的社会思潮相适应,与现代人的生活方式相适应,以方便于现代人更好地信受奉行"。①这和太虚大师提出人间佛教的初衷如出一辙,太虚大师也是要"以佛教为中心而适应现代思想文化"(《新与融贯》)。太虚大师的弘化事迹主要发生在20世纪的前30年,净慧法师则在20世纪的最后10年提出生活禅理念。20世纪的确是中国历史上极为特殊的100年,是传统和现代激烈摩荡的100年。19世纪末20世纪初颇多有识之人慨叹其为"几百年未有之变局"。虽然没有一道明确的年代门槛分隔传统和现代,在一般人的观念中,门槛那边是中国几千年积累下来的旧文化传统,门槛这边是百余年才出现的现代生活方式。太虚大师和净慧法师恰逢"门槛这边",要说他们所遭遇的不同,则太虚法师和他的同时代人是从"门槛那边"跨过来的,当他们讨论传统和现代的问题的时候,自身当是本质上的"传统人"和半生不熟的"现代人",他们和传统血脉相连。对于不可抗拒的现代潮流,他们当中有人要彻底砸烂传统——胡适也好陈独秀也好,其实都是传统文化的优秀学生,至少知道欲砸烂何物;有人对传统满怀温情忠诚不渝——如陈寅恪、如王国维,更是最后的中国传统的托命者和殉道者。也有人随顺历史潮流,致力于"阐旧邦而辅新命",想让传统在浩浩汤汤的现代潮流中有一个好的安顿,既不失其体,又能克尽其用。太虚大师就从这里出发了。而净慧法师面临的时代现实是,经过100年的现代洗礼,经过1949年后种种运动尤其文化大革命,时人对所谓"中学"已经非常隔膜了。清末张之洞提出"中体西用",因体用二分而饱受诟病,而中西之争在后来的情形越来越变成西学广为其用,中学却日失其体。净慧法师同时代的中年人以下,日用而不知的不是中学而是西学,传统和他们已经失

---

① 净慧:《关于"生活禅"理念提出二十周年的一点感想》,《禅》2011年第4期,第6页。

去切身的血肉关联。

如果说佛教作为植根于前现代传统的宗教，在太虚大师的年代还能在日常生活中时时浮现，太虚大师要推动"佛教现代化"，要变出世佛教为入世佛教，这些主张还能引起学人讨论和百姓关注，那么，到了20世纪90年代，净慧法师不得不做一项更基础的工作：在"文化体质"几乎彻底改变了的现代中国人的心田里重新开拓土壤，让佛教这个久远的前现代传统记忆生根发芽，让他们的日常生活和佛教发生真实的关联。对于人间佛教，净慧法师既要在太虚大师的基础上"接着说"、"接着做"，又要解决和太虚大师时代很不一样的时代问题。考察生活禅正可自是处起步。

讨论20世纪中国历史无法回避"变迁"这一主题，而中国从传统社会向现代社会变迁的过程经常被冠以"现代化"叙事。现代化叙事建立在现代和传统二分基础上，预设了如下前提：现代是西方的普遍的，传统是东方的特殊的；现代是进步的，传统是落后的；现代社会是人本的、民主的、市场的、开放的，传统社会是皇权的、专制的、小农的、闭塞的；现代化和现代生活如此值得颂扬和向往，传统生活走向凋敝自是天经地义。"中国文化和现代生活似乎是两个截然不同而且相互对立的实体，……两者的冲突实质上便被理解为西方现代文化对中国传统文化的冲击与挑战。"①在这种"冲击回应"模式中，只要和"中国"有关的必天生下风。既如此，则无论中国道路、中国问题还是中国文化、中国思想，都无法获得以自身为本位的自我理解和自我表达。

五四运动祭出"民主"和"科学"两面大旗，开启了现代中国的"启蒙"之路。虽然"启蒙"从理论到实践都源自西方，但人类精神生活从传统到现代的巨大断裂庶几无有东西之分。在西方基督文化背景下，所谓现代性的最重要的标志之一就是世俗化，世俗化意味着宗教从社会生活中全面撤退，知识、价值的源泉不再来源于上帝（神），而来源于科学和理性。文艺复兴的主题"人"转化为现代性的哲学表达就是主体性，世俗化过程本质上是神本向人本的转换

---

① 余英时：《中国思想传统的现代诠释》，江苏人民出版社2006年版，第1页。

过程，人的主体性价值正是在此过程中确立。中国没有如基督宗教这样的一神信仰，不能对应严格意义上的世俗化，但现代中国知识分子由衷相信这是西方文化的最伟大的成就，民主和科学便是在这一解放过程中发展起来的。在余英时看来，中国历史文化背景和西方根本不同，五四知识分子要在中国推动文艺复兴和启蒙运动，对中西文化而言都是误解。"中国并无信仰和理性的对峙，更不是理性长期处在信仰压抑之下的局面，因此启蒙之说在中国也是没有着落的。"①但现实非常吊诡："民主和科学"的启蒙不仅在中国有了着落，还给原本"并无信仰和理性对峙"的中国"植入"了"对峙"；其后果，不是"理性长期处在信仰压抑之下"，而是"信仰长期处在理性压抑之下"……

所谓现代性，首先是西方现代知识的一个构成部分。"与单一现代性理论所依靠的历史单线进化论预设相反的是，二次大战以后全球化的进程同时出现了另一种状况，渐渐实现现代化的非西方国家或社会，大多拒绝了与现代西方完全同质化的道路。"②中国的现代性问题就是中国如何在一个由西方语境所刻画的现代世界中确立自身的存在与地位。从五四到20世纪80年代，个体（身）从家族关系（家）中游离出来；"怀柔远人""天下一家"的格局被壁垒森严的"民族/国家"取代，无论民主化、市场经济还是都市化、工业化，无一例外都在摧毁"乡土中国"，"好像把一块石头丢在水面上所发生的一圈圈推出去的波纹"的"乡土中国"越来越变成"一捆一捆扎清楚的柴"。③

"西化"的对中国人的身心改造是广泛而深远的：以"身"为例，则只有自现代始，中国人才成为"国家"的"公民"，"身体"被国家征服与收编，"为了国家"并经由"国家"规范改造，我们才有了今天的身体认知方式；以"心"为例，则"二十世纪最后二十年间，在中国人的精神生活中出现了急剧

---

①　《中国思想传统的现代诠释》，第27页。

②　高瑞泉：《"中国的现代性与人文学术"丛书·序》，《佛教本觉思想论争的现代性考察》，上海古籍出版社，第2页。

③　费孝通：《乡土中国》，人民出版社2008年版，第28页。

的结构性变化。……个人主义价值观的兴起无疑是精神生活变动的肇始。而后这种价值观通过市场等社会建制方式进入公共生活的每一个角落，与新的体制方式相互支持，从而深刻地改变了精神生活的整体风貌。……个人主义价值观的进一步扩展，便是从去政治化到进一步去历史与文化，后者表现为对人文精神、对世界观与历史观，对价值设定、乃至对世界与历史本身的拒绝"。①在此大势之下，若粗略而言，则文化层面的中国身份认同问题和私人生活层面的人生意义确立问题在20世纪90年代凸显出来。

如果说现代性是特定社会现实和特定世界观的结合，净慧法师在20世纪90年代初提出的"生活禅"修行理念，也可视作一种对中国现代性问题的独特回应，是一种"为己之学"。②"生活禅"从提法到内容，都堪称对治上述身份认同问题和人生意义问题的上好方案，在发表于1996年的《促进人类自身完善的三个回归》一文中，净慧法师提出"三个回归"——文化的回归、信仰的回归和生命的回归，实质上是为生活禅承载的时代命题张目。

净慧法师认为，西方文化所带来的一切弊病，以及人类目前所面临的困境，都或直接或间接地和"以主客体对立（即人我、物我对立）为基础，以向外征服为途径，以最大限度地攫取物质财富为目标"的"外向型的二元思维模式"有关。"这种思维模式的缺点就是：明于外而蔽于内，强调征服和改造外境，忽视改造和完善人类自身。在实践中，它带来的不良后果，一是人在向外驰求的过程中，日渐迷失本性，丧失自我，为物所系；二是导致人与自然、人与社会等等之间的相互对立。"而佛教文化则崇尚一种"内向型的圆融思维"，"它的特点是：以物我、人我同体一如为基础，以自我改造、自我圆满为主要途径，

---

① 陈赟：《现时代的精神生活》，新星出版社2008年版，第114页。

② 净慧在《关于"生活禅"理念提出二十周年的一点感想》中提到："1990年到1991年之间，在开始修复河北省赵县柏林禅寺的同时，我们第一次提出了关于'生活禅'的修行理念，1992年冬在柏林寺举办的首届禅七期间正式提出修生活禅的一些具体要求，1993年暑期，针对青年佛教学子举办了第一届'生活禅夏令营'。从此以后，我们在柏林寺、四祖寺的一些主要法务活动中，均以弘扬生活禅为主题。"参见《禅》杂志2011年第4期，第4—5页。

以最大限度地实现宇宙生命之间的圆融和谐为目的",有利于维护世界和平,改善生态环境,提高个体生命的素质。因此,完成文化回归的关键在于思维模式的转变,实现由外向内、由"外向型的二元思维"向"内向型的圆融思维"的转轨。他提撕出四个下手处,即:(1)由"人境对立"回归到"依正不二";(2)由"以人为本位"回归到"以众生为本位";(3)由"以个人、团体为本位"回归到"以世界为本位";(4)由"向外扩张、征服"回归到"向内圆满、摄受"。①

约略而言,这四条方案,第一条着眼于人和自然的关系,以中国传统"天人合一"、"天地与我同根,万物与我一体"的整体自然观反拨西方启蒙后征服自然、控制自然的主客二元对立的自然观。第二条着眼于人和有情众生的关系,以中国传统的"民胞物与"、"万物并育而不相害",以及佛教基于"缘起性空"的平等观、慈悲观,反拨西方文化中视人类是大自然中唯一具有内在价值的存在物的"人类中心主义价值观";第一和第二都可归结为"人和天地"的关系。第三条是以中国人心中一统调谐的世界图景"天下"反拨现代以后分崩对峙的世界图景"民族/国家";第四条强调个人的自我完善,打破现代性意识带来的"自我和非我"之间的明确界限,反拨现代主体性原则衍生的后果:信仰缺失,公共价值退隐,个人主义单向度扩张。

如果"文化回归"要回归的渊薮是中国传统文化,则"信仰回归"的目的地是佛教根本教义,"自性回归"的落脚点是承佛陀之教而自觉自悟。净慧法师把"信仰的回归"要点总结为三:(1)回归"三世因果";(2)回归"自性三宝";(3)回归"菩提心"。他把"生命的回归"要点总结为二:(1)回归"自性真我";(2)回归"自由解脱"。文章用"体相用"统合三种"回归":文化的回归是"用",则信仰的回归是"相",生命的回归是"体"。

文中提到,"菩提心是人生价值的最可靠的基础和内在标准。它可以抗拒

---

① 《中国佛教与生活禅》,第10页。

虚无主义和利己主义的干扰，从而使人的心灵获得安顿。"①——此言犹如手术刀，直击现代性给个人精神生活带来的最大威胁：虚无主义。尼采用"对无价值性的信仰"表达虚无主义，人的生活失去目标和动力，一切都变成徒劳之举，肉体无所事事，精神却疲惫万分。②20世纪90年代以后的20年间，诸如"信仰缺失"、"道德滑坡"、"告别崇高"、"唯利是图"、"道德底线"之讨论频频现于报端。如果现代化意味着外在于精神世界的科学技术、经济策略、法律制度的"进步"、"发展"、日新日日新，现代中国人的精神世界却并不比古代人"进步"，和古代人的安宁自在、高远阔达相比，现代人反而是空虚鄙陋、僵化紧张的。

值得注意的是文中强调的"发菩提心"——这是净慧法师为虚无而自私的现代人下了一剂猛药，为精神的"空虚感、漂泊感和幻灭感"提供了疗救良方。"所谓菩提心就是对自性三宝和三世因果等法义产生正信之后，从内心深处生发出来的一种上求佛道、下化众生的清净意愿。它是信仰的落实和完成。菩提心以自利利他、自觉觉他、觉行圆满为究竟。菩提心是人生价值的最可靠的基础和内在标准。……人生的使命感、价值感和神圣感，皆依菩提心生起和成就。……只有依止菩提心，生命才会有根。"现代社会给个性发展和个人自由带来前所未有的确认，但这种自由是单向度发展的，"个体犹如植物一样从家庭、世界、宗教等一切能获得价值来源的沃土中被连根拔起"，个性获得自由的同时，不得不独自承担选择的重负。每个人都是自己的标准，每个人都只以自己为标准，"不得不凭借个体的力量去解决不断变化的社会条件带来的不可预测性、非连续性和空虚"。③"菩提心"为现代社会的"主体性"原则增加了一个向上的向度，既肯定了在现代社会如此凸显的"个人自由"，又为现代人提供了

---

①　《中国佛教与生活禅》，第13页。

②　[德] 尼采：《权力意志》，孙周兴译，商务印书馆1991年版，第672页。

③　[德] 鲍曼：《被围困的社会》，转引自陈赟：《现时代的精神生活》，新星出版社2008年版，第23页。

价值的源泉和精神的依怙，既保住了现代人对个体价值的肯定，又帮助现代人卸下选择的重负，不致陷于绝然孤独和虚无。从这篇文章可看出，生活禅理念其实是净慧法师基于对20世纪后半叶中国社会状况的深切体认而提出的，这个过程本身就体现了佛法的根本精神——悲智双运。

"菩提心"其实是佛教信仰的方便表达。而基于佛教信仰的帮助现代人解脱精神桎梏的方法和途径，净慧法师圆融地表述为——"生活禅"。

综上，生活禅理念和20世纪90年代的文化语境之间的内在关联可以作这样的理解：佛教作为从传统中国流衍至今的本土宗教，是中国人的信仰所归和价值源泉；禅宗是最中国化的佛教宗派，"中国佛教的特质在禅"（太虚语）。借助"禅宗"这一方便，中国宗教传统和人文学术传统可以在庶几等同于西化的现代性语境中获得自我表达的可能，中国人也可以在全球经济一体化浪潮中获得文化身份确认的可能，不至于陷入信仰层面和文化层面的"无家可归"甚或"不知来路"。宗教的宗旨毕竟是拯救人类心灵，它最终要关心的不是形而上学层面的哲学问题，不是法律制度层面的社会问题，不是衣食住行层面的经济问题，而是终极层面的意义问题。但意义不能孤悬落空，必挂搭在每个人的生命中，既关"生活"，也关"生死"。"生活禅"便是给生活赋予意义，或者说，生活禅的"体"是佛陀的不变本怀，生活禅的"相"是为特定历史时期的中国人量身定制了安顿身心的方案和获得终极解脱的方案，生活禅的"用"示现为中国本土宗教和与之相关的思想文化在现代性语境中获得自我表达。和"人间佛教"一样，"生活禅"在20世纪90年代以后的中国大陆出现，影响日渐广大，为佛陀根本教法和佛法根本教义在人类历史时空中"契理契机"随缘应化增添又一个典范。

（原载《生活禅研究》，中州古籍出版社2012年版）

"觉悟人生是大智慧，奉献人生是大慈悲"

——"生活禅"与大乘佛教"悲智"思想，兼怀净慧长老

一

虽然"若佛出世，若未出世，此法常住，法住法界"[①]，2500多年前佛陀成就正觉、安立教法、开显教理，指示出一条涅槃证悟的道路，此"一大事因缘"亦不得不落实于人类社会有限的历史时空，所谓"印度佛教"盖由此肇始。其后佛法随类流布、随缘显隐，应机化育、因果相续。东汉年间，"胡僧"安世高和支娄迦谶译出最早的汉语佛经，佛法亦开启依托汉文字而流布的新篇章。以汉译佛经为核心的汉传佛教终究还是要解决"契理契机"的问题——契理，指契合佛法终极真实、契合佛陀垂教本怀；契机，指契合时节因缘，契合所在地的历史地理、文物典章。道本教迹，理不变而事常新。佛教在中国的历史时空和文化时空中迁变流转、生灭聚散，和中国本有之文化积淀互相生发而开出新新气象。以"法尔如是"论，佛法无时无方，无新无旧，无传统无现代，印度佛教与中国佛教只是一个佛教；以"随物应机"论，不仅中国佛教作为总体要为佛之"一音演说"找到专属自身的表达方式，不同历史阶段的中国佛教还要直面不同的时代课题。所有这些努力皆不出"契理契机"四字，为此而作精勤不懈地上下求索、善巧方便地弘化一方的典范，莫如志求佛道以续佛慧命的历代高僧大德。

---

① （刘宋）求那跋陀罗译：《杂阿含经》卷十二，《大正藏》第2册，第84页。

　　中国佛教以大乘佛教为根本。中国本土宗教信仰、文化传统与西来的佛教信仰、文化传统相遇而后渐有中国大乘佛教，是为交互生发、彼此调适之过程，如种子落地，各种因缘凑泊而发出"这一株苗"。佛教中国化的历程亦可化约为从汉语文化中找到恰切的、既能和儒道教会通又不与儒道教混淆的独有表达，以使佛法真谛获得彰显的过程，一些在汉文化语境中看着眼熟但其实从未有过的新词出现了，比如"慈悲"；一些佛教独有的价值观依附于汉文化中的旧词来表达，但内在含义已大不同，一代代弘法僧只好不停解释、辨析以正本清源，比如"孝"。北宋释契嵩著《孝论》，与其说他以一介释子试图会通儒佛之"孝"，为佛教之"孝"争得一方空间，莫如说他要发明佛教之孝的独有品格——兼具世出世间，比儒家之孝更普遍、更广大。然而佛教的"孝"没有专门的汉语表达与之匹配，依旧名之"孝"，如此便只好任由世人望文生义、混淆尔我。把《孝论》放在全部《辅教编》中看，契嵩婆心恳切，反复申论佛教之"孝"的独立性、优越性、与"外道"不共性。然而这些表述最后不能收束到一个概念上来。无奈之中，契嵩有时大体归"佛教之孝"于"慈悲"这一德目下。①

　　在佛教东传之前，中国本土文化典籍中仅有单独使用的"慈"或"悲"，各有独立的用法和清晰的意义。今天我们使用的"慈"和《尚书》、《老子》中的"慈"意思并无不同，"悲"和《诗经》、《楚辞》的"悲"也大体相当。真正堪称典范的是"慈悲"——这是一个出自梵文佛经又本于中国固有文化传统的专属于佛教的汉语新词。与乐曰慈，拔苦曰悲，庆物曰喜，齐益怨亲曰舍，"慈悲"在佛教中固然也有分别论之，然两者与"喜舍"合而为"四无量心"，即四种广大平等的"化物心"。"四心"一而四，四而一，时有隐显。单独论慈心或悲心或慈悲心，只是为发覆其中某一面向。佛教的"慈"或"悲"和中国本土文化语境中的"慈"或"悲"最紧要的区别在于"舍"，若不修成舍心，则慈心和悲心无从谈起。亦即，若"慈"、"悲"和"仁"、"爱"还略可会通的话，去

———————
　　①　（宋）释契嵩：《镡津文集》卷三，《大正藏》第52册，第660页。

怨离亲、等视无量有情的舍心却是佛教所独有的，本于佛教不与外道共的彻底的"空性见"，位在出世。世间的仁爱是世间的慈悲，《大智度论》名之"小慈小悲"；出世间的慈悲，才是真正的"大慈大悲"。[①]不容忽视的是，"慈悲"以及由此衍生的"慈悲为怀"、"慈悲济度"、"大慈大悲"、"慈悲方便"等在中国人的生活中日用而不知，由此我们或可约略体认来自印度的佛教最终和中国本土的儒道二家互融互摄，共同成为传统中国的文化根基和价值源泉。

"慈悲"最早于何时出现于哪部佛经中，殊难考订，东汉支谶译《般若道行经》是最早传入汉地的大乘般若类经典，经中有"慈哀"，义同"慈悲"。姚秦鸠摩罗什译《大智度论》中有对"慈悲"的详细论述，涉及"慈悲"词义的界定，慈悲心的修习，"众生缘慈悲"、"法缘慈悲"和"无缘慈悲"的分野，大小乘慈悲观的不同，等等，不一而足，可以说第一次对"慈悲"做出系统论述和规范。汉译佛经使用"慈悲"一词至少不会晚于鸠摩罗什来华。此后，慈悲有了稳定的意义系统，成为"佛道之根本"。佛道即大乘菩萨道，某种意义上，大乘便是借初发心中有无"慈悲心"而自别于小乘、和小乘分道扬镳的——初发心中慈悲心与解脱心兼具即为菩提心，贯彻慈悲心的修行是菩萨行，通达佛之慈悲的自利利他的解脱道路便是菩萨道。反之，则分别是出离心（仅具解脱心）、解脱行和解脱道，前者可证得大乘佛果，后者证得小乘阿罗汉果。

"慈悲"和"智慧"须臾不可离，两者不一不异、相辅相成、彼此成就。智慧即般若空智，即对缘起法的证悟，为佛教区别于其他宗教之根本。修舍心的过程也是抵达般若空慧的过程：根据亲疏而行有等差、有偏向之饶益，或尚易行，住于空性而行平等、普遍之饶益，殊为难作；又慈悲喜是有行，有行易行，舍是空行，空行难发。《维摩诘所说经》从利益教化的角度分判慈悲喜舍四心的次第：菩萨以慈心令众生发菩提心，以悲心救众生脱离苦海，以喜心看

---

① 龙树造：《大智度论》卷二七，（后秦）鸠摩罗什译，《大正藏》第25册，第256页。

到众生住于正法不动摇，以舍心所生般若空慧摄受一切众生的菩萨行。①故菩提道中的菩萨先修慈与乐，次行悲拔苦；所化众生依教受法，虽未得脱，去脱不遥，故随生喜；一旦看到彼人依法修成智慧心，菩萨即放舍，好比父母养子长大，心即放舍。②一言以蔽之，大乘佛教的义理和修学皆围绕"慈悲"和"智慧"而安立，菩提道的践履不能偏废任何一方：智多则枯，悲多则润，惟行中道，悲智双运。

大乘佛教"上求菩提、下化众生"的精神，就是慈悲精神。菩萨的救度情怀、平等精神、利他精神和广博之"爱"，更使在世间苦难中沉浮的每一个人获得心灵依怙。"慈悲"就像大乘佛教的"使者"，为大乘佛教进入中国人的心灵立下首功。一说起慈悲就会联想到佛教，慈悲精神为佛教专有，这便是大乘佛教以"慈悲"而在中土已有文化传统中成功确立自身形象之明证。从这个意义上说，"慈悲"就是大乘佛教，大乘佛教就是"慈悲"，慈悲是大乘佛教打开中国文化之门的钥匙。

二

"慈悲"从产生之日起便脱离了本土原有的"慈"或"悲"的意义规定，欲窥"慈悲"堂奥，唯有进入佛教义理内部。"慈悲"作为佛经以外未曾有的新词，承担起"窥一斑而见全豹"、以一词之力通达佛教精神核心的重任。从汉传佛教的内在发展理路看，这也是由最早的译经僧和佛教理论家所完成的"契理契机"的方便。汉传佛教2000多年的坎坷进程也向我们昭示了另外一种"契理契机"的努力，那就是直面时代课题，以悲智和时代同荣辱、共沉浮。这种

---

① （后秦）鸠摩罗什译：《维摩诘所说经》卷一，《大正藏》第14册，第544页。原文为："谓以菩提，起于慈心；以救众生，起大悲心；以持正法，起于喜心；以摄智慧，行于舍心；以摄悭贪，起檀波罗蜜；以化犯戒，起尸罗波罗蜜；以无我法，起羼提波罗蜜；以离身心相，起毗梨耶波罗蜜；以菩提相，起禅波罗蜜；以一切智，起般若波罗蜜。"

② （隋）慧远撰：《大乘义章》，《大正藏》第44册，第872页。

努力，由一代代高僧大德承担。他们前仆后继，阐佛道而辅新命，以继往圣绝学的担当、以开万世太平的大愿而写下一页页动人篇章。如明海大和尚在净慧长老示寂追思大会上所言，他们的生命"和诸佛菩萨联结在一起，和中国佛教2000多年的慧命血脉联结在一起，和一段段活生生的上求佛道、下化众生的菩萨行联结在一起。这菩萨行不再是一堆概念，它从经本上跳出来，变成有血有肉、鲜活可触的生命旅程。这旅程一波三折、跌宕起伏，其中有历史的惊涛骇浪，有众生共业的血泪俱下，有菩萨坚韧的守候、沉默的担当以及放下得失是非后的洒脱自在"。他们是"与众生打成一片、载沉载浮的人间菩萨"，他们"入泥入水，与众生同苦同乐、共辱共荣，以众生劫难的烈火铸造菩萨的悲心大愿，从众生共业的污泥浊水中盛开觉悟的圣洁白莲"。①

　　19世纪以前，无论朝代如何兴亡、无论变革如何生灭、无论国运如何起落、无论生民如何浮沉，中国宗教、思想、文化和价值观是一以贯之的，儒释道三家作为悠久的传统始终佑护王朝的"臣民"，使中国人的身心不至于因各种外在的变数而产生断裂感，而惶惶不安一无所依。甚或佛教遭受"三武一宗"时期的甚深法难，佛教徒皆能从危机中发掘生机，尚有一星余烬便能复燃，继而开出新新气象。禅宗便是从会昌灭佛大难中拓出一条制度上农禅并举、不作不食，法门上明心见性、顿悟成佛的生途的。危机从来和生机相伴随、相等齐，这是佛陀教导的应有之义。然而断裂终至发生。虽然现代性作为历史事件是潜移默化、由隐而显的漫长过程，但1840年的鸦片战争，往往被方便地取用为中国社会由传统走入现代的"门槛"，"几百年未有之变局"发生了——岂止几百年，极言2000年亦不为过。很快，中国历史进入极为特殊的20世纪，仿佛有一道门槛，把中国2000多年的历史一分为二：门槛那边是旧传统，门槛这边是新生活。佛教现代化问题应运而生，太虚大师以及他所首唱的"人间佛教"应运而生。

　　太虚大师提出了佛教的"新"与"旧"的课题："平常所说新，乃对旧的

---

① 明海：《净慧长老示寂追思大会答谢辞》，《禅》2013年第3期，第54页。

反面而言，而佛法真胜义中无新无旧。""新，需要佛教中心的新，即是以佛教为中心而适应现代思想文化所成的新的佛教。这佛教的中心的新，是建立在依佛法真理而契适时代机宜的原则上。"①这种"新"与"旧"的紧张依不同的治乱方略和意识形态又衍化为"保守"与"革新"、"传统"与"现代"的紧张，尤其在西风东渐的语境下，似乎现代的就是好的，意味着普遍、民主、进步，传统的就是坏的，意味着特殊、专制、落后。20世纪初以"民主"和"科学"为大旗的启蒙，貌似启发了中国人的现代心智——人不为神主宰，具备理性和主体性，其实是在素无"信仰和理性"对峙的传统中国人心田里硬生生植入了"信仰和理性"的对峙。信仰从此为理性所压抑，中国人的身心走上亘古未有的改造之途，中国人的精神生活发生急剧的结构性变化。

说起来太虚大师和净慧长老皆可算"门槛这边"之人，不过两者又有不同：太虚法师和他的同时代人是从"门槛那边"跨过来的，和传统血脉相连，原本传统之人，勉力现代之事。他们当中有人要彻底砸烂传统——胡适也好，陈独秀也好，其实都是传统文化的优秀学生，至少知道要砸烂的是什么；有人对传统满怀温情，忠诚不渝——如陈寅恪、王国维，自觉做了传统精神的托命者和殉道者。也有人想让传统在浩浩汤汤的现代潮流中有一个好的安顿，既不失其体，又能克尽其用，太虚大师就从这里出发了。而净慧长老面临的时代现实是，经过100年的现代洗礼，经过1949年后的翻天覆地，其同时代的大多数人对中国传统已经非常隔膜了。西学广为其用，中学却日失其体，中国人体质改变、观念改变而不自知，日用而不知的不是中学而是西学，中国传统就此和很多中国人失去血肉关联。

佛教作为前现代传统，在太虚大师的年代尚有足够的民众根基。太虚大师发心推动"佛教现代化"，意欲变出世的佛教为入世的佛教、变鬼化的佛教为人化的佛教，这些主张还能引起各路思想家的讨论和普通百姓的关注。到了20世纪90年代，净慧法师不得不做一项更基础的工作：重新塑造中国人的"信仰体

---

① 太虚：《太虚大师全书》第一编第二册，台北善导寺佛经流通处，第450页。

质"，重新开垦现代人的心田，让佛教这颗古老的种子落下来，让久远的前现代传统生根、发芽。这是拓荒者的使命。太虚大师的"人间佛教"理念需要在新的时节因缘下"接着说"、"接着做"，"生活禅"就是在这样一片信仰废墟中呼之而出的。

在早年文章中，净慧长老指出，佛陀对人类内心世界及生命规律的揭示过去如是，现在如是，未来亦如是；佛陀的教法是当机的，这个机是指一切时空里的众生。所谓"传统"与"现代"、"革新"与"保守"都不过是葛藤，只有从这些葛藤中释然，才能以"沉着坚毅又进取无碍"的心态，学习佛陀和历代祖师的胸怀、胆识和善巧方便，维系佛教万古长青的生命。现时代佛教发展的种种疑难和缺陷都集中在契机这个问题上。佛教要"现代化"，也要"化现代"。"'生活禅'来源于祖师禅的精神和'人间佛教'的思想，目的在于落实人间佛教的理念，进而把少数人的佛教变为大众的佛教，把彼岸的佛教变成现实的佛教，把学问的佛教变成指导生活实践的佛教。"①"禅如何适应现代社会也就是佛教如何适应现代社会的问题。佛教适应现代社会不仅仅是一个知识的问题，最重要的是要让现代人了解怎样修行，怎样改变自己，怎样在佛教里找到安身立命的地方。这才是佛教为什么适应现代社会，或者是说为什么要现代化的原因。"②"生活禅"倡导已逾20年，净慧长老以悲智具足的大乘发心、以悲智双运的大乘发行践履大乘菩提道，他正渐行渐远，无限趋近于大悲大智的无上正等正觉。

三

经中说，"菩萨见众生老病死苦，身苦、心苦，今世、后世苦等诸苦所恼，生大慈悲，救如是苦，然后发心求阿耨多罗三藐三菩提。"身处20世纪最后10

---

① 净慧：《中国佛教与生活禅》，宗教文化出版社2005年版，第126页。
② 净慧：《入禅之门》，河北省佛教协会虚云印经功德藏印2005年版，第101页。

年的中国人，正不可避免地深陷"现代性之苦"：利己主义和虚无主义席卷而来，生活失去目标，一切变成徒劳，肉体无所事事，精神疲惫万分。个人获得前所未有发展、个性获得前所未有张扬，然每个人都不得不以一己之力面对不可预测的、非连续的未来，不得不独自承担选择的重负。个人犹如植物一样从家庭、世界、宗教等一切能获得价值来源的沃土中被连根拔起，人心充斥着焦虑、恐惧和空虚。明于外而蔽于内、一意驰求而迷失本心、为物所系而人境对立，现代人的"苦"莫过如此。和安宁自在、高远阔达的前辈古人相比，现代中国人犹如自怀珍宝却浑然不知、有家财可继承却自甘下劣的穷子。

"大悲救护众生性生，非余善生"①，净慧长老自幼出家，善根深厚，对现代中国人的苦感同身受，悲心顿起。他谛观因缘，融通经论，以大乘行者之悲智，发显佛陀本怀，点醒迷茫的同期人，开出对治良方。1991年前后，净慧长老提出"生活禅"修行理念并用"觉悟人生、奉献人生"八个字张目，以觉悟人生对治人类的迷失，以奉献人生对治人类的自私。②1996年，长老又倡导"三个回归"——文化回归、信仰回归和生命回归，并把发大乘菩提心作为对治现代病的一剂猛药："菩提心以自利利他、自觉觉他、觉行圆满为究竟"，"是人生价值的最可靠的基础和内在标准"，"只有依止菩提心，生命才会有根"。③2000年以后，净慧长老把"感恩、包容、分享、结缘"作为做人的八字方针，"以感恩的心面对世界，以包容的心和谐自他，以分享的心回报社会，以结缘的心成就事业"。又把"信仰、因果、良心、道德"作为做事的八字方针，同时将落实信仰的要求定位在"以三宝为正信的核心，以因果为正信的准绳，以般若为正信的眼目，以解脱为正信的归宿"四句口诀上，强调修习生活禅不离解脱道的大方向。④

---

① （东晋）佛驮跋陀罗译：《大方广佛华严经》卷五十九，《大正藏》第9册，第779页。
② 净慧：《禅在当下》，方志出版社2010年版，第203页。
③ 净慧：《中国佛教与生活禅》，宗教文化出版社2005年版，第10—14页。
④ 参见净慧：《生活禅钥》、《禅在当下》等著作。

可以看出，生活禅内涵的完善和充实不是一蹴而就的过程，需要在佛的清净法界和人的娑婆世界、净缘和染缘、出世间法和世间法、解脱道和菩提道、佛法和生活、传统和现代这些维度之间作不断调适。净慧长老选中"生活"两字，因其"既通俗又普及"，把生命活动的总和用"生活"概括，是"现代人，现代生活或者说西方文化，给我们的一个最重要的贡献"。①而生活禅的基石落实在"觉悟人生、奉献人生"两句话上，也是为了使生活禅理念和传统大乘佛教能够对接。"大乘佛教有两大宗旨：一是智慧，一是慈悲，所谓一智二悲。……有大智慧才能觉悟人生，有大慈悲才能奉献人生。"②慈悲与智慧通常被比作大乘菩提心的"两翼"或大乘菩萨行的"两轮"，"生活禅"及其宗旨可以说以现代日常语言善巧方便地融摄了这"两轮"和"两翼"。

净慧长老坦陈，"一智二悲"是大乘佛教讲了一两千年的一个命题，如何赋予其时代精神？用什么词能把慈悲与智慧的理念连接起来？柏林寺僧团经过反复探索、推敲，确定为"觉悟人生、奉献人生"，前者对应"智慧"，后者对应"慈悲"。③虽然智慧和慈悲一体两面，人人皆知两者须相齐并重，但在传统佛教经论中，说法从来不一而足。《大宝积经论》以为"惟智根本"，《大智度论》以为"大悲是一切诸佛、菩萨功德之根本"。《大日经》云："菩提心为因，大悲为根本，方便为究竟。"《瑜伽师地论》："菩萨菩提，悲所建立。"盖起悲则能感知他苦，能知他苦才能生起济拔他人的心愿，有此心愿才会寻求种种方便以实现之，而方便必缘于智慧。

佛之一切智智都是不落言诠的，文字都只能执其一端。与根器偏悲者说智，与根器偏智者说悲，抑或反之，"佛以种种因缘答"。然而出世间的空性智慧岂是现代中国人所能即刻领悟、如理作意的，在此时此刻的因缘时节下，"慈悲"比"智慧"更能引发共鸣，世人可以用诸如"同情心"、"同理心"、"爱

---

① 《禅在当下》，第202页。
② 同上，第203页。
③ 同上。

5555555

心"、"仁心"或"良心"去比附。为现代人量身定做的"生活禅"若从"慈悲"入手,从伦理教化的领域入手、从讨论日常人伦关系的角度入手,定能获得"生活"中人的最大可能的共鸣。故净慧长老自生活禅理念提出后,讲得最多的就是四个字:"感恩结缘","在生活中,培养以感恩、包容、分享、结缘为内涵的理念,不断和谐自他关系,从而落实奉献人生的要求"。①

"奉献人生"本质是以"生活"为道场修习慈悲心,大乘佛教菩提道中菩萨所必行之"六度"、"四摄",即通达慈悲的津梁。然而在传统佛教经论中,"慈悲"不仅仅是日常运用不可或缺的伦理德目,还是以闻思修慧为前提的禅定实践。慈悲喜舍四无量心的修习也是大乘行人的基本功课。心量的开拓可以无限大,禅定中生起的慈悲也可无限大。有了慈心定的修习,方堪称有"慈悲"及"无量"的主观体验,这种体验进一步通过逻辑的方式外化,才有"慈悲观"。"慈悲观"的"观"首先是"止观"的"观",然后才是"观念"的"观"。教化世人懂得"慈悲"、懂得奉献、和谐自他,可以从宣讲观念入手,但慈悲心的修习——从小慈小悲到中慈中悲到大慈大悲,只能由止观起步。

2009年,净慧长老进一步指出,"觉悟人生、奉献人生"与佛教传统修行次第之间也是完全能够连接的:"传统的修行次第有所谓大乘和小乘,小乘所修的是以出离心为基础的解脱道,大乘所修的是以菩提心、大悲心为基础的菩萨道。解脱道以自觉为主,菩萨道以自觉觉他为主。如果我们把解脱道与菩萨道都归纳到生活禅这个系统当中,那就是,觉悟人生强调的是解脱道,奉献人生强调的是菩萨道。""如果我们把优化自身素质、和谐自他关系和解脱道与菩萨道进行一个连接的话,那就是以解脱道为目标来优化自身素质,以菩萨道为目标来和谐自他关系。以此两道的完美结合,落实觉悟人生奉献人生、善用其心善待一切,自觉觉他,自利利他的生活禅宗旨。"②

小乘行人能否"回小向大"而趋入菩萨道?解脱道和菩萨道关系如何?这

---

① 《入禅之门》,第1页。
② 《禅在当下》,第204—205页。

是一个众说纷纭的问题。净慧长老在生活禅的学修框架下融摄了两者，不废一法，事事无碍，以此贯彻大乘佛教的圆融精神。但无论"见地"如何、"工夫"如何，净慧长老始终把"发菩提心"置于首位，发心最重要，发大心才能有大行。他为生活禅开出四项"根本"："第一是菩提心，第二是般若见，第三是息道观，第四才是生活禅。"①菩提心是一切大乘法门的开端，"离开了菩提心，修一切的法门不是堕入二乘，就是堕入外道邪见。""没有菩提心的人，智慧慈悲不能具足，特别是慈悲心生不起来。因为他没有度众生的心，没有为社会、人类、大众奉献自己的心，没有想到要为一切众生来舍自己的头目脑髓。这种心发不起来，那么他学禅不过是为了一己之安乐、一己的自由自在而已。"②

太虚大师有"不登祖位，不能真正弘扬大乘"的断定，"祖位"就是六根清净位，是即将入初地的菩萨圣位的候补者。没有解脱道作为助缘，菩萨道不能成就。修解脱道的方法不胜枚举，以慈悲心的修持为例，小乘把"五停心观"的修习作为禅定初阶，五种观法中即包含"慈悲观"。上述慈悲喜舍四无量心是声闻乘和缘觉乘的解脱道行略，也被菩萨乘的菩提道摄为"菩萨助行"和"方便道"。③在讨论生活禅"四项根本"之一"息道观"时，净慧长老把"五停心观"中的"数息观"当作入禅门的"最简便、最亲切"的方法。关键之处在于，解脱道的出离心和解脱行可以作为菩萨道的助缘，但发心一定要发菩提心。

《大般若经》中，须菩提曾向佛请教："世尊！若诸法无有性，菩萨行何等道入菩萨位？为用声闻道？为用辟支佛道？为用佛道？"佛告须菩提："不以声闻道、不以辟支佛道、不以佛道得入菩萨位；菩萨摩诃萨遍学诸道，得入菩萨位。"净慧长老摄解脱道和菩萨道于一炉的思想，正是对佛陀本怀的发覆与承续。

---

① 净慧：《生活禅钥》，三联书店2008年版，第175页。
② 同上，第176页。
③ （后魏）菩提流支译：《大宝积经论》，《大正藏》第26册，第206页。

　　然而作为禅宗子孙的净慧长老绝无"空谈秘密真诠"之意，他反复强调，中国禅宗的"禅"不是一种理论，不是一种思维方式，而是生命的全部。禅宗把佛教思想真正落实到平常日用中，"我们要从实际的修行中来落实所有高深的理念，在修行上使意识得到净化"①。

　　20多年来，净慧长老借助柏林寺每年夏天主办的"生活禅夏令营"，不断把"生活禅"理念传达给年轻一代。而每年冬季柏林寺和四祖寺都举办冬季禅七，用宗门最传统的方式促成修行人"克期求证"。《守一不移》和《禅在当下》辑录了净慧长老在柏林寺、四祖寺冬季禅七的诸多开示。长老以为，禅堂用功，理应"参话头"，用一连串问号克服妄念、制心一处，追溯生命本源、迫近涅槃境界。然现代人根基浅薄，妄念难以制服，只好网开一面，包容一切修行法门，这是一种方便。长老住持禅七亦将近20届。如果"方便地"把每年举办夏令营归为"慈悲"，把每年举办冬季禅七归为"智慧"，长老的最后20年就是践履悲智的20年，长老的生命始终安立于"慈悲"与"智慧"当中。

四

　　2012年因"世界末日"的传言而不同寻常。从是年1月1日至2月8日的短短30多天时间，净慧长老南北奔波，昼夜操劳，在湖北四祖寺、老祖寺，河北柏林寺、虚云禅林、真际禅林等多个场合发布了20多场演讲，《守望良心》即20多篇讲演稿的结集。其时末日谣诼蛊惑人心，世间乱象又添几分。净慧长老的多篇讲演稿皆以佛教缘起正见及因果铁律破斥"末日说"之无明，以四两拨千斤之力助有缘大众卸精神重负。长老时八十高龄，犹孜孜矻矻、苦口婆心，大年三十亦在旅客稀有的列车车厢度过。长老不以为苦，反以为乐，赞其"专列"，叹此"待遇"平生未有。佛陀慈悲垂教，遂有正法住世，长老慈悲度生，遂有生活禅法。大众信受、欢喜奉行之余，焉知长老置老弱

---

　　① 《生活禅钥》，第179页。

病残身于不顾，以头目脑髓布施众生而在所不惜——一年多后的2013年4月20日，长老示寂，以一期生命之还灭向众生作最后的供养："诸行无常，是生灭法，生灭灭已，寂灭为乐。"

《守望良心》惟恳切叮咛、蹈空而不落空，是一个老人以其虔信、睿智与慈愍对世人的殷重付嘱。长老此书甫一发行，即被索要一空，又重印。假此书与长老结缘之人讵又能料，不久后此等菩萨亲教将不复值遇——每念及此，终得体会《大般涅槃经》中弟子闻佛行将般涅槃而哀叹："苦哉仁者！世间空虚！世间空虚！"

"良心"者何？长老引《孟子》释曰，良心即仁心，是人人天然本有的善良之心。然世人内外交煎，放其良心，无力收摄，习染日深。良知日蔽，心渐不善，害人害己，终至大患。长老在书中提到数桩时事：某人以为末日将至，辛苦所得挥霍一空，乃至无颜见家人；某少年索求不得，情急之下怒而杀母。更有甚者，无良企业于奶粉中添加毒物，至无数婴幼后患无穷；肆意杀生、环境污染、灾害频发、疫情频现，天下难觅一瓢净水……如此种种，令长老痛心不已、忧悲萦怀。若干年来，长老一直谆谆于"生活禅"中做人的"八字方针"：信仰、因果、良心、道德，倡导"以信仰为根本，培养做人的神圣感；以因果为原则，培养做人的敬畏感，以良心为保证，培养做人的责任感，以道德为操守，培养做人的尊严感"，此书更独独拈出"良心"二字，以此"方寸之地"之净化而修身齐家，以一人之成就而遍及全体，以全体之"心净"而"国土净"，而敦风化俗、治国平天下。

既关乎"心"，兹事体大，净慧长老本该用"佛心"、"本心"、"菩提心"、"初心"、"真心"、"直心"、"慈悲心"、"智慧心"、"平等心"、"解脱心"这些自家宝藏，何以借用儒家的"良心"、"仁心"、"善心"？长老云，良心盖为不信佛之人定制，为使佛法融入主流社会故，十几年来大谈"良心"。弘法需契理契机乃成。长老之悲智再次于是中悉现。

人之将老，其情至切。长老提醒读者，要珍惜"跟一个老人见面的机会"，要珍惜"人身难得，佛法难闻"这些祖师的训语。长老出生于1933年，自小由比丘尼抚养长大，他是从今上溯80年这一段中国佛教发展历史的参与者、见证者、践履者、书写者。《守望良心》中有几处生动的自传材料，莫不是沉潜在历史洪流下的动人浪花。

2012年1月16日，农历腊月二十三，小年。长老在四祖寺旁边的芦花庵细数自己一生中和比丘尼的因缘：一岁零五个月就由海善、仁德两位比丘尼抚养，一直到十五岁才拜比丘为师当沙弥。海善比丘尼临终前有未竟心愿却无人能猜，幸有长老领会了她的"西归意"，扶她起来以坐姿往生。长老赴京，专程到仁德比丘尼处道别。出其家门尚不过五十米便被唤回——仁德比丘尼已人事不省，几个小时后即在长老的助念声中往生。由长老送终，这是仁德比丘尼一生的心愿，愿力终成奇迹。为了感恩，长老辛勤修建了石家庄虚云禅林、黄梅芦花庵和新州庆福禅寺等比丘尼道场。①

1月20日，农历腊月二十七。长老在四祖寺回顾上世纪70年代做"右派"的经历：大年三十到荒村野外守机房，窗户只用稻草堵住，北风呼啸，稻草呼呼作响。长老一夜蜷缩在稻草堆里打坐。次日，正月初一，长老又被命令去五里外的河里挑沙，所谓"春节"，已成"四旧"。长老说，这些回忆起来很有意义，"是人生的一种考验，是一堂非常严肃的生命课程。"他作为"解放"的亲历者和"文革"的亲历者，比对今昔，觉得"现在这个时代是佛教的最好时光"。长老感到自己对佛教的回报太少，对社会的回报太少，"除了感到惭愧以外还是惭愧"。几天后就是年三十，长老将在列车上度过。即便如此，"我也毫无怨言，也是欢欢喜喜"②。

人之将老，其意至深。净慧长老把智慧表达为"刚性"，把慈悲表达为"柔性"，"由智慧而觉悟人生，这是自我修养，要有刚性；由慈悲而奉献人生，这是利他精神，要有柔性"。③学禅，就是要学刚柔相济的大丈夫气概，妙用于个人生活、社会生活甚至治国方略。长老以为，近现代以来，为了抵抗西方殖民

---

① 净慧：《守望良心》，黄梅四祖寺2012年版，第25—29页。

② 《守望良心》，第36—37页。

③ 同上，第117页。

者侵略、摆脱家国俱亡的险境，中国只好发展再发展，提高再提高，只好过度消耗地下地上各种不可再生的自然资源。"脚步越来越快，痛苦越来越多，压力越来越大，焦虑越来越多，恐惧越来越多。"个人没有幸福感和安全感，更没有正义感。"中国的国威扬不起来，主要还是人心的力量不够，英雄气概无法树立起来。禅教导我们作一个顶天立地的人，作一个刚毅不阿的人，作一个不畏强权的人，作一个有自尊心的人。"①净慧长老高扬良心的大旗，他自己，何尝不是这个社会的"良心"。哲人其萎，大地陆沉，良心陨落，呜呼哀哉！

人之将老，其言惟善。2012年1月2日，净慧长老在《禅》刊座谈会上连说六个"一定"："我们一定要树立佛法的正知正见，一定要树立牢固的因果观念，一定要树立牢固的前生后世轮回观念。一定要相信命运是可以改变的，一定要相信人是可以大彻大悟的，一定要相信自心具有无量的功德，具有无限的能量。只要清除覆盖在心底上的尘埃，心地的光明一旦显露出来，就能照天照地。我们每个人都有一个如来宝藏，这个如来宝藏就在我们的五蕴身心之中。我们能够照见五蕴皆空，就能度一切苦厄，就能打开如来宝藏，受用无穷，利乐无穷，永不迷失，永远生活在觉悟的阳光之中。"②

这真是一个菩萨在掏肝掏肺泣血付嘱！菩萨在过去生中曾为求得一句善法，不惜以心和血侍奉夜叉；曾以身饲虎、割肉贸鸽；曾以象王身甘作桥梁，承受众象踩踏，力尽气绝；曾以兔王母子身，自投火坑，自熟己肉，供养求法道人。菩萨亦曾善巧方便，以羊车鹿车牛车乃至大白牛车引导众生出三界火宅；菩萨亦曾不嗔不恚，不顾众生抛掷的杖木瓦石，犹要殷勤礼敬每位过客："汝等皆行菩萨道，当得作佛。"净慧长老肩负菩萨的使命而化现，于此一期生命当中，与众生相遇、结缘，他的这一生只是菩萨成佛道路上的一站，他之所行无异于过去生中菩萨所行。经中常载，至坚者大地，至脆者震动，菩萨恒起大悲，以其悲心之大，一人发愿而大地震动……

---

① 《守望良心》，第117页。
② 同上，第7—8页。

长老开示毕，语众人曰："今年冬天在南方过冬，室内有暖气，室外有清新的空气，四面是青山，老祖寺门前还有一池清澈见底的碧水。……夜深人静，万籁无声。一个孤独的老人危坐灯前，或读书，或改稿，喝一杯茶，转两圈，又重复那些事。……"①彼时恰是腊月初九的北京，不远处的圆明园，暖阳西斜，倦鸟思归。

一个月以后的2月2日，长老复于开示毕云："我已经快到人生的终点站了，已经是一个没有希望的人，是一个不会再有什么作为的人，我把对佛教的希望、对世界的期望，把未来所有的作为，都寄托在你们这些年轻的四众教友身上。希望你们能够以自己的清净三业，以自己的无上菩提心，上求下化，推动佛陀的法轮，不断地向前发展，这就是正法久住的意义。"②彼时恰是正月十五的黄梅，四祖寺为寂静的群山环抱，天心月圆，印照万川。

回首以往，隐然似有所悟：长老未尝不有作最后付嘱之心愿，此书未尝不是长老有意留给世人的"最后遗教"。若言《佛遗教经》是佛入灭前提撕佛法纲要，对声闻众作殷切教诲，《守望良心》便是净慧长老寂前陶铸生活禅钥，为僧团、为十方信众、为这个世界的有情众生指点解脱生死的道路、开启自度度他度尽一切苦厄的大门。长老是真正的人间菩萨，菩萨不尽有为、不住无为，以众生病故乃示病，以世间黯昧故乃示灭，以度生大愿故乃重光。"我生有涯愿无尽"，若见尘塺枯木春来花开，便知菩萨愍念众生、不舍众生，正慈悲显现、乘愿而来。

（原载《第三届河北禅宗文化论坛论文集》，大象出版社2014年版）

---

① 《守望良心》，第11页。

② 同上，第113页。

下编
人物

　　该组文章共九篇，始于南北朝后秦时期之佛经翻译家、高僧鸠摩罗什，终于晚近致力佛教现代化的高僧释太虚，中间涵纳唐朝的禅宗六祖惠能、北宋的释契嵩、南宋的密庵咸杰、元朝的刘秉忠，并兼顾佛教以外的士大夫和学问家与佛门之互动，如北宋名臣余靖、与释太虚同时代的陈寅恪、梁漱溟，以及现当代新儒家代表人物牟宗三。以人物为节点，大致勾勒出佛教东传后历经的"中国化"道路。

鸠摩罗什评传

一、"得佛遗寄"与"关河所传"

《阿弥陀经》、《金刚经》、《法华经》和《维摩诘经》等大乘经典在汉地流通甚广，"鸠摩罗什"这个名字也被无数次虔诚念诵——这些经的经名后，无一例外注明"姚秦三藏法师鸠摩罗什译"。事实上，以译事而论，上述梵文佛教经典都有不止一个"同经异译"版本，如自东晋至唐，《金刚经》共有六个译本，《阿弥陀经》有三个译本；自两汉至隋唐，《法华经》和《维摩诘经》分别有所谓"六译三存"、"七译三存"之说。众多译本中唯有罗什所译超越时空，历久弥新，广被民间善信，接引无数学人。清末国学大师梁启超在其著作《翻译文学与佛典》中赞曰："绝对主张直译之道安，其所监译之《增一阿含》、《鞞婆娑》、《三法度》诸书，虽备极矜慎，而千年来鲜人过问。而什译之《大品》、《法华》、《维摩》以及四论（中、百、十二、大智度）不特为我思想界辟一新天地，即文学界之影响，亦至巨焉。文之不可已，如是也。"且不论普通民众有多少人循由罗什译经而领略佛经美妙，加入护教护法行列，历代因听闻罗什所译经论而慧入佛法大义者亦甚多可圈点者：唐六祖惠能大师、元中峰明本禅师等闻诵《金刚经》而有省发；唐永嘉大师阅《维摩诘经》开悟；"天台二祖"北齐慧闻大师读《大智度论》、《中论》悟"一心三观"、"一境三谛"，其后由慧思而智顗，发展为以"一念三千"为核心的天台教观心要；北宋名士张商英读《维摩诘经》深有所感，归信佛法。

罗什所译何以风行久远，深入人心，唐道宣在《律相感通传》中录其与天人的一段问答或有所发明：

余问："什师一代所翻之经，至今若新，受持转盛，何耶？"答曰："其人聪明善解大乘，以下诸人并皆俊艾，一代之宝也。绝后光前，仰之所不及，故其所译，以悟达为先，得佛遗寄之意也。又从毗婆尸佛已来译经……自出经后，至今盛诵，无有替废，冥祥感降，历代弥新，以此证量深会圣旨……"

西安户县草堂寺据说是当年鸠摩罗什译经时所驻锡的长安逍遥园旧址，建有"鸠摩罗什舍利塔"，塔座刻有山形图案，象征"须弥山"。鸠摩罗什在佛经翻译史上的确堪比"须弥山"。梁慧皎《高僧传》载，他在临终前遗言"愿凡所宣译传流后世咸共弘通。今于众前发诚实誓，若所传无谬者，当使焚身之后舌不焦烂。"果然，尸焚后"薪灭形碎唯舌不灰"。但罗什晚年常自比为"折翮"的"哀鸾"，叹息"吾若着笔作大乘阿毗昙，非迦旃延子比也。今在秦地深识者寡，折翮于此将何所论"，对自己忙于译事而耽于义学抱憾不已。汤用彤先生恳切提醒："然古昔译经之巨子，必须先即为佛学之大师。……若依今日之风气以详论古代译经之大师，必不能得历史之真相也。"（《汉魏两晋南北朝佛教史》）译经多而少著作并无碍于罗什在后世获得"佛学之大师"的赞誉，吕澂先生即言，"在罗什来华以前，中国佛学家对于大小乘的区别一般是不很清楚的，特别是对大乘的性质和主要内容，更缺乏认识。罗什来华后，在姚秦时代译出了许多经论，又介绍了印度当时盛行的龙树系的大乘学说，才改变了这种情况，从而推动了中国佛学的发展。"（《中国佛学源流略讲》）鸠摩罗什是中国佛教史上倡导大乘教义的关键人物，其门下弟子千百，多人彪炳后世。梁武帝在《大品注经序》中以"关河旧义"指称居"关中"临"渭河"的罗什长安僧团，因此鸠摩罗什肇始译传的大乘龙树学亦称"关河所传"。

鸠摩罗什在他生活的年代就已经是一个奇崛瑰丽的佛教大师，异域的背景、传奇的经历、超群的智慧、不羁的行止给传记史家带来新鲜而丰富的书写空间。留存至今的完整的鸠摩罗什传记主要有三篇：其一由南朝齐梁间僧祐所撰，收入其所编《出三藏记集》，该书又称《祐录》；其二由南朝梁慧皎所撰，收入其所编《高僧传》，该书通称《梁传》；其三是唐代官修《晋书》之《艺术传》里所收的鸠摩罗什传。一般认为《出三藏记集》是慧皎写作《高僧传》的重要史料来源，因此两书中的《鸠摩罗什传》差异不是很大。僧祐和慧皎都是僧人史家，写书时离鸠摩罗什年代不远，作为僧人他们又具有纯正的宗教情怀，因此他们撰写的传记细节丰沛，情感醇厚。他们笔下的鸠摩罗什穿越历史的重重迷雾走到今天，依旧"望之俨然"、"即之也温"，那遥远的"法集甚盛"的中国佛教"黄金岁月"，依旧令人心向往之。

20世纪初，一些著名学者对比相关的内外典文献，试图考订出有关鸠摩罗什的生平史实，重构"真实的"鸠摩罗什。汤用彤先生《汉魏两晋南北朝佛教史》、吕澂先生《中国佛学源流略讲》、陈寅恪先生《读书札记三集》中的相关章节代表了中国学者的研究成就，尤其汤用彤先生的考证和著述，迄今仍是难以逾越的高峰。

20世纪中后期，中国大陆佛教复苏，在历史尘埃中湮没不彰的鸠摩罗什遗迹渐次修复，从"龟兹"（今新疆库车）到"凉州"（今甘肃武威）再到"长安"（今陕西西安），从"雀梨大寺"到"舍舍利塔"再到"逍遥园"，漫漫黄沙中佛法东传之路若隐若现，鸠摩罗什的足印迤逦而至。披览中古僧人史家的传记资料，研读前辈学者的细致考据，走访切实可感的历史遗迹，"大秦三藏法师鸠摩罗什"从如醍醐般醇美的佛经背后走出来，这个天赋异禀、愿力深广、一生坎坷而传奇的伟大的佛教思想传播者，和他翻译的经论一样，空灵、鲜活、生动。

二、龟兹—罽宾—沙勒—龟兹：母亲护持的早慧者

鸠摩罗什铜像安坐在新疆库车克孜尔石窟前。这是丝绸之路上的西域古国龟兹所在地，公元343年，罗什出生于此。据《祐录》、《梁传》，其祖籍天竺，世代国相。祖父达多倜傥不群，父鸠摩罗炎聪明有懿节，为避相位出家。龟兹王闻之甚敬慕，亲自出郊迎请为国师。其母耆婆为龟兹王妹，年二十，识悟明敏，过目不忘，身体上的赤痣预示她必能生贵子，然"诸国娉之并不肯行"，及至见到鸠摩罗炎，"心欲当之"。在谁出面逼鸠摩罗炎成亲的问题上，《祐录》和《梁传》有了分歧。《祐录》载"王闻大喜，逼炎为妻"，而《梁传》"乃逼以

妻焉"一句的主语应为耆婆。这样耆婆以出身高贵、年轻聪慧、自主独立的异域女性形象在僧人史家笔下高调亮相。鸠摩罗什的不凡禀赋以及日后的修行和成长都将和这个王妹母亲休戚相关。

大智慧人处胎，其母必骤然聪颖，这样的故事在佛经里不乏其例。如康僧会译《六度集经》中的《小儿闻法即解经》，说的就是释迦牟尼佛在因地时寄慧于母，其母妊中善诵《般若波罗蜜多经》，产后"迷惘如昔"的故事；宝唱《经律异相》、窥基《阿弥陀经通赞疏序》等则有舍利弗"寄辩于母"的记载——舍利弗在释迦牟尼佛十大弟子中"智慧第一"，其母本不善言辞，和依附外道的兄长辩论常落下风。怀了舍利弗后，"母忽聪明高德，剧谈言语无滞碍"，"言词辨捷论胜兄"，令其外道兄长深感羞愧。舍利鸟舌最灵，时人因以名之，借喻其母之无碍辩才；母名舍利，子故名舍利子。鸠摩罗什亦复如是。《祐录》用"岐嶷若神"这样的词语来渲染耆婆所怀婴儿，《梁传》则提供了更生动的细节："什在胎时，其母自觉神悟超解有倍常日。闻雀梨大寺名德既多，又有得道之僧，即与王族贵女德行诸尼，弥日设供请斋听法。什母忽自通天竺语，难问之辞必穷渊致。众咸叹之。"鸠摩罗什生下后，耆婆"自通天竺语"的神异功能就自动消失了。一日耆婆出城见枯骨纵横遍野而有所悟，不顾丈夫阻扰矢志出家，甚至以绝食求剃发，终得受戒业禅法。她修行专心精进，很快证得初果。时公元350年，罗什7岁，亦随母出家。雀梨大寺土墙残垣迄今依然矗立在库车县东北。

和僧祐相比，慧皎似乎更有意塑造一个因怀智子而觉悟，乐欲解脱、一心求法的母亲形象。母亲和儿子互动，互相成为对方精神和智慧的源泉——儿子的异禀显然和原本敏慧的母亲相关，母亲的短暂的神异却来自腹中之子；怀子生子令母亲得到觉悟的善报，儿子出家的因缘恰在于母亲出家，罗什的异禀这才有了安放之处，从此他踏上精神探索和成就之路。僧人传记史家的良苦用心，需要从寥寥数语中抽丝剥茧。

龟兹流行的佛教多小乘学，鸠摩罗什随学的老师佛图舌弥是著名高僧，对阿含部经典研习甚深。《祐录》十一之《比丘尼戒本所出本末序》留下了少年鸠摩罗什在龟兹寺院中学习的点滴记录："王新僧伽蓝（九十僧），有年少沙门字鸠

摩罗，才大高，明大乘学，与舌弥是师徒，而舌弥《阿含》学者也。"《梁传》
又记罗什"从师受经日诵千偈。偈有三十二字，凡三万二千言。诵毗昙既过，
师授其义。即自通达，无幽不畅"。阿毗昙作为一种通达佛经经义的教学法以深
奥繁琐为特征，很不容易掌握。罗什在老师讲授后能自行通达，足见他记忆力
超群，逻辑思维能力分析能力超强。这种特征明显的禀赋将和他今后的成长道
路息息相关。

352年，9岁的罗什开始人生中第一次旅行——跟随母亲从龟兹出发渡辛头
河到罽宾。中古传记资料皆以为耆婆此举是为了"避开"本国过于优厚的利
养，为自己尤其为儿子找到更利于修行的环境。另外一个可能性是，耆婆也希
望儿子获得新的知识体系的滋养。

佛灭后400年中有过4次结集三藏的盛事，其中公元前70年的第四次结集发
生在健驮罗国迦湿弥罗城，即罽宾，在今天的克什米尔一带。"说一切有部"名
僧迦旃延子召集五百阿罗汉，将三藏各制10万诵，名《大毗婆沙论》，建塔藏
之。鸠摩罗什到罽宾后拜罽宾王堂弟盘头达多为师，盘头达多就是著名的有部
学者。他先向罗什传授《中阿含经》和《长阿含经》，总字数达400多万，而罗
什表现出的"神俊"常使他惊叹不已。鸠摩罗什晚年叹息"若着笔作大乘阿毗
昙，非迦旃延子比也"，既失落又自信的情怀或可溯源至这一时期的从学经历。

声名传出，罽宾国王即请罗什入王宫，并召集许多外道学者与之论难。有
外道学者看罗什如此年少，不像有深厚知识积累的样子，不禁露出轻慢的神
色，出言不逊。罗什抓住他们的言辞中的漏洞而攻其不备，终于使外道后悔折
服。罽宾王更加敬佩他。优渥的利养仿佛无处不在——当初母亲带罗什出龟
兹，本为避之，如今罽宾王又给了罗什本国最高级别的供给，"日给鹅腊一双，
粳米面各三斗，酥六升"，还为罗什所住寺庙派驻"大僧五人沙弥十人"以应对
扫洒。这肯定不合耆婆初衷。罗什的早慧若不加以有益的护持和引导，有时反
而是成道的障碍。公元355年，罗什12岁，耆婆不顾邻近小国许以重爵请留，又
带他踏上返回故乡的路。然而这段旅程持续了大约三年，一直到357年，罗什才
再次踏进龟兹国土。这是罗什生命历程中极为重要的三年——一个贯穿其一生
的预言出现了，一次贯穿其一生的重大转变发生了。

　　僧传中记载的关于鸠摩罗什的预言其实有两个，其一是他尚在母胎时，雀梨大寺的罗汉达摩瞿沙断言耆婆怀的一定是慧如舍利弗的"智子"——这个预言无疑符合以后的事实；第二个预言出现在母子从罽宾至龟兹路过月氏北山时，《祐录》比《梁传》有更为生动的记载："有一罗汉，见而异之。谓其母言：常当守护此沙弥。若至三十五不破戒者，当大兴佛法，度无数人，与沤波掬多无异。若戒不全，无能为也，正可才明俊艺法师而已。""沤波掬多"即优波掘多，是古印度阿育王时的一代宗师。玄奘《大唐西域记》记载他每度一对夫妇就往屋子里扔一根竹签，很快竹签满屋。这两个预言有内在的一致性，后者更是前者的递进，它们为罗什的一生打上烙印，罗什的一生像是对预言的印证。它们又像能拨动罗什命运的枢纽——作为僧侣史家，僧祐和慧皎如此精妙地推进情节可能还有更深远的意旨要表达：在成佛路上，戒和慧如车之双轮，缺一不可，彼此平衡。罗什罕见的早慧可能成就他，也可能阻碍他最后的成全。预言揭示罗什的"慧"更多来自天赋，然而后天的机缘若不为他提供"戒"的护持，他一生的修行功德将打折扣。这也和本文之前写到的老年鸠摩罗什的若有所失喟然自况遥相呼应。僧传作者对罗什无与伦比的智慧的赞美保持了节制，从而免于落入"神化"的俗套。

　　汤用彤先生在《汉魏两晋南北朝佛教史》中言："罗什早年受罽宾有部之影响，必甚深厚也。""什公学问之转变在其停留沙勒国时。""沙勒国"也即"疏勒国"，在今新疆喀什地区，南入印度，北达龟兹，是当时的交通枢纽。虽佛教盛行且奉小乘，因四通八达，大小乘甚至包括外道在内的文献经典咸集于此，佛教文物亦多有所见，其中最著名的就是释迦牟尼用过的"佛钵"。据说顶戴佛钵能测道心深浅，罗什一试，居然轻易顶起，不禁心中困惑："那么大的钵怎会如此轻呢？"一念之间，分别心起，钵重如常，罗什只好失声放下。这只是母子俩刚到沙勒国时遇到的有趣的小插曲。很快沙门喜见就向沙勒国王建议，一定要请这个不同一般的小沙弥升座说法，既可警策国内僧人耻己不逮而勤学不息，又可借机和罗什故国龟兹交好。其时罗什未满十四，即临大会宣讲法义，再次显现一个早慧者的不同凡响。说法之暇，罗什广泛寻访外道经书，汲取各类"杂学"，如论辩、"五明"(语言文字学、工艺历算、药石针灸等)、星占、阴阳等。僧传说他能预测吉凶且很灵验。如此广学博闻、挥洒性情，极易矜骄心起、不厉小检，其他修行的人对他充满疑惑。然以罗什之年少得志、颖慧率达，何尝介怀此等俗务。

《梁传》中另有《佛陀耶舍传》。佛陀耶舍是罽宾僧人，先于罗什到达沙勒。罗什随他学《四分律》，"甚相尊敬"。佛陀耶舍和罗什均有洒脱不羁的性情，他们之间独特的交往还将在罗什一生中屡屡出现。而罗什在沙勒的最重要的老师是"伎绝伦专，以大乘为化"的须耶利苏摩。《梁传》载须利耶苏摩先为罗什说《阿耨达经》，罗什闻世间一切"皆空无相"，非常讶异，问："这部经有何深义，居然能破一切法为'空'？"苏摩答："眼睛看见的都不是真实有的。"罗什不解，双方由是反复辩论。《祐录》的记载颇有微言大义："(什)乃叹曰：'吾昔学小乘，譬人不识金以鍮石为妙矣。'于是广求义要，诵《中》、《百》二论。"《梁传》于二论之外又加《十二门论》。《中论》和《十二门论》由龙树菩萨作，《百论》由提婆作。大乘经在公元一世纪末开始流行的时候，各经思想不统一，这三论是大乘思想最初的系统而有组织的表达。这一年罗什不到14岁，从此息心大乘。因缘奇妙，这"三论"把少年罗什引入大乘，又由晚年罗什在长安逍遥园亲自译出，即所谓"关河三论"。后世吉藏据此开出"三论宗"。

疏勒国的短暂停留令罗什完成了一生中的重大转折，他从一个谙熟小乘有部经典的知识结构驳杂的早慧少年，变成了被龙树中观系理论所吸引的大乘学者。有部肯定"一切有"，而中观宣扬"毕竟空"。从"有"到"空"，罗什犹如舍弃小车 (小乘) 换上大车 (大乘)，舍弃黄铜 (鍮石) 收藏黄金。

罗什母子离开疏勒国，继续回乡路。走到龟兹国北界温宿国 (今新疆乌什)，遇到一个张狂的外道，言谁能驳倒他即斩首以谢。罗什正好用之前所学小试身手，辩才无碍，令外道对自己的学问产生困惑而稽首皈依大乘。龟兹王闻之，亲自到温宿迎请罗什母子。公元357年，在外游历5年后，罗什母子回到故里龟兹。

此时的罗什已非去国时的懵懂少年可比拟，他广说诸经，宣扬大乘法义，声震四方。在一次开讲大乘方等经的大会上，罗什为大家阐发"诸法皆空无我"、世间一切事物只是"假名非实"的道理，听者无不追恨悟之晚也。20岁那年，罗什在王宫受具足戒，成为有正式资格的真正的僧人，并随著名律师卑摩罗叉学习《十诵律》。

作为矢志修行的比丘尼，罗什母亲耆婆在出家不久就证得初果。此处《梁传》又记载，她回龟兹后，博览群经，深得禅要，又证得二果。罗什受戒后，耆婆似乎感到自己作为母亲的使命已经完成，她要独自去天竺修行。临行前，她和罗什进行了一次语重心长的谈话。她问罗什："大乘佛法应该在真丹（震旦，指中原地区）大举弘扬。佛法东传，只有靠你的努力了。但这件事对自己并没有好处，你会怎样选择呢？"罗什慷慨回答："大士菩萨就是靠牺牲自己利益他人来成就的。如果能使大乘流传，开蒙发昧，哪怕在火上烤、在锅中煮，我亦了无遗憾。"这段对话像耆婆引导儿子自誓，让罗什能对自己的使命有清晰的认识，对未来的事业有坚定的信念。耆婆对罗什的护持、引导和激励何尝不是一种修行，何尝不在积累功德！到天竺后，耆婆很快证得三果，离真正解脱越来越近。从此耆婆在罗什的生命历程中悄然隐退，被母亲精心护持的"早慧少年"成为历史，更艰巨的精神探索之旅等着罗什独自去承担。

《梁传》的创作素材主要来自《祐录》，但这一段看起来在传主一生中至为关键的情节却只见于慧皎笔下。是慧皎在成书时找到了新材料，还是他发挥了合理想象，如今无从考证，事实上从传记创作而言也并不重要。慧皎只不过安排了一个承上启下的"文眼"，为罗什的人生路程安排了一个里程碑。这个情节的象征意义至少有三层：(1) 如果说此前的罗什是个被母亲精心庇护、着意引导的天才少年，那么此后他将迎来考验。母子间的谈话颇似一种"成人礼"。(2) 谈话如此郑重，罗什的誓言如此危重，有一种向死而生的悲壮，僧传作者也许在有意无意暗示读者，未来的考验实在不可小视。誓言有多重，磨难就有多重。(3) 这就涉及僧传作者对罗什可能遇到的障碍的判断，它们大体是：颖慧过人和戒律约束的矛盾、特立独行和僧团生活的矛盾、知和行的矛盾、大乘尤其龙树系中观学说和小乘诸派的矛盾。鸠摩罗什时代，部派佛教僧团和小乘教义在印度和中亚占据主流，大乘甚至被指责为"非佛说"。在接下来的情节安排中，僧传作者的"言下之意"都会得到具体呈现。

首先是"魔波旬蔽《放光经》"的故事。《梁传》载，耆婆走后，罗什留住龟兹新寺，得《放光般若经》。披阅之时，"魔来蔽文唯见空牒"。罗什知道是魔在作怪，仍坚持读诵，内心更加坚定。魔在空中说："汝是智人，何用读此！"罗什答曰："汝是小魔，宜时速去。我心如地，不可转也。"《祐录》在上述情节之外又加魔在雀离大寺扰罗什读"大乘经"之事。《放光般若经》是大乘般若类重要经典，释迦牟尼成佛前夜也曾受魔波旬干扰。僧人史家笔下的高僧传记往往有一些看似灵异的故事，汤用彤先生早就提醒，对此要有"同情之默应"。从世俗角度，上述故事也可解读为当时大小乘之间存在的激烈斗争，以及归心大乘的鸠摩罗什面对四面小乘包围时的某种紧张心态。"魔波旬"也许是心魔，正好是母亲离开后罗什遭受的第一次考验。所幸罗什战胜了魔波旬也战胜了自己，他的大乘信仰将"不退转"——梵文音译为"阿惟越致"的"不退转"观念，正是大乘教义的要旨。

接下来是化小乘师盘头达多的故事。得大乘精义后，罗什声名日隆，讲法时诸国国王甚至跪下让他踩着自己升座，龟兹王专为他打造了金狮子座。然而罗什若有所失，一直想着在罽宾时的小乘老师盘头达多还没听闻如此美妙的大乘教义呢。《祐录》说是他亲往罽宾，《梁传》说是盘头达多自远而至，总之罗什和盘头达多之间有了一场极为精彩的有关大小乘教义的辩论。辩论持续了一个多月，罗什反复推演，"连类陈之"，终于很辛苦地说服了盘头达多。盘头达多反过来拜罗什为师，恳切地说："和尚是我大乘师，我是和尚小乘师。"

从20岁到40岁，鸠摩罗什在西域弘法20年，"道流西域，名被东川"（《梁传》），西域各国"服什神俊，咸共崇仰"（《祐录》）。他也许未曾料及，这种如日中天的声名甚至挑起了战争。南怀瑾在《中国佛教发展史略》中写道："为了一位学者，不惜派大兵去征灭一个国家，辗转争得，这是有史以来的一件大事奇案。""学者"自然指的是鸠摩罗什，战争的发起者，先有前秦国王苻坚，后有后秦国主姚兴。《广弘明集》所收僧肇《鸠摩罗什法师诔》云："大秦姚苻二天王，师旅以迎之。"

三、在凉州：隐忍的大师

东晋升平元年 (357)，建都长安的北方氐族政权前秦发生政变，苻坚僭位，称"大秦王"。其时鸠摩罗什正在龟兹北界温宿国力克外道，被龟兹国王迎请回国大阐大乘，声誉鹊起。《祐录》云："苻氏建元十三年 (即370年) 岁次丁丑正月，太史奏有星见外国分野，当有大德智人入辅中国。坚素闻什名，乃悟曰：'朕闻西域有鸠摩罗什，将非此耶。'"《梁传》又加"襄阳有沙门释道安"字样。可见鸠摩罗什的确"名被东川"，在苻坚心目中，他和中原名僧"东方圣人"道安一样，堪称"西域圣人"。同年2月，苻坚率大军攻陷东晋襄阳，立刻延请道安入长安。《名僧传·道安传》记载，道安也早早倾慕罗什大名，屡劝苻坚取之。可惜后来罗什到长安时，道安已逝，东西圣人缘悭一面。

龟兹在西域诸国中属国力较强者，一直臣服建都姑臧城 (属凉州) 的前凉政权。苻坚在位时，前秦灭前凉，占领凉州，西域各小国纷纷进长安朝拜，唯龟兹和焉耆例外。想必苻坚不悦。据《晋书》，375年，在鄯善王、车师王等劝诱怂恿下，苻坚终于兴师，派大将吕光出兵龟兹、焉耆诸国。

苻坚此举或非专为获得罗什这唯一目的，但僧传作者显然强化了这个目的。《梁传》为苻坚的征伐行为开脱，言苻坚为吕光饯行时自称"帝王……以子爱苍生为本，岂贪其地而伐之乎"；既非贪地，那么就是"贪"人了——"朕闻西国有鸠摩罗什，深解法相，善闲阴阳，为后学之宗。朕甚思之。""贤哲是国之大宝，"他叮嘱吕光，一旦攻克龟兹，就快马加鞭把罗什送到长安来。

然而如此渴求"国之大宝"的苻坚并没有实现愿望。384年，吕光克龟兹俘获罗什，如果遵苻坚所嘱在第一时间快马送罗什进长安，两人还是可能相遇的。385年，姚苌杀苻坚，即皇帝位，开启姚秦时代。此间罗什随吕光父子班师，缓缓东行。假设罗什早入长安，苻坚也许会使他像先一步到来的道安一样绽放光彩；吕部刚走到凉州，苻坚薨。吕光命令全军缟素，于386年在凉州自行称帝，建立后凉政权。罗什似乎无以抗拒命运的翻云覆雨手，跟随后凉政权滞留凉州17年，从40岁一直到57岁。和青少年时代的璀璨夺目相比，罗什的这17年人生堪称隐忍、黯淡。

《祐录》载罗什"停凉积年，吕光父子既不弘道，故韫其经法无所宣化"。汤用彤先生言："观光对什公之逼辱，光固非敬奉佛徒者。什公于凉州未能弘道，其故在此也。""被逼受辱"和"无所宣化"八字几可道尽罗什在吕光幕下的处境。

吕光是背负使命前往龟兹的，一路被罗什的声名所笼罩。亲见罗什，见其"年齿尚少"，不免失望，对罗什的"智量"产生怀疑，轻慢之心顿起。僧传记录了吕光是如何戏弄罗什的："或令骑牛及乘恶马欲使堕落，什常怀忍辱曾无异色。光惭愧而止。"如果说这种小伎俩只能算作恶作剧的话，"强妻以龟兹王女"的恶行不仅挑战了罗什的底线，而且无意中确立了罗什生命历程的又一块重要的里程碑。

罗什自然不受。僧祐和慧皎都用了"辞甚苦到"四个字以强化罗什的抗拒心理。吕光颇为不善，搬出罗什之父说事："你的节操又超不过你父亲，何必坚决推辞！""乃饮以淳酒同闭密室。什被逼既至，遂亏其节。"(《祐录》)

这就是引得后世聚讼纷纭的"罗什破戒"。无论僧人史家如何强调罗什是因吕光算计而"被逼无奈"，他们依然使用了"亏节"、"虚节"这样的表述。这一方面表明了他们自己的立场："破戒"的确是佛教寺院制度和修行实践的大忌；另一方面，从传记创作角度而言，先前那个预言得到了呼应："若至三十五不破戒者，当大兴佛法，度无数人……若戒不全，无能为也，正可才明俊艺法师而已。"其时罗什40出头，大体吻合预言提及的人生段落。这种情节安排颇有"天将降大任于斯人"的意蕴，老天总是要为担荷大任的英雄设计一点无以克服的磨难的，比如被预言所笼罩，或被恶人所要挟。又为以后的行文埋下伏笔：《祐录》和《梁传》记载的罗什破戒有两次，《晋书》则记载了三次。第二次承接了第一次的模式——"为权力所逼"，执行者是后秦皇帝姚兴。不同的是，姚兴皇帝完全出于好意，希望罗什留下智慧的"法种"。其实罗什破戒几次已不重要，重要的是这种"亏节"如何影响了世人对罗什一生功德的评价以及罗什的自我评价，如何为僧人史家提供解释罗什命运走向的钥匙。从罗什的高贵出生、与生俱来的非凡禀赋、少年游历获得的知识积累和青年时期的显赫地位来判断，罗什最后很有可能成就为一个建论立说、德慧兼具的圣贤，而不仅仅是

"译经师"。罗什的自我期许也是这样的，他希望自己像龙树、提婆那样建立庞大的理论体系，晚年喟叹本可与佛弟子中论议第一的迦旃延子或有一比。讲经之前他常以"污泥中的莲花"自喻，要人们"但取莲花，不取污泥"，似乎也很为自己戒行有亏抱憾。僧传作者显然要暗示一切都因"破戒"而改变，而改变的"远因"在于那个无可逃避的预言，"近缘"则是武人吕光——这看起来也颇符合佛教独有的因缘观。

本文第一部分曾部分引用唐道宣律师的《律相感通传》，其中也涉及罗什破戒的内容："(道宣)又问：'俗中常论，以沦陷戒检为言。'(天人)答：'此不须相评，非悠悠者所议论。'"唐代另一位高僧神清在《北山录》中以为，罗什两次破戒虽然使"净行者耻闻其事"，但罗什明知到东土弘化大乘有大不利却"不顾而来"，实为成仁之举。"故什死，焚之心舌不烂焉。"把罗什破戒之举以"合适的评价尺度"安放在"合适的位置"，不溢美不隐恶，不执著于任何一边，这大概才吻合"中道"的旨归。现代有些作品或者凭小说虚构的便利过度夸张这一事件，以一己之心度圣人心量，如施蛰存的《鸠摩罗什》；或刻意否认回避这一事件以维护罗什形象，似乎都比不上古人高明。

罗什在凉州地区17年，虽无所宣化，也不是一无所为。吕光无意佛法，罗什的"智量"只好在阴阳历算预测占卜方面有所寄托。综合《祐录》和《梁传》，有几个故事细节较详。虽然和弘法主题关联不大，从传记写作角度倒不无益处。

吕光军队尚未到达龟兹前，鸠摩罗什就已知晓将有重兵压境，劝龟兹王在国运不济之时勿迎锋强抗而恭迎为上。王不从，城破后被杀。吕光占领龟兹后，看周边物产丰饶，有意常驻不走。罗什又劝吕光离此凶险之地，断言中途必有福地可居。吕光果然在凉州称王。东还途中，大军歇息在一面山坡下，罗什观察天象地势，进言吕光："不可在此，必见狼狈。"吕光不纳，半夜遭暴雨，死者数千，吕光这才觉得罗什不可小觑。

吕光建元初年，凉州城刮起大风。罗什以为这是不祥之风，必有奸佞叛乱，但不用出兵，自然平定。果然如其所言。过了几年，又有周边势力谋反，吕光派遣庶子吕纂讨伐。众人皆以为凭吕纂五万精兵必克乌合之众。吕光这回知道去访问罗什了，罗什说："观察此行未见其利。"果然吕纂败。同年对付了另一叛乱后又败，仅以身还。

朝中大官张资深受吕光器重，得重病，吕光为他百般寻医。一个外国道术士说能治，吕光对他大加赏赐。罗什知道术士有诈，说："冥运虽隐，可以一试。把五色绳烧成灰投进水中，若灰不沉没重新恢复成绳子原状，则病不可愈。"果然灰聚浮出复绳原形。不久张资亡故。吕光死后，子吕绍袭位，庶子吕纂杀绍自立。即位不久，国中出现某些异象，吕纂以为吉兆。罗什上奏说这是有人谋反的灾变之兆，应赶快修德以治。吕纂不听，终于被杀，吕隆立。旁人才开始佩服罗什。

凉州即今天的甘肃武威。当年罗什驻锡的寺庙，日后被衍化为"鸠摩罗什寺"。盛唐尚存，见证丝路繁盛。宋元后，凉州为西域吐蕃领地，忽必烈把凉州划拨高昌地界做牧场，与汉文化有关的文化遗存几近湮没。明代时有善信发心重建，朝廷也多次参与修缮，立为凉州大寺，还颁发了大藏经。清季康熙年间又有大修，然民国年间毁于地震。

据说罗什死后焚化舌果然不灰，他的舍利塔被称为"舌舍利塔"，立于鸠摩罗什寺。虽然罗什没于长安，真正的舍利塔却在武威鸠摩罗什寺。如今，位于武威市中心的鸠摩罗什寺已颇具规模，渐成周边佛教活动中心。鸠摩罗什塔经历沧桑巨变卓然挺立，为今人架立起和1600年前的大师相遇的时空之桥。

四、在长安：辉煌与落寞

从僧传记载看，后凉统治者也许把罗什当作一个能掐会算的政治顾问，既不是很重视他，也不是完全置他不顾，有时让他为复杂的形势作一点判断。长安政权依然企慕罗什。符坚虽死，僭位的后秦姚苌继续遣使敦请罗什。但"诸吕以什智计多解，恐为姚谋，不许东入"（《梁传》）。后凉政权对罗什真是患得患失。南怀瑾说的"因罗什而起的第二次战争"就在此等背景下发生了——401年，姚苌子姚兴在位时，长安现瑞相。姚兴以为"有智人应入"，遂兴兵伐凉州。吕隆打败，上表归降。12月20日，姚兴终于把鸠摩罗什隆重请入长安，"待以国师之礼，甚见优宠。"（《祐录》）在经历了诸多磨难后，罗什57岁，已近迟暮。少年的光彩和中年的无奈都已远去，人生画卷的又一段辉煌岁月似乎正缓缓展开。

西晋于362年灭亡后，北部中国进入十六国时期，匈奴、羯、鲜卑、氐、羌等少数民族都曾在中原建立政权。《梁传》之《佛图澄传》载，羯人石勒的后赵政权尊西域神僧佛图澄为国师，诏令百姓："佛是戎神，正所应奉。"西北少数民族和佛教之间精神相通，自然愿意从中汲取巩固统治的思想资源。氐族政权前秦在苻坚攻破襄阳后，把佛图澄的弟子道安延请进长安，安置在当时最著名的寺院五重寺。苻坚认为道安是能辅佐自己成就大业的"东方圣人"。灭前秦的后秦是羌族政权，开国君主姚苌请鸠摩罗什未遂，其子姚兴总算做到了。从佛图澄到道安到鸠摩罗什，倚重优秀的佛教知识分子治理国事，是西北少数民族政权的一贯传统。这和汉族政权颇有区别。汉武帝"罢黜百家、独尊儒术"以来，儒家在汉族政权中拥有绝对特权。如果说当时西域地区是儒家教化的"边地"，那么中原汉地也是佛教和佛学的"边地"。长安的统治者要获得更宏富的佛教经典和教义，只有企盼西方高僧。

"通佛法有二难，一名相辨析难，二微义证解难。"（《汉魏两晋南北朝佛教史》）道安在长安时做了大量译经和讲经的工作，许多人追随他出家，"长安僧团"初具规模。但道安学习大乘理论遇到很多不懂的地方，听说西域"有年少沙门字鸠摩罗，乃才大高，明大乘学"，颇向往，鼓动苻坚迎请。（《祐录》之《比丘尼戒本所出本末序》）

其时佛教作为外来思想资源在中国进入了发展的关键期，尤其佛经翻译，晋初竺法雅创的"格义"一法已经显示出弊病。汤用彤先生说，格义就是"以本国之义理，拟配外来思想"，"以使人易于了解佛书之方法也"。（《汉魏两晋南北朝佛教史》）格义是入门工具，但入了门之后不免成为障碍，使佛教成为中国传统文化的附庸。道安看到了"格义"一法对佛教独立自主发展的掣肘，却无力改变，只是提出了问题。鸠摩罗什来华后，这个问题才真正解决。因此，著名学者方广錩认为，"道安的出现，标志着中国佛教初传期的结束。而道安死后，鸠摩罗什到长安，则标志着中国佛教迅猛发展期的开始"（《道安评传》）。

　　罗什在西域时也对道安有所闻，两人彼此歆慕。道安卒后16年，罗什才得以进入长安，虽无缘见面，但罗什成为道安遗产的最好的继承者——不仅有道安带出的佛教知识分子团体，更有道安开出的佛学求知氛围。

　　"中华佛教，进至什公之时，一方经译既繁，佛理之名相条目，各经所诠不一，取舍会通，难知所据。……一方魏晋以来，佛玄合流，中国学人，仅就其所见以臆解佛义。或所见本不真切，所解自无是处。或虽确有所悟，然学问之事，失之毫厘，谬以千里。"（《汉魏两晋南北朝佛教史》）无论政权统治者还是佛法传播者，都翘首盼望大师出现。鸠摩罗什犹如"众望所归"，注定要承载"翻译"、"义解"等多重使命而登上历史舞台。

　　鸠摩罗什和姚兴。和其他少数民族政权一样，姚兴也把鸠摩罗什尊为国师。罗什先后被安置在逍遥园之澄玄堂、西门阁及大寺等地译经宣道。但两人的关系不能简单归结为"庇护"或"遵命"。作为崇佛的国主，姚兴很多时候更像个佛学"大票友"。据《晋书》，姚兴能讲论经籍，于佛法亦通摩诃衍（大乘）和阿毗昙（小乘）。《祐录》载"兴少达崇三宝，锐志讲集"，《梁传》说他经常拜访罗什，在罗什处"晤言相对则淹留终日"、"研微造尽则穷年忘倦"，两人经常沉浸在佛法的精微和思想的撞击中忘乎所以。为破斥小乘疏通大乘，他写就《通三世论》一文"勖示因果"，倡导善行，并去信请罗什过目，罗什自然予以赞叹。姚兴甚至亲临罗什的译经场，参与翻译流程，颇类票友登台大过戏瘾。《晋书·载记》、《祐录·大品经序》（僧睿）以及两部僧传都描绘了姚兴和罗什同译《大品般若经》的生动而壮观的场面。《晋书》载：

> 兴如逍遥园，引诸沙门于澄玄堂，听鸠摩罗什演说佛经。罗什通辩夏言，寻览旧经，多有乖谬，不与胡本相应。兴与罗什及沙门僧䂮、僧迁、道树、僧睿、道坦、僧肇、昙顺等八百人更出《大品》。罗什持胡本，兴执旧经，以相考校。其新文异旧者，皆会于理义。

　　《大品般若经》是大乘佛法的基本经典，罗什之前已有两个译本，分别是西晋时竺法护译的《光赞般若经》和无罗叉、竺叔兰译的《放光般若经》。罗什手持梵文原本口授，姚兴持旧译本逐字逐句校雠，"验其得失"。遇到新旧不一的地方，译经场中的几百弟子共同参与互相切磋，反复辨析，检查义理是否贴近、文字是否准确，"详其义旨，审其文中"，达到义理文辞皆圆熟无碍，弟子们才笔受录成定稿，（以上引自《大品序》）"众心惬伏莫不欣赞"（《梁传》）。

《大品般若经》卷帙浩繁，罗什和众多弟子前后用了一年时间才译完全部24卷。但罗什还在继续加工。《大品序》记载："文虽粗定，以释论（指《大智度论》）检之，犹多不尽，是以随出其论随而正之。释论既讫，尔乃文定。"——罗什在翻译《大品般若经》的释论《大智度论》时，对照论的内容又不断补充完善经的译文，《大智度论》成，《大品般若经》才最后定稿。如此细加磨砺、精益求精，难怪此经后来的玄奘译本和之前的两个译本都不如鸠摩罗什所译那么流传广泛。

《大品般若经》是罗什译事中的一个显例，也是全部译事的缩影。他重译的经被称为"新经"，总计有25部之多。其中在后世信众中流通较广的有《法华经》、《维摩诘经》、《首楞严经》、《阿弥陀经》、《金刚经》等。

姚兴十分感佩鸠摩罗什，甚至以为如此"聪明超悟天下莫二"的罗什大师，怎么可以没有法种后嗣留下来。于是他找来十个女人，修建专门房舍，配以丰盈的供给，一并赏赐给罗什。罗什从此不住僧团。《祐录》和《梁传》的作者都是僧人，他们把这一事件看作吕光逼罗什破戒的翻版，姚天王一样是强加于人，只不过动机不那么恶劣，因此在行文中强调"逼令受之"的"逼"字。外典《晋书》是唐代史官所撰，对此说法又有不同。关于罗什破戒，前文已述，此处不赘。鸠摩罗什和君主姚兴之间的微妙关系、僧人传记家和传统史官所修之高僧传记的微妙不同，均可见一斑。

鸠摩罗什和关河弟子。鸠摩罗什的翻译和学术成就离不开国家支持的庞大僧团和译场。道安以前，译经多为私人事业，道安得到苻坚支持，译经场由官府主办，长安渐渐出现一批学识较好的僧人，如法和、僧䂮、僧睿、竺佛念等，其中多人成为姚兴支持的罗什译场的主力。汤用彤先生说："什公相从之助手，学问文章，均极优胜。而且于教理之契会，译籍之了解，尤非常人所可企及。"更有各地学人倾慕而至，加上从凉州随行入长安的僧人们，罗什僧团据说最多时有3000人，"象运东迁，在兹为盛"（《梁传》）。罗什秉承了长安译经的一贯传统，边译边讲，切磋教理，同时还教授禅法和戒律。他们既是罗什的翻经助手，又是亲闻罗什讲授的弟子。其中优秀者，通过记录罗什的演讲、为罗什所翻经作序、独立撰写论文，总结并传播了罗什所传的大乘龙树一系学说。更有杰出者则自成大家，名垂后世，从更深远的意义上彰显了罗什的功德。

后世有传记可考的僧团成员约30余人，当时则有"十哲"、"八圣"和"关中四子"等说法。《梁传·译经下》记载："时有生融影睿严观恒肇，皆领悟言前，词润珠玉。执笔承旨，任在伊人。"吉藏《中观论疏》说，到罗什处"请业"的"门徒三千，入室唯八，睿为首领。文云：老则融睿，少则生肇。什叹曰：传吾业者寄在道融昙影僧睿乎！"由此可知，道生、道融、昙影、僧睿、慧严、慧观、道恒、僧肇并称"八圣"，以僧睿为首；年长的道融、僧睿和年少的道生、僧肇并称"关中四子"，而罗什尤其把"传业"的希望寄托在道融、昙影、僧睿身上。

僧睿为罗什翻经作序最多，有《大智释论序》、《中论序》、《十二门论序》、《大品经序》、《妙法莲华经序》等十多篇。后世学者普遍认为罗什最重要也是他自己最看重的学问就是传译和阐释了大乘的龙树中观学。汤用彤先生说："什公学宗般若，特尊龙树。"（《汉魏两晋南北朝佛教史》）龙树的《大智度论》、《中论》、《十二门论》和提婆的《百论》是这一学派的四部经典，吕澂先生总结："《智论》所没有完全讲清楚的，《中论》等则以'折中'（即中道）的思想予以决定。换句话说，三论全部归宿于中道。""贯彻于四论中的主要思想，乃是实相的学说。……用中道来解释实相，也就是以二谛相即来解释实相，从真谛来看是空，从俗谛来看是有。换言之，这种中道实相论是既看到空，也看到非空；同时又不着两边，于是便成为非有（空）非非有（空）。"（《中国佛学源流略讲》）罗什专著较少，只有《实相论》一部，还佚失不存。"中观四论"中的《中论序》由僧肇作，其余三部序文均出自僧睿笔下。罗什关于"实相"的论点，只有少数存于他和慧远、王稚远的书信往来中。可以想见，僧睿的序，虽不直接出自罗什，但应该是罗什中观实相思想的集中阐发。

罗什另一最重要的弟子是僧肇。僧肇居僧团最年轻之列，但30出头就去世了。若论后世名山事业和在佛学理论上的建树，长安僧团中没有一个人能比得上他——《肇论》、《物不迁论》和《不真空论》是中国佛教思想发展史上的理论高峰，也是不遗余力阐扬罗什之学的论著，汤用彤先生盛赞僧肇"以极优美极有力之文字表达其义，故为中华哲学文字最有价值之著作也"。

《肇论》指出，理解般若不能局限于语言文字，偏执于名相；《物不迁论》为破对"常"的执著而说"去"，为破对"无常"的执著而说"不迁"，以"不从今以至昔"破斥小乘有部的"三世有"；《不真空论》则纠正了各家对"性空"的误解，指出假名非无，但自性本空，即不真空。故吉藏《维摩经略疏》等后世著作中有"秦人解空第一，僧肇其人也"的说法。

僧肇是罗什最早的中原弟子，罗什寓居凉州时即慕名而去，随学左右，讨论佛法，这可能是罗什隐忍而落寞的生活中的难得宽慰。罗什到长安，他自然跟随，一直到罗什去世都未曾离开，他在罗什身边的时间也是别的弟子不能比的。《梁传》之《僧肇传》中记载，罗什译完《大品经》后，僧肇把听讲体会写成《般若无知论》呈罗什，罗什当即称善："吾解不谢子，辞当相挹。"罗什的意思是，"我的解经倒未必不如你，但我也应当吸收你的辞章表达。"罗什去世后，情意深切、定论精当的《鸠摩罗什法师诔》就出自僧肇之手。从僧肇的几部论著以及他对《维摩诘经》的注解看，他应该最能体察罗什在中土传播大乘的心意，也是最能为罗什之学张目的——吕澂先生说，后世提起"关河传承"，的确把"什、肇并称"。

鸠摩罗什和佛驮跋陀罗。汤用彤先生有言："提婆之毗昙，觉贤之禅法，罗什之三论，三者东晋佛学之大业。"觉贤即佛驮跋陀罗，《六十华严》的译者。如果说梳理鸠摩罗什和国主姚兴的关系能略窥其译经成就，梳理鸠摩罗什和关河弟子的关系能大致反映其大乘理论建树，那么，梳理鸠摩罗什和佛驮跋陀罗的关系，旨在考察其禅学成就和受到的挑战。

禅法在"戒定慧三学"中对应于"定学"和"戒学"，在印度本并非佛教专有，但佛教认为修定的前提是必须遵循"八正道"，尤其要有"正见"。佛教从东汉传入中国后，禅法的传承从安世高到康僧会是明确的，到了道安有所中断。僧睿最初为道安僧团的成员，对禅法很感兴趣，在《关中出禅经序》中无奈感叹：禅法虽然还有留存，但既不明就里，又无人能传授……鸠摩罗什到长安后，僧睿迫不及待要求罗什翻译此类著作。罗什求学于罽宾时，专小乘有部之学，后来弃小归大，对大小乘的禅法都有研究，但都不是很究竟。他应僧睿之求编译的三卷《禅要》，是从大小乘七家之书中辑录而成，无所专宗，难免不精纯，并未彻底解决僧睿等一心求禅法的人的困惑。虽然他本人对翻译禅法著作和传授禅法实践都付出了很大努力，门下习禅之人多时逾千人，但他留给他人"聪慧异常，特立独行"的印象，似乎天生"重慧轻戒"，而"破戒"的先例也让人对其修禅成就产生怀疑。佛驮跋陀罗正是依据这些弱项向他发起挑战的。

禅法和律法都很重传承。佛驮跋陀罗是罽宾禅师佛大先的弟子，师承有序，来路让人信赖。他本人道行很高，据传到中国来之前就不乏神异之举，有点神龙不见首尾的味道。他到中国，先在青州等地，听说罗什在长安，投奔而来。罗什"大欣悦，共论法相，振发玄微，多所悟益"。罗什热衷弘扬大乘三论之时，佛驮跋陀罗正自立门户，教习禅法。《梁传·佛驮跋陀罗传》用了"唯贤（佛驮跋陀罗又名"觉贤"）守静，不与众同"的描述。佛驮跋陀罗译出《达摩多罗禅经》，和罗什禅法不是一个路数，其门下如慧观就认为罗什不正宗。

有一次佛驮跋陀罗问罗什："你阐发经义并没有超出一般人的理解，为什么能获得这么大的名声？"罗什的回答颇耐人寻味："吾年老故尔，何必能称美谈。"——"只不过因为我年纪大的缘故，哪里能和那些赞美之辞相称呢。"问和答都有言下之意。觉贤之盛气不让和罗什之迂回从容跃然纸上。

义理上两人也有很大分歧，盖因佛驮跋陀罗承小乘有部之说而执"一切有"，罗什弘大乘空宗而执"毕竟空"。后秦太子姚泓就组织他们辩论。佛驮跋陀罗的一些说法让在场僧人很难领会，事后多次请教他。问得多了，他语气坚硬，有点专门针对罗什的味道。

罗什弟子当然不满。有次佛驮跋陀罗发出一个颇为神异的预言，被罗什门下斥为妖言惑众。继而佛驮跋陀罗门下有人自称证得"阿那含果"，终于激起原有长安僧团的愤怒。罗什弟子同时也是后秦僧官僧䂮直接出面让佛驮跋陀罗带领这些弟子离开长安。佛驮跋陀罗和慧观等40多个追随者就此远走，一路南下，受到庐山慧远大师的接纳和礼遇。整个驱逐过程罗什并未出面。慧远评价此事："贤（指觉贤）之被摈，过由门人。"

鸠摩罗什和庐山慧远。汤用彤先生说阿毗昙、觉贤的禅法和罗什的三论是东晋佛学三座高峰，但"为之宣扬且特广传于南方者，俱由远公之毅力。"《梁传》言："葱外妙典，关中胜说，所以来集兹土者，远之力也。"慧远是道安的高足。道安在襄阳分张徒众广布教化，慧远止于庐山，建东林寺，后创净土宗，为一代宗师。慧远在庐山宣化，孜孜为道，深感佛教经论缺乏，有些旧译因译者"未善晋言颇多疑滞"。碰到有能请教西域高僧的机会，慧远从不懈怠。（《梁传·释慧远传》）他应该早就知道鸠摩罗什大名。401年罗什到长安，后秦将军姚嵩马上致信慧远，慧远的欣喜之情自是不言而喻。其时慧远已是远近闻名的中土大乘高僧，庐山也成为南方佛教中心。慧远立即修书一封并专门制作了法衣法物，遣人北上，向鸠摩罗什寄心通好。鸠摩罗什立即回信，还回赠了从西域带来的双口藻罐和鍮石。从此他们书信往来，问道切磋。慧远提出的义学疑难，罗什一一回答。这些书信现存十八章，辑录而成《大乘大义章》一书。

长安庐山山高路远，行走极不易。所幸僧传留下了那个十几年来为慧远和罗什来回传送信件的使者的事迹，不致使其隐没不闻——他叫昙邕，武夫出身，雄武过人，本是道安弟子，后投奔慧远。汤用彤先生赞美他能如此专心致力于这件事而不以为辱，"长安、庐山声气相通，邕之力也。"

慧远是中土佛学大师，鸠摩罗什是西域佛学大师，这些往复书信不仅体现了他们个人学问见解的差异，更反映出西域高僧和本土高僧的差异，藉此可一窥佛教落脚中国后在本土知识背景下的发展轨道。罗什来华前，"神不灭"思想一度成为争论焦点，慧远即坚定秉持"形尽神不灭"论。结合稍后传入的大乘学，慧远认为佛虽灭度而仍有法身在。但"神"和"法身"是何关系？他去书请教鸠摩罗什。作为龙树般若中观的倡导者，罗什以"无常"、"无我"、"性空"批驳了慧远的"有神观"，在罗什看来，慧远滞于俗谛，不能做到二谛圆融。慧远则深受中国本土"有无之辨"的影响，无法理解罗什之"毕竟空"。所以仅凭书信，他们彼此似乎很难达到真正的理解和沟通。

解人难逢，和慧远大师尚且如此，更遑论他人。罗什心怀落寞。公元404年秋天，慧远听一位从长安到庐山的僧人说，罗什想返回龟兹，马上写信去劝勉，竭尽挽留之意。信后附偈一首："时无悟宗匠，谁将握玄契。来问尚悠悠，相与期暮岁。"至诚之心和相惜之意都跃然纸上,罗什阅之或当有所感怀吧。

鸠摩罗什和佛陀耶舍、卑摩罗叉。佛陀耶舍和卑摩罗叉都是罗什青少年时代的律学老师,本文第二部分分别提到,罗什12岁左右在沙勒国随学佛陀耶舍,20岁受具足戒后在龟兹随卑摩罗叉学《十诵律》。《梁传》中都有他们的本传。

佛陀耶舍和罗什气质相近,均有智慧超长、不拘一格的自由精神。两人师徒两年,结下深厚友情。他听说罗什被羁凉州,叹息说:"我与罗什相遇虽久,未尽怀抱。其忽羁虏,相见何期!"也许是心有灵犀,尚在凉州姑臧的罗什果然去信相邀。但等佛陀耶舍赶到凉州,罗什已经进长安了。他便就势在凉州弘法。此间听说罗什为姚兴所逼而娶妻,行了不如法的事,又叹息:"罗什如好绵,何可使入棘林中!"罗什在长安,皇帝赏识,弟子众多,可谓辉煌,但木秀于林,在佛理上真正可应对交流的人很少,有些真实的心迹更无以为告。佛陀耶舍在姑臧的消息可能令他振奋,他反复请姚兴出使敦请。姚兴不受,罗什只好拿姚兴期待的译经的事作理由:"夫弘宣法教宜令文义圆通。贫道虽诵其文未善其理,唯佛陀耶舍深达幽致。今在姑臧,愿下诏征之,一言三详然后着笔,使微言不坠取信千载也。"佛陀耶舍到长安后,罗什正酝酿翻译《十住经》,反复斟酌,难以下笔。佛陀耶舍不愧是老师,和罗什反复探讨判断,酌定义理和文辞。他们共同译出这部日后加入了大乘重要经典《华严经》的重要经文,"道俗三千余人皆叹当要"。

卑摩罗叉的汉语译名应是"无垢眼",持戒谨严,眼里不揉沙子,可能眼睛长有青色记号,世称"青眼律师"。入关中后,罗什恭敬地执弟子礼。但卑摩罗叉不知道罗什被逼破戒事,问了一个罗什最不愿意被问到的问题。《祐录》和《梁传》对师徒对话有相差无几的记载,如《祐录》:"什闻至,欣然师敬尽礼。卑摩未知被逼之事,因问什曰:'汝于汉地大有重缘,受法弟子可有几人?'什答:'汉境经律未备,新经及律多是什所传。出三千徒众,皆从什受法。但什累业障深,故不受师教耳。'"这个回答很有意味,一言道尽长安生涯的酸甜苦辣——以大乘的舍己精神在经律皆不完备的中土弘化,自责破戒而只讲法,不接受剃度受法弟子。佛陀耶舍和卑摩罗叉这两位律学老师的到来,看起来都是对罗什律学修为的检验。而罗什那繁华背后的落寞情怀,似乎也只有在同乡和老师面前才略有流露。

　　至此，通过梳理鸠摩罗什和国主姚兴、和译场弟子、和西域神僧佛驮跋陀罗、和庐山慧远、和青少年时期两位老师的关系，他在长安的境遇和作为可一窥大概。通观僧传，他在西域40年，在凉州17年，在长安12年——413年，70岁的罗什圆寂于长安大寺。《祐录》和《梁传》中的罗什传记都不超过5000字，值得注意的是，在传记的最后部分，作者没有延续对罗什看起来很辉煌的传译经历大加赞叹的欢喜氛围，反而字里行间弥漫着淡淡的忧郁。在这一部分，罗什较前更为频繁地出场自况，且不乏深重叹息。如，他对僧肇提到经文的传译之难："改梵为秦，失其藻蔚，虽得大意，殊隔文体。有似嚼饭与人，非徒失味，乃令呕哕也。"又常凄然而叹："吾若着笔作大乘阿毗昙，非迦旃延子比也。今在秦地，深识者寡，折翮于此，将何所论。"他还把自己的讲经说法比喻成"臭泥中生莲花"，让听者"但采莲花勿取臭泥也"，容易让人产生他视自己是"臭泥"的联想……面对卑摩罗叉时他也有"累业障深，不受师教"的沉郁表达。最充满悲凉之意的是他赠给法和的一首诗偈——《祐录》和《梁传》在文辞上有差别。《祐录》："心山育德熏，流芳万由旬。哀鸾鸣孤桐，清响彻九天。"《梁传》："心山育明德，流熏万由延。哀鸾孤桐上，清音彻九天。"——据说这样的偈子有10首，仅剩一首。折了翅膀的鸾鸟，站在孤独的桐树顶上鸣叫，此等意象何等凄恻自怜。不知此时的罗什，是否还记得那个从幼年就伴随他的预言，是否还记得20岁和母亲别过时立下的掷地有声的誓言。僧传的作者对罗什这个信念坚定、才华横溢、在"佛法边地"弘扬大乘的高僧，既崇敬又同情。在生命的最后时刻，罗什肯定陷入了对西域故乡的深深思念。他感觉身体很糟，只把"外国弟子"叫来为自己念咒以自救，未见在僧传中有名有姓的众多中国弟子的身影，似乎想在家乡人的念咒声中实现落叶归根。病情很快转入危殆。临终前，他用尽力气和众僧告别："因法相遇，殊未尽伊心，方复后世，恻怆何言。自以暗昧，谬充传译。凡所出经论三百余卷，唯《十诵》一部未及删繁，存其本旨，必无差失。愿凡所宣译，传流后世，咸共弘通。"他为义学修为未尽己意而抱憾，但对主持翻译的经论，罗什自感扪心无愧："今于众前发诚实誓：若所传无谬者，当使焚身之后，舌不焦烂。"（我在大家面前立下诚实誓言；如果经由我而流传的经论无有乖谬，则我死后焚身舌根不焦不烂！）这是个响当当的誓言，足以让后人感戴。陕西西安草堂寺和甘肃武威鸠摩罗什寺中至今矗立的"鸠摩罗什舌塔"，就是罗什临终誓言的最好印证。

五、"实际是中国人"

本文勾勒了鸠摩罗什生命历程的大致线条，但并未细述全部罗什所译佛教经论。关于罗什身后，最值得一提的是他对中国佛教学派和宗派的影响：他主持翻译或重译的经论中，《大品般若经》、《小品般若经》和《大智度论》直接助长了中国大乘佛教般若学说的传播。《成实论》是成实宗的主要经典，《中论》、《百论》、《十二门论》是三论宗的主要经典，《妙法莲华经》是天台宗的主要经典，《阿弥陀经》是净土宗的主要经典，《金刚般若波罗蜜经》是禅宗的主要经典。在禅法和戒律方面，《坐禅三昧经》是第一部大乘禅法经典，《十诵律》是第一部完备的汉译小乘戒律，《梵网经》是第一部大乘戒律，受鸠摩罗什影响由佛陀耶舍译的《四分律》，唐以后至今仍然是汉地通行的戒律。另外，《弥勒成佛经》和《弥勒下生经》是民间弥勒信仰的经典。

另外一点也可算作赘言：僧祐和慧皎都是东晋时人，西域的"龟兹"当属"外国"，在他们看来，祖籍印度、出生在龟兹的鸠摩罗什自然是"外国僧人"，慧皎的《高僧传》也自然而然把他的传记放在"外国译经家"的类别中。但以今天的地理归属看，龟兹在新疆境内。因此，任继愈先生说："他（鸠摩罗什）实际是中国人"。

（原载《中华文化画报》2010年第7、8期）

从天台"圆教"到惠能"圆顿禅"

在《佛性与般若》之《法登论天台宗之宗眼兼判禅宗》一章中，牟宗三简别圭峰宗密"禅三种"比配"教三种"的禅教一致理论，并在此基础上重新判摄禅宗，提出了自己的禅教比配方案和禅教融通理论，纲要如下：

（一）密意依性说相教即始别教配息妄修心宗（神秀禅）。

（二）密意破相显性教即通教配泯绝无寄宗（牛头禅）。

（三）显示真心即性教即终别教配直显灵知真性宗（神会禅）。

（四）天台圆教配惠能禅，即圆悟禅或圆顿禅。①

从上述四点可知，牟宗三把五祖以后的禅宗一析为四，分别是神秀禅、牛头禅、神会禅和惠能禅，其中以惠能禅最为圆顿，可堪和天台圆教比配。"圆教"的说法见于中国佛教的判教理论，"圆"有究竟、圆融、无隔历、终极圆满等含义。牟宗三继承了判教传统，肯认天台宗的判教精神，亦以"天台圆教"为中国佛教最圆满表达。其并在天台宗判教方案基础上设计了自己的判教方案。本文拟考察牟宗三禅教判释纲要的第四点——"天台圆教配惠能禅"，看在禅教融通的大前提下，惠能禅就何种意义而言最为"圆顿"、堪称"圆悟"。

---

① 牟宗三：《佛性与般若》，吉林出版集团有限责任公司2010年版，第845页。

一、牟宗三的圆教理论及判教方案

"圆教"概念虽出自内典，牟宗三所说的"圆教"并不限于佛教，尚有儒道两家之"圆教"。牟宗三论佛教的圆教见《心体与性体》上册、《佛性与般若》下册、《现象与物自身》、《中国哲学十九讲》、《圆善论》等，尤以《佛性与般若》中之一节"对于圆教之规定"为详：

> 圆教者，圆妙、圆满、圆足、圆顿、圆实之谓也，所谓圆伏、圆信、圆断、圆行、圆位、圆自在庄严、圆建立众生。然此时相应《法华》开权显实发迹显本而成之圆教。凡圆教，笼统言之，自就佛说。然佛有三藏佛，通教佛，别教佛，不必是圆实佛。惟相应《法华》圆实佛而说者方为真圆实教。①

牟宗三并从三个方面"规定其性格"：（1）"约观法言，为一心三观，由此开出三眼、三智、三谛。""三眼"即能观之"慧眼"、"法眼"、"佛眼"，"三观"即所观之观空、观假、观中，分别对应"一切智"、"道种智"、"一切种智"，即"三智"。说空假为方便，说中为圆实。中不离空假以为中，故"即空即假即中"。无假中而不空，无空中而不假，无空假而不中。"此是般若之作用的圆当下套于一存有论的圆。"（2）"约解脱说，为圆伏、圆信、圆断、圆行、圆位、圆自在庄严、圆建立众生。"这就是所谓"不断断"，是存有论的圆，即预设"从无住本立一切法"，亦即"一念无明法性心即具三千世间法"。天台之"性具"和"华严"之"性起"正是在此分野。"性具"即"三千世间法皆是本具，皆是信德，无一更改，无一可废，无一是由作意造作而成，故皆为无作。法性必即无明而为法性"。断无明，但不断无明中之差别法，即"不断断"，所谓无明即法性，"除病不除法"。解脱必即三千世间法。"性起"即随缘不变不变随缘，即"断断"，有能所之别，须断除能覆之无明，始显所覆之真心，须断除

九界之差别，始显佛界之法身，解脱须"缘理断九"。（3）"约佛果言，即为法身常住，无有变异"，恒沙佛法佛性本具三千法，圆满佛性在"不断断"中依"一念无明法性心"而成就，而非在"断断"依真心而成就。①

牟宗三认为，天台圆教之所以为"圆教"，因其教义有一种出自《维摩诘经》的"诡谲"的义理模式，所谓"无离文字说解脱相"、"不断烦恼而入涅槃"、"不思议解脱"等，要而言之即两句话："生死即涅槃，烦恼即菩提"。这种义理模式下的天台圆教有五项特征：（1）于一切染法不离不断，于一切净法不取不着；（2）法性无住，无明无住，从无住本立一切法；（3）性具三千，一念三千；（4）性德善，性德亦恶，法门不改，佛不断九；（5）性德三因佛性遍一切处，种种不二。②

所谓"诡谲"即"非分别说"，与之相对的是"分别说"。按照牟宗三的圆教理论，"分别说"指通过分析（经验分析和超验分析）、分解的方式来建构、表达理论体系；非分别说则反之，不通过概念分析建立体系，而用指点或否定的方式使现象本身直接呈现，让主体自我领悟理论实质。牟宗三以为西方哲学大多用"分别说"的方式，而中国文化中的庄子是典型的"非分别说"的方式，但未自觉。只有佛教自觉提出"分别说"和"非分别说"的区别，牟宗三亦表达为"分解说"和"非分解"。"凡分解说者皆不融，不即，有次第，断断，有纵横，非圆诠"，"圆教是诡谲地说，凡诡谲地说者皆融，皆即，皆不次第，皆不断断，皆不纵横，故皆为圆诠"。③般若即典型的非分别说的系统。般若系统的特点是融通淘汰、荡相遣执，去除对一切法的执着但并不否定一切法，此执一除，当体如如，

---

① 何为"一念无明法性心"，牟宗三有说明："此'一念无明法性心'，从无明方面说，它是烦恼心、阴识心，它当然是妄心，但天台圆教却不分解地唯阿赖耶。从法性方面说，它就是真心，但天台圆教却不分解地唯真心。""故此一念无明法性心不是与阿赖耶妄心以及如来藏真心为同一层次上随意提出的另一交替的可能。如为同层次的另一交替可能，则不能无诤，而圆亦是各圆其圆，即非真圆。"见《佛性与般若》，第954页。

② 牟宗三：《智的直觉与中国哲学》，台湾商务印书馆股份有限公司1971年版，第319页。

③ 《佛性与般若》，第512页。

皆是实相非相。^①般若为大小乘所共通，是共法，不具有特定的教相系统。"般若之作用的圆具并非一存有论的圆具"，负"存有论的圆具"之责的，"必是在般若外之另一系之概念中。此另一系之概念即悲愿与佛性是"。^②

天台智顗大师以"五时八教"判教，"八教"中的"化仪四教"依佛说法教化众生之方式而分，有顿、渐、秘密、不定；"化法四教"依教化众生所说法的内容分，有藏、通、别、圆。藏教即小乘教，通教在智顗的表述中较为复杂，牟宗三层层分析后断为"通教只限于《中论》耳"。通教的大乘地位并不巩固，因般若是大小乘共法，犹如无色，不负大之为大或小之为小的责任。通教只限于三界内，"功齐界内，智不穷源"，未能进至第七第八识，对一切法无根源性之说明，未能至因性佛性之遍常满，未能彻法之源而达至无限之境。别教独明三界外菩萨位，以无限之境立三因佛性（正因佛性、缘因佛性、了因佛性）之遍满常，此即以"如来藏恒沙佛法佛性"这一观念，作为对一切法的根源性说明。别教有经有论且特别多。而穷法之源于第一序上不过两个系统：阿赖耶系统和如来藏系统，是分解说，故是可诤法；第二序上只有一个系统，即《法华经》之开权显实发迹显本，是非分解说，由诡谲的"即"而呈现，即圆教。

《华严经》在智顗判教系统中属于别教。和智顗不同的是，牟宗三把别教分为"始别教"和"终别教"，阿赖耶缘起系统、唯识宗是始别教，如来藏真心缘起系统、华严宗是终别教，圆教无他，惟尊《法华经》的天台宗。

而华严宗亦以本宗所尊之《华严经》为圆教。牟宗三以为，"天台之判教实比较如理如实，精熟而通透。华严之判教以及其所说之圆教是超越分解思路下的判教与圆教，天台之判教以及其所说之圆教，是辩证圆融思路下的判教与圆教，是通过那些分解而辩证诡谲地、作用地、遮诠地消融之圆教"^③。无论天台圆教抑

① 牟宗三：《中国哲学十九讲》，上海古籍出版社2005年版，第276页。
② 《佛性与般若》，第948页。
③ 牟宗三：《心体与性体》，台湾联经出版公司2003年版，第671页。

或华严圆教，智顗大师所说的"所因处拙"是"鉴定圆不圆之本质的关键"。①华严佛是佛法身自身的圆满与圆融，并不预于九法界之权事，隔绝了九法界之权境，又显出另一层次的权，此一权之隔若不融化，便无一言"圆"。华严有此隔，走的是超越分解的路子，天台恰无此隔，以诡谲的"即"而终成圆实佛。

也就是说，终别教建立了如来藏自性清净心（真心）以作为一切清净染污之法的根源性说明，但这一真心之建立方式本身已经落入分解说的窠臼，此真心或曰法性与无明的关系是不相即的关系，真心只能随缘起现一切法，不能圆具一切法。成佛的过程中，九界的差别法须随无明之断除而还灭。圆教中，恒沙佛法之存在只有依"一念无明法性心即具十法界"、"即具三千世间法"而说明，才是"无明"与"法性"相即，佛非"缘理断九"而成佛，而是即九法界而为佛，十界互融而为佛。如此则一法不得废，低头举手无非佛道。"一念执，法性即无明，则十界皆染，虽佛亦地狱也。一念不执，则无明即法性，十界皆净，虽地狱饿鬼亦佛也。此即是三因佛性无论在性或在修一是皆遍满常，而一切法亦皆一体平铺，皆圆实常住也。"②此天台圆教和华严终别教之最根本区别，对理解牟宗三的禅宗判释理论尤为重要。

二、牟宗三对天台圆教比配惠能"圆顿禅"的论证

从以上分析可知，牟宗三判圆教之为圆教有两个维度：(1)"圆教无诤法"，即一切法依"一念无明法性心"而存有，真心妄心非分别说，佛界以下九法界无一废弃，十法界全体稳住、互融无诤。这是圆教之"经"。(2)"般若无诤法"，即般若之妙用，实相一相所谓无相，从无住本立一切法，不行行，不得得，不说说，不断断，以此诡谲的方式，生死即涅槃，烦恼即菩提。这是圆教之"纬"。牟宗三正是依此"经纬"而对五祖以后的禅宗做出判释，并借着

---

① 《佛性与般若》，第440页。

② 同上，第954页。

圭峰宗密判释禅宗的框架，对其结论进行简择和诠定，在"圆教"的理论框架下把神秀禅、惠能禅、神会禅和牛头禅安置于适当位置。在洋洋八十五万字的《佛性与般若》最末，牟宗三郑重下结论："若以此为准，以之判摄禅宗，则惠能禅属天台圆教，神会禅属华严宗之别教圆教。"

南宋天台宗徒法登著有《圆顿宗眼》一卷。在《佛性与般若》之《法登论天台宗之宗眼兼判禅宗》一节中，牟宗三修正了法登以为天台宗"宗眼"是"空假中"三观的结论："圆教之所以为圆教则在'性具'，不在三观。"天台宗的"圆顿止观"之所以为圆顿正由于以性具圆教来定住，"以性具为纲，以止观为纬"。①牟宗三以为，《圆顿宗眼》另一大意图在于"笼络禅宗"。"笼络者，禅教合一之谓也。"如果说圭峰宗密是"依华严宗说禅教合一"，则法登是"依天台圆教说禅教合一"。两种判释，"究以何者为顺？"牟宗三禅宗判释正是从此问题起步的。牟宗三用四个步骤层层推进：

1. 辨析"教外别传"

牟宗三以为，达摩既属南天竺之"一乘宗"，禅宗就不能离《法华经》之"唯有一乘，无二无三"，所谓教外别传，是"教内"的"教外别传"。且"拈花微笑"和"莫逆于心，相视而笑"的心灵共契、"言语道断、心行路绝"的"无法可说"，不但佛教内部不乏此共义，"甚至是儒释道三教之所共"。②如果仅凭这种"修行人的圆证圆悟"而立宗以与他宗并列，反而"显小"。就佛教义理而言，"教外别传"不足以让禅宗独立成一宗派。

2. "神秀禅"和"神会禅"均为"如来藏自性清净心"即"真心"系

若以早期禅宗《楞伽》传心的史实而言，禅宗源自"如来藏自性清净心"一系，亦即真常心系。圭峰宗密依华严宗谈禅教合一，从这一点而言是恰切的。但史实只是外部表相，如此判释尚需义理根据。"此根据即在'即心是佛'

---

① 《佛性与般若》，第815页。
② 同上，第822页。

一语之如何讲。"①"即心是佛"预设了"心性本净",就解脱主体而言的寂知真心和妙用般若收于如来藏性上而为自性真心和自性般若,此性化了的心即真如心、法性心。反之,如来藏性因妙用般若和寂知真心而成心化了的性,曰心真如。真心真性是一,即如来藏自性清净心。"禅宗所隐含的教义而不愿多所展示者乃是如来藏自性清净心系之思想。"然而此处"禅宗"前还需加定语,即神秀禅和神会禅。神会直承惠能,宣扬顿悟成佛,在顿渐问题上和神秀分野,自不必说。然而"神会禅"得以单独拈出,必和"惠能禅"有别。别在何处?

3."神会禅"的特征:"顿悟"和"真心"

依《法华经》中的"开示悟入"、"佛之知见",若以"开示悟入"次第,则是神秀禅的渐悟;而神会依此"知见","从无住心上立'知见'"。②神会此说不破言说,言说之时即是戒定慧,戒定慧一时齐等,也算"妙解妙行",有般若的非分别说的"妙用"。问题在于《神会集》中神会所说的"'应无所住',本寂之体。'而生其心',本智之用"一句,"本智之用"即灵知,立知立见即立灵知之知见。体用二分,把"用"收于"心","无住心"有实体性的嫌疑,而"灵知之用"成了依如来藏自性清净心的依体之用。和终别教一样,这一真心之建立方式本身已经落入分解说的窠臼,预设了一"超越的分解"。牟宗三认为"顿悟"有两种,神会的路子是第二条路子:"超脱了看心、看净、不动之类的方便,直下超越地顿悟真心,见性成佛。"

4."惠能禅"可用两个标准来简别:"自性能生万法"和"无念为宗,无住为本,无相为体",引文皆出自《坛经》

若依天台宗术语,前者指真心妄心非分别说,后者指般若妙用。相对于神会禅是顿悟的第二种方式,惠能禅是顿悟的第一种方式:"超脱了看心、看净、不动之类的方便,直下于语默动静之间而平正地亦即诡谲地出之义无念无相无住之心,这就是佛了。"

---

① 《佛性与般若》,第824页。

② 同上,第826页。

对惠能禅的简别是牟宗三论证的重心所在，亦是他以天台圆教会通惠能圆顿禅的关键所在，本文拟再一析为四，理清牟宗三对惠能禅的分析路径。

1. 关于"自性能生万法"的"自性"

五祖半夜为惠能说《金刚经》，至"应无所住而生其心"，惠能言下大悟："一切万法不离自性！"遂云："何期自性本自清净！何期自性本自生灭！何期自性本自具足！何期自性本无动摇！何期自性能生万法！"牟宗三称之"六自性句"。他辨析何为"自性"："'自性'就是自己的本性（自本性），即'本来无一物'的空寂性。""但此空寂性必须通过'应无所住而生其心'始能如如地呈现。""'无住心'即般若心，非是就之分体用（空寂之体与灵知之用）而成真心即性。"此处已点出惠能禅和神会禅的差别：惠能从《金刚经》一句中悟到的"心"是"直就着无念无住着的般若清净心而无心始能见'本来无一物'的空寂性而成佛"。心即性，心性一体呈现，非神会禅体用二分的"空寂之体与灵知之用"。牟宗三以为此处宜用龙树"以有空义故，一切法得成"来理解，不可误解为"性起"。空寂性和般若心俱无所谓起不起，论"起"的是生灭心，而般若心即不舍不执、不坏假名而说诸法实相的"诡谲"的无心之心。

2. 关于"自性能生万法"的"生"

牟宗三以为，"生"切不可理解为实体性的灵知真性、真心，即性之生起，应理解为"具现"，不离谓"具"，"性在身心存"谓"现"。"自性真空"而含具万法，如虚空含万物色像，故般若空慧得以不取不舍而含万法；反之，正因般若空慧以不坏假名而说诸法实相之妙德而含具万法，自性真空亦含具万法。"何期自性能生万法"是"自性能含万法"之转语，生即无生，才有"无生法忍"。同样，惠能所言之"般若智从自性生"也不能理解为神会禅的从"灵知真性、真心即性"而生起本智之用，不能分解说，惠能只是教人通过无念，直悟自己的本心，即清净般若空慧，见自己的空寂本性以成佛。

通过上述两方面的分析论证，牟宗三其实要解决的是惠能禅如何和圆教之所以为圆教的"经"——"圆教无诤法"相比配的问题。自性含具一切法，一切法无一废弃、全体稳住、互融无诤。惠能全靠自悟，心灵透脱，出语质朴，以天台宗铺排谨严的法相义理观之未免不够严格。如果不以天台圆教来解释惠能禅，很可能以辞害意甚至迷失。而以天台圆教"一念心即具十法界"来规范和解释"自性能生万法"是最好的方案。在惠能，"心"、"性"无二，此"心"不是华严宗或神会禅的"真如心"，而是天台宗的"一念心"、"烦恼心"。正是在这个意义上，"教外别传"是教内的"教外别传"，法登故云，"别之不可"。

3. 关于"无念无住"

"无念为宗，无相为体，无住为本"可算《坛经》之核心。《定慧品》第四云："于诸境上心不染，曰无念。于自念上，常离诸境，不于境上生心。若只百物不思，念尽除却，一念绝即死，别处收生。是为大错。"惠能又有偈云："惠能没伎俩，不断百思想。对境心数起，菩提作么长。"牟宗三以为，上述正合天台宗所特重之"不断断"，和"菩提本无树，明镜亦非台，本来无一物，何处惹尘埃"似相反实相成。"不断百思想"正是般若的"不坏假名而说诸法实相"，三千宛然，即空假中。"'无念'是境界语，工夫语，不是存有论上的有无语。①若"无念"是存有论意义上的，只能算一种"断见"。"不于境上生心"即不于色声香味触法上生心，"无所住而生其心"。"无所住"就是无念，"而生其心"即"百思想"既不断也无所得，被转化为般若清净心。无念是宗旨，无住是所以实现此无念的般若工夫。

4. 关于"无相"

《坛经》云："无相者于相而无相。"无念无住是工夫，无相是无念无助的般若工夫作用下空寂体性顿然呈现。"实相一相，所谓无相"，一切法本来空如无相，识心染境起执，始有相。心不住法，道流自然不滞，离相而不坏相，法法宛然，当体即空。

把"无念无相无住"分成"无念无住"和"无相"两个部分讲，只是权且和方便。通过这两个部分的论说，牟宗三要解决的是惠能禅如何与圆教之所以为圆教的"纬"——"般若无诤法"相比配的问题。"不断百思想"也就是《维摩诘经》的"除病不除法"的精神，也就是天台宗的"无明即法性"、"生死即涅槃"、"烦恼即菩提"，"此种顿悟禅函着般若之作用的圆，而亦更恰

---

① 《佛性与般若》，第840页。

合于天台宗一念三千之存有论的圆"。反过来说,"此种性具圆教更能保证惠能的顿悟禅"①。

综上,牟宗三从圆教之为圆教的"经"和"纬"两个维度框定了惠能禅为可堪与圆教比配的"圆顿禅",牟宗三又称之为"圆悟禅"。

又,在论述过程中,牟宗三对圭峰宗密的"三教"配"三禅"的"禅教一致"判释和诠定方案做了评点和修正,这其实不是他的用力处,也不是他全部洋洋洒洒论证文字的旨归。他的目的很明确,就是要证明只有惠能禅才是和圆教理论丝丝入扣的禅法,言下之意,惠能禅才是禅宗的最高成就,和惠能禅同时的神秀禅、惠能以后的神会禅以及更往下的分灯禅,或者非"顿",或者非"圆",或者干脆每况愈下。故关于牟宗三如何修正圭峰宗密,本文不赘。

三、结语

牟宗三在《法登论天台宗之总眼兼判禅宗》一文最后总结了天台圆教和惠能禅的关系:以天台圆教规范惠能禅,惠能禅的至圆至顿才能彰显而不至于"迷失"或被"歧解";而惠能禅则是天台圆教的"简单化"、"禅行化",惠能言下大悟,"直指人心见性成佛"正是对天台圆教精神的真实印证。"迷失"一方面针对"教外别传"而言,强调禅宗所言之"教外"是"教内的教外",最终目标是"见性成佛";另一方面针对惠能以后的禅宗面貌而言,"随之而来的扬眉瞬目、擎拳、竖拂,推倒禅床,踢翻净瓶,画圆相,拨虚空,棒打,口喝,斩蛇,杀猫,种种奇诡的姿态,都是顺'无心为道'这一语而来,说穿了,即是'作用见性,当下即是'"。本来这也是圆顿禅应有的发展,是真修实证的应有之义,但不能自以为最上、"上上"而与其他言教法者相抗。"歧解"针对神会禅而言。惠能神秀的顿渐之分,少有混淆,唯惠能神会,同为"顿",然惠能"真妄"不异,即烦恼而见性成佛,不同于神会尤预设了有"真心"在,需要超越

---

① 《佛性与般若》,第843页。

烦恼而成就涅槃，两者不能等同。惠能禅和天台圆教相合，神会禅更贴近华严圆教。牟宗三没有说出来的一层意思是，若仔细甄别，惠能以后的禅宗传承，不一定都如"惠能禅"那么圆顿或圆悟，或只是贯彻了"般若的无诤法"，而淡化了"圆教的无诤法"，如上所述，或许说到底只是"神会禅"而已。要真正得惠能真传，离不开对天台圆教的学修。

牟宗三圆教理论的至高境界便是"无诤"，然而上述他的判教理论和判教方案却不能达至"无诤"。如天台和华严之争、教门宗下之争、以天台摄禅和以华严摄禅之争等等，立场不同，纷争不尽。有人以为牟宗三所说的佛教义理只是"佛教的哲学义理"，尚有着眼佛教戒定慧全部实践和教义而讲的义理；而义理之外，更有"中国佛教发展史上禅教之间相互融合的宗教实践和文化影响"。①言下之意，牟宗三有两重化约：（1）把佛教化约为哲学；（2）把佛教中的义理部分化约为纯哲学的言说。被化约掉的，是文化、历史、宗教情怀等等，总之，牟宗三把"作为佛教的佛教"化约成了"作为哲学的佛教"。

这种思路其实是把牟宗三的宗教精神又往下一路拉。佛教既言"教"，便体现了佛陀的慈悲本怀，佛陀证悟的解脱境界圆满、圆融、本不可说，只能如维摩诘居士默然以对。只要用语言言说，必然是对"圆满"的切割。"判教"其实是基于佛陀言教度众的慈悲，探索"总持"的智慧——"总持"一切佛说的价值，收摄一切佛理佛义而与佛之圆满之境如如相应。

牟宗三说惠能禅是天台圆教的"禅行化"，则天台圆教亦可说是惠能禅的"理论化"。以禅宗的立场，教义的讨论无论如何精妙，毕竟只能成教，终不能成佛。最高的佛境非语言对象，只能通过实践打通。禅宗跃过文字的曲折，直指众生存在的本质。如果说天台圆教达至理论的圆融，禅宗达到的是实践的圆融，两者相辅相成，共同成就中国佛教的圆融精神以及中国文化的圆融精神。

（原载《六祖惠能研究》，大象出版社2013年版）

---

① 白欲晓：《牟宗三禅教判释与禅教一致论探析》，《宗教学研究》，2005年第1期。

从《武溪集》看北宋韶州地区佛教概貌

一、余靖和《武溪集》

余靖出生于宋真宗咸平三年（1000），卒于宋英宗治平元年（1064），广东曲江人，曲江即古之韶州。据《宋史·余靖传》，其"少不事羁检，以文学称乡里。举进士起家"①。余靖于宋仁宗天圣二年（1024）举进士，当年任"虔州赣县尉"，从此浮沉北宋官场，官品甚高，至工部尚书，卒后由蔡襄上书而获赠刑部尚书，谥号"襄"，后人尊之"余襄公"。②明代学者邱浚曰："岭南人物首称唐张文献公，宋余襄公，二公皆韶人也。"③张文献公即盛唐开元年间名相张九龄，为家乡开凿了新的大庾岭路，使岭南地区"山高皇帝远"的状况大为改观。余靖曾为范仲淹辩诬，与欧阳修同时遭贬。仁宗时范仲淹主"庆历新政"，余靖以台谏官身份活跃于当时政坛，推动"新政"。余靖在庆历年间身兼数职，尤以外交才能见赏于皇帝，多次受命出使契丹，并为解决北宋和西夏的边患出谋划策。随着范仲淹失势，余靖二次遭贬归乡。后又获启用，平定广西、越南一带的边患。其后一度知广州。仁宗驾崩，英宗继位，拜余靖"工部尚书"。广州任满，朝廷见召北上，病逝于途中。"靖尝梦神人告以所终官而死秦亭，故靖常畏西行。及卒，则江宁府秦淮亭也。"④余靖留下为数不少的诗文，尤其贬谪归隐家

---

① （元）脱脱：《宋史》，中华书局1977年版，第10407页。

② 《宋史》，第10411页。

③ 邱浚：《武溪集原序》，摛藻堂《钦定四库全书荟要·武溪集》影印本，吉林出版集团有限责任公司2005年版，第2页。

④ 《宋史》，第10411页。

乡时。其次子编次成册，名之《武溪集》。

《武溪集》既成，时任屯田郎中的周源为之序，旌表余靖道德文章，书遂流布北宋、南宋，明时渐湮没。明宪宗成化年间，翰林学士岭南人邱浚搜之于群书，集资刊刻，《武溪集》得以再传，直至清乾隆时以纪昀为首的四库官臣精心抄校，纪昀并为之作序，收入《四库全书》集部别集类。《武溪集》有三个序，依次分别为周源序、邱浚序和纪昀序。周源序中记载，《武溪集》有"古律诗一百二十，碑志记五十，议论箴碣表五十三，制诰九十八，判五十五，表状启七十五，祭文六，凡二十卷"①。

二、《武溪集》中的"寺记"

《武溪集》卷七、卷八、卷九均以"寺记"类之，共三十一篇，包括"寺（禅院）记"、"塔铭"、"碑铭"、"传法记"、"新建（浴室、戒坛等）记"、"重修（大殿、法堂等）记"等。大部为余靖居家乡时应远近寺院托请，为寺院重要法事活动或重要建筑物撰写的铭文，或应僧人故知之邀，为他们预写的塔铭。余靖以儒入仕，固以维护先圣家业为己命；又为官多年，不乏进取，于"立德立功立言"之"三不朽"孜孜以求。不论因贬谪回乡，还是因父母丁忧回乡，余靖之定居乡里并不能算"隐居"，只能算士大夫之"出处之间"。宋以来文人士大夫普遍兼治"内典"，参禅成风，出则依名教典制平济天下，处则游心释氏庄老，独善其身，为福乡里，余靖亦不例外。据欧阳修所撰碑铭，他"自少博学强记，至于历代史记、杂家小说、阴阳律历，外暨浮屠老子之书，无所不通"②。从这三十余篇"寺记"中大致可见，余靖对于佛教的认识和立场与唐宋以来的士大夫无有大异，约之有四：（1）坚持以儒为实，以释为权，"儒以礼法御当世，使人迁善而去恶；佛以因果诲未来，使人修福而避祸"③，对佛教教化中和儒家纲

---

① 周源：《武溪集原序》，摛藻堂《钦定四库全书荟要·武溪集》影印本，第4页。
② 欧阳修：《墓志铭》，摛藻堂《钦定四库全书荟要·武溪集》影印本，第217页。
③ 《筠州新砌街记》，《武溪集》卷七，摛藻堂《钦定四库全书荟要·武溪集》影印本，第63页。

常不违，甚或殊途同归的部分很是看重。此是儒生眼界。（2）以为修道之人以"冥心而履道"为上，以"崇善以济物"其次，倾慕佛学之精微，贵重宗门之修心。此是士子积习。（3）对于民众崇佛日盛，余靖以为佛教当以慈悲济世化众导俗为本分，有感于佛门"无刑而威，无爵而劝，归之者如川之流，壅之不停，去之不竭"，时叹儒门淡薄，"世有积善而遇祸，积恶而蒙福者，虽有仁智无如之何"。（4）作为朝廷命员，尚存"排佛"情绪，对"窃佛之权，愚弄于众，财未入手，先营其私，衣华暖，居宏丽，噉甘脆，极力肆意无畏惮者"①极为反感，处处不忘拔擢品行兼优的僧才，思索如何有效管理寺庙，使佛教纳于治内。此是官宦心胸。

如果说"寺记"这些体例固定、用途明确的文章多是余靖归居乡里时作，乡情人情不能得避，则余靖任台谏官时所发生的"修开宝寺塔风波"颇能佐证以上所述。事发庆历四年（1044），号称"天下之冠"的汴京开宝寺"灵感塔"因雷击焚毁，塔基下现舍利，仁宗请入宫中，发异光，旋即送回寺里。朝廷有意重修舍利塔。余靖焦急万分，急趋宫中上《乞罢营造开宝寺舍利塔》奏章，以为此举是"割黎民之不足，奉庸僧之有余"。余靖之上疏实录于《宋史·余靖传》："五行之占，本是灾变，朝廷所宜诫惧，以答天意。闻尝诏取旧瘗舍利入禁中阅视，道路传言，舍利在内廷有光怪，窃恐巧佞之人，推为灵异，惑乱视听，再图营造。臣闻帝王之道，能勤俭厥德，感动人心，则虽有危难，后必安济。今自西陲用兵，国帑虚竭，民亡储蓄，十室九空。陛下若勤劳罪己，忧人之忧，则四民安居，海内蒙福。如不恤民病，广事浮费，奉佛求福，非天下所望也。若以舍利经火不坏，遽为神异，即本在土中，火所不及。若言舍利皆能出光怪，必有神灵凭之，此妄言也。且一塔不能自卫，为火所毁，况藉其福以庇民哉？"②余靖以为民间信佛追求神异、建塔修庙颇多靡费，实不利于儒家道德规范的确立。一些执掌佛门的僧人得不到他的信任，而信众倾平生所蓄奉佛

① 《筠州新砌街记》，《武溪集》卷七，摛藻堂《钦定四库全书荟要·武溪集》影印本，第63页。
② 《宋史》，第10408页。

奉庙，也让他觉得不利于社会安定。北宋诸儒上承韩愈的古文运动思潮，致力复兴儒学、重建儒家道统。儒教向有辟异端的传统，而佛教既从外而来，又历经繁荣，北宋士大夫、道学家自然把佛教列为最切近的异端，辟佛声浪日高。余靖之疏和前代韩愈之《谏迎佛骨表》可谓一脉相承，亦和几乎同时的欧阳修、孙复、李觏、张载等人同声相求。

余靖等一干士大夫反对修塔态度异常激烈，朝廷有所顾忌，此事暂时搁置。5年后的1049年，仁宗改元"皇佑"，趁机在原址依灵感塔原样另建了一座琉璃砖的"开宝寺塔"。值得一提的是，《武溪集》中有一多半的寺记写于1039至1049这10年间，内容无非赞颂岭南周边塔庙建设之盛。如写于事件前一年1043年的《潮州开元寺重修大殿记》如此描绘大殿装饰："金碧之饰，雕绘之巧，美梓密石，厥制备焉。"①写于事件后一年1045年的《江州庐山重修崇胜禅院记》写道："轩槛回合，凡三百余楹。雕琢金碧，皆极研丽。"②内中曲折似有未道尽处，言下之意半遮半掩。不过在1046年的《韶州开元寺新建浴室记》中，余靖赞美寺庙为周边百姓修建的公共浴室使"熏修者得以涓洁，尘垢者得以涤荡"，"至者欣欣，真兼济之事也"，③这样实实在在的事，非悲智者不能为，余靖赞颂之盖出乎真心，故该文之遣词造句较之旁文更显率真自然。1049年开封新塔落成，余靖似把万千感慨系于《韶州重建东平山正觉寺记》中："噫！佛氏之制宏矣，像有鸱屋，堂有猊座，人不以为怵；画楹而居，击钟而食，人不以为侈；天为兜率，山为补陁，人不以为诞。施者惟恐不得丰其用，匠者惟恐不能肆其巧。金仙之权，何其盛哉！"④

① 《潮州开元寺重修大殿记》，《武溪集》卷八，摛藻堂《钦定四库全书荟要·武溪集》影印本，第73页。

② 《江州庐山重修崇胜禅院记》，《武溪集》卷八，摛藻堂《钦定四库全书荟要·武溪集》影印本，第72页。

③ 《韶州开元寺新建浴室记》，《武溪集》卷七，摛藻堂《钦定四库全书荟要·武溪集》影印本，第68页。

④ 《韶州重建东平山正觉寺记》，《武溪集》卷七，摛藻堂《钦定四库全书荟要·武溪集》影印本，第69页。

　　余靖少时以文学名，写得一手好诗文。即便这些体例固定的"碑碣铭志、亭馆记引、道释观寺撰述"_(周源序)，亦是文采飞扬，其幽微处、俯仰处、提撕处、臧否处，无不妥帖。读之自有一份亲切感，北宋岭南一带的丛林寺庙、大德高僧如临目前。故《武溪集》中的寺记，虽出自儒生手，却很有效地还原了某个具体时空的佛教生活场景，不失为考察彼时彼地佛教状况的可贵凭据。

三、《武溪集》中的"韶州寺记"

　　"寺记"三十一篇中，有十二篇明确以"韶州"见于文题，可以肯定所涉寺院人事俱在韶州府辖内。现列表简要整理如下：

篇名	写作时间	写作缘起	相关寺院	相关僧人	所属宗派
韶州月华山花界寺传法住持记	1039	月华琳禅师升座	花界寺	长老月华琳	云门宗
韶州光运寺重修证真照寂大师塔铭	1040	证真照寂塔落成	光运寺	德诚、智润	不详
韶州善化院记	1040	应请作记	善化院	主修者皓隆、绍缘	不详
韶州曹溪宝林山南华禅寺重修法堂记	1041	法堂重修，凿石以记	南华寺	宝缘禅师	云门宗
韶州白云山延寿禅院传法记	1041	撰述丛林沿革	延寿禅院	实性（白云）志庠、志文开堂、（传至七代）常简	云门宗
韶州乐昌县宝林禅院记	1041	撰述沿革	宝林禅院	长老圆佑	黄梅禅宗

续上表

篇名	写作时间	写作缘起	相关寺院	相关僧人	所属宗派
韶州南华寺慈济大师寿塔铭	1042	宝缘禅师自建寿塔，应请而作	南华寺	宝缘禅师	云门宗
韶州月华禅师寿塔记并铭	1046	月华禅师自建寿塔，应请而作	白云庵	月华琳	云门宗
韶州开元寺新建浴室记	1046	延吉募捐建公共浴室，月华琳请作	开元寺	住持延吉	不详
韶州翁源县净源山耽石院记	1049	撰述沿革	耽石院	住持慧周	不详
韶州净源山定慧禅院思长老自造寿塔铭	1049	邵思长老自建寿塔，应请而作	定慧禅院	住持邵思	云门宗
韶州重建东平山正觉寺记	1049	撰述丛林沿革	正觉寺	住持得彬	云门宗（寺院前身为仰山慧寂之弘祖禅院）
备注					

以上十二则较少涉及法师禅师的教化风格、教化内容，多有关注寺庙建设、住持选拔、寺庙和周边民众的关系等，可见余靖始终未忘自己作为一介朝廷命员的社会身份，对佛界矜持有度，不远不近，常从王道治平角度旁观评点；亦可见其心中隐隐有"三无愧"标准：无愧自身操守，无愧乡人和友人，无愧朝廷皇帝，所谓"志之无愧词"。遍阅之，则可大致勾勒北宋仁宗时韶州地区佛教状况，尤其是寺院概貌和云门宗法脉的存续。

其一，韶州佛教在北宋中期颇为兴盛，寺僧数目皆可观，居岭南之最，盖佛教已然成为韶州地区的区域性传统。原因首推六祖惠能曾在曹溪宝林寺传法。而这一时期的南华寺寺产香火俱旺，又幸获高僧坐镇，"建造崇立，显扬佛事"①，堪称"中兴"。

余靖在《韶州开元寺新建浴室记》中写道："韶于岭外为望州，卢祖印心之域，故寺最多，僧最多。"②他还提供了寺和僧的统计数据："生齿登黄籍也，三万一千户，削发隶祠曹者三千七百名。建刹为精舍者，四百余区。"③余靖性情严谨，又在卸任"谏官"之后写下这些刻板的撰述文体，即便数字无以坐实，亦可信其言出有据。据推算，这意味着每70户供养一座佛寺，每10户中可能有一人出家为僧。

韶州地处粤北五岭以南，山高皇帝远，诗教所不及，又山川秀美，"浮图之居，必获奇胜之域"④，释风浩荡本在情理之中。然最重要的原因是，"曲江素号山川奇秀，而复熏以南宗之风，由是占形胜，依邑落，而树刹构舍为精庐者，差倍他境。缁衣之徒，渡江而来，不之衡庐，则之曹溪。故其挈瓶锡，勤道路，探幽深者，亦差众诸部。郡人根性好善者，复以谈空乐施为胜。其缁徒之守戒行，兴佛事，了宗乘者，各以其气相亲。"⑤余靖复比曹溪法席为圣学之"洙泗"："仲尼居鲁，而儒学之风隆于洙泗；秦皇好兵，而将帅之材出于山西。六祖开化曹溪，而塔庙之兴布于曲江。盖圣贤特出，熏而炙之，故跂高慕远者，与习俱盛也。"⑥

六祖惠能曾驻锡的南华寺，是韶州地区最重要的寺院，信众多，收入丰，

① 《韶州重建东平山正觉寺记》，《武溪集》卷七，摛藻堂《钦定四库全书荟要·武溪集》影印本，第69页。
② 《韶州开元寺新建浴室记》，《武溪集》卷七，摛藻堂《钦定四库全书荟要·武溪集》影印本，第68页。
③ 《韶州善化院记》，《武溪集》卷九，摛藻堂《钦定四库全书荟要·武溪集》影印本，第83页。
④ 《韶州白云山延寿禅院传法记》，《武溪集》卷八，摛藻堂《钦定四库全书荟要·武溪集》影印本，第73页。
⑤ 《韶州光运寺重修证真照寂大师塔铭》，《武溪集》卷九，摛藻堂《钦定四库全书荟要·武溪集》影印本，第86页。
⑥ 《韶州善化院记》，《武溪集》卷九，摛藻堂《钦定四库全书荟要·武溪集》影印本，第83页。

影响大，为四方宗仰。政府对寺院管理极为重视，尤其对选擢住持一事破费心思，多有曲折。《韶州曹溪宝林山南华禅寺重修法堂记》[①]、《韶州南华寺慈济大师寿塔铭》[②]两篇都相关南华寺，可大致理出北宋真宗仁宗年间的一段掌故：天禧四年（1020年），韶州转运使陈绛上书真宗，南华寺岁入至丰，僧徒至众，主事者却私自侵占，分享不公。希望朝廷能从名寺选派有名望的僧人来此圣地弘旨招徒。真宗应允，下诏请南阳赐紫僧普遂出任住持。普遂不负众望，仁宗继位后，遣使者到南华寺致信衣，延请普遂禅师入禁闱，便座召对。返回前夕，赐其号"智度禅师"，又赐藏经、供器、金帛等。普遂禅师特备衣楼、藏殿，以示皇帝恩宠。

普遂奉旨在湖南等地寻访高僧，据《韶州南华寺慈济大师寿塔铭》，湖南按察使推荐宝缘禅师住持南华。宝缘禅师曾住持南岳名蓝唐兴、南台、云盖，说法"黜空破有，不涉名相，临锋迅发，直示宗乘"，其说法地被誉为"禅窟"。驻南华后，"一音演说，四方流布。众中得法而去者，多为人师"，且"教门崇建，规制鼎新"，余靖赞曰："六祖之道，由是中兴矣。"[③]

其二，韶州佛教兴盛的另一个重要原因是五代十国时云门宗祖师云门文偃的道场在韶州所辖之云门山。北宋时期是云门宗弘传最盛的阶段，韶州又是该宗肇始之地，云门文偃时的南汉王朝对云门大师及其弟子礼敬有加，云门二代中很多人都在韶关周边传法。余靖的寺记中自然留下很多云门宗人弘化事迹，不乏亲历，故不失为研究云门宗史的切近可感的材料。

上述南华寺的普遂禅师和宝缘禅师都是云门宗法脉，余靖记载宝缘禅师说法"临锋迅发"即典型的云门宗风。余靖的十二篇韶州寺记中无有和云门祖庭云门禅寺相关的。查近代编纂的《云门寺志》，也没有这一时期的记录，寺院情

---

① 《韶州曹溪宝林山南华禅寺重修法堂记》，《武溪集》卷八，摛藻堂《钦定四库全书荟要·武溪集》影印本，第77页。

② 《韶州南华寺慈济大师寿塔铭》，《武溪集》卷九，摛藻堂《钦定四库全书荟要·武溪集》影印本，第87页。

③ 同上。

形不明。然余靖在《韶州白云山延寿禅院传法记》一文中对云门宗法脉有所涉及。如其所述，"延寿禅院"住持长老名常简，永嘉人，为"十方名德之选"，是"云门之嫡"实性自庠的第七代法传。余靖特意指出，实性自庠"有名《传灯录》"，然而检索大正藏，不见此名，有学者可能由此论定"实性自庠"是不见于灯录的云门文偃的弟子。然余靖文中又写道："实性大师始来居之，绝涧高风，况出物外。阴谷夏云，阳崖冬葩，故非区区林麓之所比也。古者谓穹山浚泽，必能兴云致雨，以济万民之望，故以'白云'名之。"①《景德传灯录》载："韶州白云祥和尚实性大师，初住慈光院。"②《五灯会元》有"韶州白云子祥实性大师……"③云云，《云门匡真录》略详："登门入室者，莫可胜纪。今白云山实性大师，乃其甲也。"④则余靖所谓"实性自庠"即云门文偃几十位法嗣中比较要紧的"白云子祥"。余靖略述实性大师法脉后，赞道："自实性至今七世矣。栋宇加饰焉，田畴加辟焉，仓廪加入焉，器用加给焉，徒众加进焉，远近加信焉。"⑤可见虽然韶州的云门文偃祖庭状况不明，然其弟子所创的延寿禅院香火不绝，蔚为大观。作为儒生的余靖忍不住感叹："浮屠氏托大义以承嗣，而能世广基构，至于不朽，贤于阴谋者远矣。"⑥

余靖尚有两则寺记涉及月华琳禅师，分别是《韶州月华山花界寺传法住持记》⑦、《韶州月华禅师寿塔记并铭》⑧，从各种禅宗典籍看，"月华琳"应

---

① 《韶州白云山延寿禅院传法记》，《武溪集》卷八，摛藻堂《钦定四库全书荟要·武溪集》影印本，第73页。

② 道原著、顾宏义译注：《景德传灯录译注》，上海书店出版社2010年版，第1704页。

③ （宋）普济：《五灯会元》卷十五，《续藏经》第80册，第303页。

④ （宋）守坚：《云门匡真禅师广录》，《大正藏》第47册，第575页。

⑤ 《韶州白云山延寿禅院传法记》，《武溪集》卷八，摛藻堂《钦定四库全书荟要·武溪集》影印本，第73页。

⑥ 同上。

⑦ 《韶州月华山花界寺传法住持记》，《武溪集》卷九，摛藻堂《钦定四库全书荟要·武溪集》影印本，第85页。

⑧ 《韶州月华禅师寿塔记并铭》，《武溪集》卷八，摛藻堂《钦定四库全书荟要·武溪集》影印本，第76页。

该是云门五世之"月华海林"，师承云门四世洞山自宝，更上则是三世五祖师戒法师，二世双泉师宽。此处姑以余靖文中之"月华琳"称之。余靖和月华琳禅师显然颇有交情，叙其行状甚详，还因禅师推荐为开元寺住持延吉写了《新修浴室记》。上述南华寺宝缘禅师属云门下四世，上承为三世智门光祚、二世香林澄远。月华琳和宝缘一样，都堪称"中兴祖庭"的云门功臣。月华琳也是韶州本地人，少学儒，喜谈王霸大略。学佛剃度后诗名甚高，一度被推为"文章僧"。不久即幡然悔悟："多闻亦病耳！"遂讳作词章。其师视其为法器，欲让其继席，不就，回韶关结"白莲庵"而居。然远近求学者络绎不绝。花界寺本为自相传的甲乙寺，命运多舛，一度焚毁。仁宗景佑元年（1034），漕使郑载疏名请琳法师出任住持，他遁避山洞，信众叩之累月，方黾勉以从。花界寺遂为十方寺，一时兴盛。"廪有余粮，人有余力；栋宇时构，树艺日广。江山清旷，甲于州城。由是搢绅缁素，途经江浒，无不舣舟造室，耳高论、目嘉致，人人自得而还。四方衲子奔走于路，达心要，去为人师者，数十人。"琳法师晚年避喧，退居西堂。众人以其德高，又力请他住持宝林山六祖"古道场"（疑即为南华寺），法师坚辞不就。余靖于是赞其"学于大雄氏者，道以性通，志非外循，止观无着，空有俱忘，生死不能汩其真，况富贵乎？鬼神不能窥其迹，况王公乎？"①

其三，寺庙和官府的关系一直是余靖关注的要点。从这些寺记中可见，真宗、仁宗年间，地方官会因寺庙住持主事不公、德行不高而上书皇帝要求另荐，也会亲自参与，或四方寻觅，或联合百姓疏名请出隐遁的高僧，会对寺院建设提供种种方便，甚至拨给专门资金。有些地方官吏"颇好禅学"，也会主动发掘治内有传承的寺庙恢复重建。②其中有两处政府介入改甲乙寺为十方寺的事

---

① 《韶州月华禅师寿塔记并铭》，《武溪集》卷八，摛藻堂《钦定四库全书荟要·武溪集》影印本，第76页。

② 《韶州重建东平山正觉寺记》，《武溪集》卷七，摛藻堂《钦定四库全书荟要·武溪集》影印本，第69页。

例，对研究北宋寺制颇有研究价值。

其四，寺庙和当地民众的关系亦可窥见。如上述开元寺住持延吉以头陀苦行劝募，新建浴室令周边民众定期得沐，并把河中的浮桥换成坚固的木桥，"新而维之"。余靖很是赞赏这些造福于民的嘉行，认为这是释尊慈悲设教的应有之义，更冥合孔圣之"兼济"理想。民众亦对寺庙事务倾心尽力，如韶州光运寺重修证真照寂大师塔时，"四方闻义，乐出财货，唯恐在后"[①]。

其五，尚可一提的是《韶州重建东平山正觉寺记》一文中涉及的沩仰宗法脉传承情况。仰山慧寂也是韶州人氏，17岁在南华寺披剃，时为中唐。会昌之乱后，驻锡东平山正觉寺的前身："咸通中，知宗大师慧寂再肃僧仪，恢复兹地。四方来学，缁褐千人。"[②]后前往仰山。其门人道圆继续经营，晚唐时曾获皇帝赐紫。北宋咸平元年（998年）敕赐"正觉寺"。余靖文中提到的得彬，虽法脉不详，受命修复正觉寺时倒是"寻知宗故基"，有意承续一些慧寂的沾溉。

（原载《禅宗丛林的当代实践探索》，华文出版社2013年版）

---

① 《韶州光运寺重修证真照寂大师塔铭》，《武溪集》卷九，摛藻堂《钦定四库全书荟要·武溪集》影印本，第86页。

② 《韶州重建东平山正觉寺记》，《武溪集》卷七，摛藻堂《钦定四库全书荟要·武溪集》影印本，第69页。

契嵩思想的本迹之辨
——以《夹注辅教编》为中心

一、关于契嵩："知人论世"和"依稀仿佛"

陈寅恪于"天水一朝"之学术文化情有独钟。其曰："华夏民族之文化，历数千载之演进，造极于赵宋之世。后渐衰微，终必复振。譬如冬季之树木，虽已凋落，而本根未死，阳春气暖，萌芽日长，及至盛夏，枝叶扶疏，亭亭如车盖，又可庇荫百十人矣。"①此言盖专属"史家陈寅恪"。陈亦曾述及一段不寻常的个人阅读经验。1938年寅恪携家南迁以避日军战火。徙至香港孤岛，"抱持诵读"《建炎以来系年要录》，遇"不甚可解"之处。"乃取当日身历目睹之事，以相印证，则忽豁然心通意会。平生读史凡四十年，从无似此亲切有味之快感，而死亡饥饿之苦，遂亦置诸度量之外矣。"②然寅恪一生未尝治宋史，20世纪20年代末曾有所起意并和吴宓商讨，惜无下文。二十五史以《宋史》最为卷帙浩繁，寅恪却叹曰："自来所谓正史者，皆不能无所阙误，而宋史尤甚。"③

契嵩恰好落入陈寅恪对宋史的两种判断。套用陈寅恪之言论，则天竺传入之佛教，历千载之演进，"能于吾国思想史上，发生重大久远之影响者，皆经国

---

① 陈寅恪：《邓广铭宋史职官志考证序》，《陈寅恪集·金明馆丛稿二编》，三联书店2001年版，第277页。

② 陈寅恪：《陈述辽史补注序》，《陈寅恪集·金明馆丛稿二编》，第264页。

③ 陈寅恪：《邓广铭宋史职官志考证序》，《陈寅恪集·金明馆丛稿二编》，第277页。

人吸收改造之过程"①。"自宋以后，佛教已入中国人之骨髓，不能脱离。"②作为北宋中期最重要的佛教思想家，云门宗僧人契嵩借宋儒排佛之机缘申张佛陀本怀，上达实相，下通儒释，文笔酣畅，见地精纯，护教不遗余力，令同时代文人士大夫服膺。仁宗皇帝并亲准其作入藏。读契嵩之《镡津文集》，亦不乏"豁然心通意会"之感。余英时甚至断言，"契嵩不但阻遏了古文运动的排佛攻势，而且开创了士大夫'谈禅'的风气"③。而契嵩在《宋史》中了无踪影，《宋史》之"阙误尤甚"可见一斑。

契嵩和欧阳修同年生卒（1007—1072），倘非僧人、抑或作品得传于正史和外典，契嵩之文名或可与欧阳修齐。契嵩住世时，《辅教编》一部三册、《传法正宗记》等即有刻本流传，并于嘉祐七年（1062）获准入藏，遂流布天下。殁后四年（1076），方外之交陈舜俞撰《镡津明教大师行业记》，刻碑立于杭州灵隐山。这是有关契嵩的最早的传记资料。陈舜俞是浙江嘉兴人，欧阳修门人，苏轼至交，诗文集入四库。据其记载，契嵩著述总共有六十余万言，渐流失。嵩殁后六十二年（1134），有僧释怀悟"慕其高文卓行，道迈识远"④，费尽周折，多方搜寻其遗著，获三十余万言。怀悟把除入藏的《传法正宗记》和《传法正宗定祖图》之外的文字汇编而成《镡津文集》二十卷。自此契嵩文集规模初现，后世一再增删流通。同时代人释文莹（《湘山野录》）、云门宗著名禅师大觉怀琏及稍后的苏轼等对契嵩有零星记载。南宋释普济《五灯会元》、释志磐《佛祖统纪》和释惠洪《禅林僧宝传》等留有契嵩身影，传记材料多自《镡津文集》简择而成。

对历史人物的研究无疑都是后人看前事，用后来的观念观照解释前事。方枘圆凿、强作解人自不可避免，又陈陈相因代代沿袭，有时很难分清后来认识

① 陈寅恪：《冯友兰中国哲学史下册审查报告》，《陈寅恪集·金明馆丛稿二编》，第283页。
② 吴宓著、吴学昭整理：《吴宓日记》第2册，三联书店1998年版，第103页。
③ 余英时：《朱熹的历史世界》，三联书店2004年版，第80页。
④ 释怀悟：《序》，《镡津文集》，《大正藏》第52册，第746页。

与历史本事的分界到底何在。柯文把历史析成"作为事件的历史"、"作为经历的历史"和"作为迷思（神话）的历史"，作为事件的历史是对过去的一种特殊解读，作为神话的历史是以过去为载体对现在进行的特殊解读，作为经历的历史专指历史的创造者心中或笔下的历史。①历史学家"与神话化的过去进行斗争，或者以直接经历者不知道的方式使过去之事变得清楚易懂并富有意义"，但对普通人而言，经历和神话比文献堆积的历史更有感同身受的吸引力。柯文谓之"主观的真实"。很多时候，由于研究者的偏见，作为"迷思"的历史成为隐没不彰的水下冰山，若被研究者是宗教信仰的践行者，则"迷思"可能还要算上关乎其信仰的种种"不可思议"——套用佛教觉悟者对世间的判断，那就是"颠倒"二字。其实，若不能彼此契会，在彼此眼里对方都是"颠倒"。

孟子曰："颂其诗，读其书，不知其人可乎？是以论其世也。"②余英时在《朱熹的历史世界·自序二》中写道：

> 我理想中的"知人论世"既不是给朱熹（1130—1200）写一篇传略，也不是撮述其学术思想的要旨，更不是以现代人的偏见去评价其言行。我所向往的是尽量根据可信的证据以重构朱熹的历史世界，使读者置身其间，仿佛若见其人在发表种种议论，进行种种活动。由于读者既已与朱熹处于同一世界之中，则对于他的种种议论和活动便不至于感到陌生。不用说，这只能是一种高悬的理想。……史学家诚然不可能重建客观的历史世界，但理论上的不可能并不能阻止他（她）们在实践种去作重建的尝试。这种尝试建立在一个清醒的认识之上：历史世界的遗迹残存在传世的史料之中，史学家通过以往行之有效和目前尚在发展中的种种研究程序，大致可以勾画出历史世界的图像于依稀仿佛之间。同一历史世界对于背景和世道不同的史学家必然会呈现出互

---

① ［美］柯文：《序言》，《历史三调：作为事件、经历和神话的义和团》，江苏人民出版社2000年版，第3页。

② 朱熹：《孟子章句》，《四书章句》，齐鲁书社1992年版，第48页。

异的图像，因此没有任何一个图像可以成为最后的定本。①

虽然"知人论世"实为一体两面，不可强分，若图言说方便，则余英时此处仅指出"论世"之途径，如何"知人"，陈寅恪的"了解之同情"或可为研究者引进一线光明：

> 凡著中国古代哲学史者，其对于古人之学说，应具了解之同情，方可下笔。盖古人著书立说，皆有所为而发。故其所处之环境，所受之背景，非完全明了，则其学说不易评论，而古代哲学家去今数千年，其时代之真相，极难推知。吾人今可依据之材料，仅为当时所遗存最小之一部，欲借此残余断片，以窥测其全部结构，必须具备艺术家欣赏古代绘画雕刻之眼光及精神，然后古人立说之用意与对象，始可以真了解。所谓真了解者，必神游冥想，与立说之古人，处于同一境界，而对于其持论所以不得不如是之苦心孤诣，表一种之同情，始能批评其学说之是非得失，而无隔阂肤廓之论。否则数千年之陈言旧说，与今日之情势迥殊，何一不可以可笑可怪目之乎？②

无论"知人论世"于"依稀仿佛"间也好，"神游冥想"而与古人处于同一境界终至"了解之同情"也好，俱是"高悬的理想"，心向往之而不能至。更多时候我们看到的是陈寅恪所说的另外一种情形：

> 然此种同情之态度，最易流于穿凿傅会之恶习。因今日所得见之古代材料，或散佚而仅存，或晦涩而难解，非经过解释及排比之程序，绝无哲学史可言。然若加以连贯综合之搜集及统系条理之整理，则著者有意无意

---

① 余英时：《朱熹的历史世界》，第5—6页。
② 陈寅恪：《冯友兰中国哲学史上册审查报告》，《陈寅恪集·金明馆丛稿二编》，第279页。

之间，往往依其自身所遭际之时代，所居处之环境，所熏染之学说，以推测解释古人之意志。由此之故，今日之谈中国古代哲学者，大抵即谈其今日自身之哲学者也。所著之中国哲学史者，即其今日自身之哲学史者也。其言论愈有条理统系，则去古人学说之真相愈远。[①]

克实而言，"以连贯综合之搜集及统系条理之整理"研究中国古代思想，早已成为当下学界"日用而不知"的规则；以己意进退古人之学说，有时却是孕育新见的温床。体现在对契嵩的研究，则往往先预设"佛教中国化"的先见，勾勒出一条自东汉以后佛教传入中国，与本土儒家文化不断碰撞、交融、会通的清晰的演变线索，契嵩自然被安置在这条线索中，且成为极重要的一环。若侧重形而上学，则着力讨论契嵩的"性命之说"，以期和儒家"内圣"之学会通；若侧重伦理学，则拈出契嵩之《孝论》，以期和儒家孝道理论会通。契嵩被认为是最具儒士之风的僧人，"他在入世方面已完全肯定了儒家的基本价值"[②]，援儒入佛，借佛入世，所言"皆粹然儒者言，不染佛门山林气"[③]；契嵩也被认为是佛教孝道理论之集大成者，而"佛教入世化以后……所讲的社会伦理全部是儒家伦理……他们在社会伦理上的主张与实践都浸润着儒家的观念，这就等于是在替儒家做事情"[④]。由契嵩之一斑以窥佛教之全体，有学者以为宋代佛教是儒化的佛教；钱穆断言："佛亦人文中一事耳。"

钱穆、余英时等"新儒家"以"儒本位"蠡测契嵩这个特定时代的特定人物，不失为一种人本的关照视角。然而契嵩是一位信仰笃实的佛教徒，一位要为禅宗"正本清源"的禅师，一位秉承"孤危险峻"宗风、待人严肃[⑤]的云门宗

①　《冯友兰中国哲学史上册审查报告》，《陈寅恪集·金明馆丛稿二编》，第279—280页。

②　《朱熹的历史世界》，第80页。

③　钱穆：《中国学术思想史论丛（五）》，三联书店2009年版，第54页。

④　陈来：《宗教会通、社会伦理与现代儒佛关系》，《宗教研究》，2011年第4期。

⑤　"契嵩禅师常嗔，人未尝见其笑。"（宋）苏轼著、赵学智校注：《东坡志林》，三秦出版社2003年版，第131页。

徒，一位为护教而孜孜矻矻两次上书皇帝的高僧大德。支撑契嵩的，是佛陀本
怀和大乘菩萨道行者的悲心大愿，是佛教作为宗教不同于世俗的"不思议处"。
把契嵩形塑成"慕儒"的佛徒，把契嵩为之献身的佛教信仰定义为"人文中之
一事"，不能说对契嵩有足够的"同情"。若无"了解之同情"，研究者距千年前
之契嵩，既不中且远之又远，研究他又有何益？

有关"佛教中国化"，有关"印度佛教"和"中国佛教"，有关"佛教"和
"禅"与"中国和尚"，和钱穆同为"新儒家"的牟宗三有过一段精辟发明。牟
宗三为《佛性与般若》作序时写下的这段话极易引人困惑继而深思，因其在某
种程度上推翻了"新儒家"群体给人们的惯常印象。牟曰：

> 近人常说中国佛教如何如何，印度佛教如何如何，好像有两个佛教似的。
> 其实只是一个佛教之继续发展。这一发展是中国和尚解除了印度社会历史
> 习气之制约，全凭经论义理而立言。彼等虽处在中国社会中，因而有所谓
> 中国化，然而从义理上说，他们仍然是纯粹的佛教，中国的传统文化生命
> 与智慧之方向对于他们并无多大的影响，他们亦不契解，他们亦不想会通，
> 亦不取而判释其同异，他们只是站在宗教底立场上，尔为尔，我为我。因
> 而我可说，严格讲，佛教并未中国化而有所变质。只是中国人讲纯粹的佛教，
> 直称经论义理而发展，发展至圆满之境界。若谓有不同于印度原有者，那
> 是因为印度原有者如空有两宗并不是佛教经论义理之最后阶段。这不同是
> 继续发展的不同，不是对立的不同；而且虽有发展，亦不背于印度原有者
> 之本质；而且其发展皆有经论作根据，并非凭空杜撰。如是，焉有所谓中
> 国化？即使如禅宗之教外别传，不立文字，好像是中国人所独创，然这亦
> 是经论所已含之境界，不过中国人心思灵活，独能盛发之而已。其盛发也，
> 是依发展之轨道，步步逼至者，亦非偶然而来也。何尝中国化？须知最高
> 智慧都有普遍性。顺其理路，印度人能发之，中国人亦能发之，任何人亦
> 能发之。何尝有如普通所说之中国化？一般人说禅中国化而迎之，而朱子
> 又说象山是禅而拒之。这种无谓的迎拒都是心思不广，情识用事，未得其
> 实。禅仍是佛教，象山仍是儒家。若谓有相同相似者，那是因为最高智慧

本有相同相似者。有相同相似处，何碍其本质之异耶？……我平视各大教，通观其同异，觉得它们是人类最高的智慧，皆足以决定生命之方向。①

世人皆以牟宗三为哲学家，专拿哲学方法治宗教。他出入古今中西，晚年致力佛典并专治天台。上述"尔为尔，我为我"之论，看似把儒释判为泾渭，又在究极层面上泯灭了两者之别。或曰，此时的牟宗三已然超越哲学、伦理、中西、古今一干"方法"的束缚而直面其所谓之"本质"。在佛教语境中，这个"本质"即"实相"。如东西方皆有相当影响的当代僧人宗萨蒋扬钦哲仁波切所言，"佛法之所以浩瀚、复杂、深奥的真正原因，是因为它是一个以智慧为导向的道，而非以伦理、道德为导向。它非常强调了解实相"。

若说会通，这种彻底泯灭情识超越一切差别的会通才算彻底。牟宗三没有专论契嵩的著作或文章，甚为可惜，否则他倒有可能对契嵩给予真正的"了解之同情"。作为佛门中人，护教是"天职"；何以护教？引导世人通达"实相"自是应有之义。无论"生活世界"如何纷繁复杂，无论古今线索如何交汇融贯，这是僧人思想家不变的"经"和"纲"，是"第一义"。他如何言说，如何应对不同时间不同地点的不同人群，采用儒家概念系统还是佛家概念系统，其实是"权"和"目"，是"第二义"。经权相济，纲举目张。

儒家所谓"经"和"权"，在佛教则有"本""迹"之判。本文即试图以契嵩之《夹注辅教编》为中心，分疏契嵩思想的"本"和"迹"。

二、"信解行证"：契嵩释子生涯解读

契嵩著文，气势磅礴，滔滔千里，引经据典，辩才无碍。《中庸解》、《皇极》、《非韩》等几乎用儒学范畴申张儒家义理，尤其《非韩》，可说"以子之盾攻子之矛"，若与韩愈古文并置或浑然莫可辨。以佛教修持论，文字和学问

---

① 牟宗三：《序》，《佛性与般若（上）》，吉林出版集团有限责任公司2010年版，第4—5页。

无助解脱，反而易成缠缚心性的葛藤。这种貌似"亦儒亦佛"的学问僧形象可能在当时就受到质疑："寂子（注：契嵩自号）既治其学，又喜习儒。习儒之书，甚而乐为文词，故为学者所辩。学佛者谓寂子固多心耶，不能专纯其道。何为之驳也！学儒者谓寂子非实为佛者也，彼寄迹于释氏法中耳。"契嵩为自己辩护："寂子者，学佛者也。以其所得之道寂静奥妙，故名曰'寂子'。"①然而这位坚定的佛教修持者在千年后也免不了被研究者用各种研究方法诠释其命运，而其传记材料中的一些"作为神话的历史"因难以纳入"学问"研究范围而被有意无意"剔除"，所谓"存而不论"。这些被障蔽的有时恰恰指向"真实"，指向佛法的核心。汤用彤说：

> 佛法，亦宗教，亦哲学。宗教情绪，深存人心，往往以莫须有之史实为象征，发挥神妙之作用。故如仅凭史迹之搜讨，而无同情之默应，必不能得其真。哲学精微，悟入实相，古德慧发天真，慎思明辨，往往言约旨远，取譬虽近，而见道深弘。故如徒于文字考证上寻求，而乏心性之体会，则所获者其糟粕而已。②

这段话的背后是佛学研究方法问题，此处不能展开。落实到契嵩研究，则不能因为契嵩长于以文字般若接引世人，而对他"信解行证"的释子求道生涯漠然不顾；或曰，不能仅注重其哲学思想而弃其宗教践履于不顾。契嵩盖"以翰墨为佛事"③耳。兹考察《镡津文集》中他述或契嵩自述事迹并撮其要，尤与本文所论相关者，以期彰显契嵩作为佛法修持者和佛教护持者之精神脉络和智慧底蕴于依稀仿佛间。

"童真出家"与"不坏者五"。契嵩生平中首先值得注意的是其童真出家，

---

① （宋）契嵩：《镡津文集》，《大正藏》第52册，第686页。

② 汤用彤：《汉魏两晋南北朝佛教史》，武汉大学出版社2008年版，第604页。

③ （宋）李之仝：《明教大师〈辅教编〉序》，（宋）释契嵩著，邱小毛校译：《夹注辅教编校译》，西南交通大学出版社2011年版，第1页。

且母亲于其道心的坚固和道路的择定起了关键作用。嵩生于滕州镡津县，宋时属广南西路。母钟氏。幼年失怙。7岁时，"吾先子方启手足，即命之出家。稍长，诸兄以孺子可教，将夺其志，独吾母曰：'此父命，不可易也'"①。"启予足，启予手"典出《论语》，意即临终之际。契嵩对儒家经典烂熟于心于此可见一斑。契嵩在《孝论要义》中自注，"孺子可教"指"可教训为儒生"。稍长，嵩欲四方访道，族人阻留。嵩母又言："而汝已舍家从佛，今欲往四方事务其法道，乃其便宜也，此岂可更以情爱淹滞于汝？汝今但自勉其行往矣。"②"童真出家"相对于"半路出家"，在佛教修行体系中意味着宿植德本、因缘殊胜，是成就梵行的上好根器。《持世经》中，无量光庄严王佛在因地时即"常识宿命，童真出家，修行梵行，常得念力。世世不离如是之法，世世成就不断念。然后得成阿耨多罗三藐三菩提，号无量光庄严王佛"③。天台智顗、唐玄奘、四祖道信、五祖弘忍等皆不染世缘，童真出家，戒珠圆净，戒行圆满。契嵩为秀州资圣禅院盛勤禅师塔撰写碑文，亦专门点出禅师"童真出家"④。"童真出家"在佛教语境中有重要意义，契嵩之坚定信仰和毕身成就莫不与此相关。

另一在世俗眼里有神异色彩的是契嵩临终前后之示现。南宋释惠洪《禅林僧宝传》载："熙宁五年六月四日晨兴，（嵩）写偈曰：'后夜月初明，吾今独自行。不学大梅老，贪闻鼯鼠声。'至中夜而化。阇维敛六根之不坏者三。顶骨出舍利，红白晶洁，状如大菽。常所持数珠亦不坏。"⑤释晓莹《湘山野录》载："吾友契嵩师，熙宁四年没于余杭灵隐山翠微堂。火葬讫，不坏者五物：睛、舌、鼻及耳毫、数珠。时恐厚诬，以烈火重锻，锻之愈坚。"⑥这些世俗眼里的"异象"或"神通"实乃宗教之不可或缺或曰"不思议处"。契嵩临终淡定自

---

① 《孝论·序》，《夹注辅教编校译》，第112页。

② 《夹注辅教编校译》，第112页。

③ （后秦）鸠摩罗什译：《持世经》，《大正藏》第14册，第664页。

④ （宋）释契嵩：《秀州资圣禅院故和尚勤公塔铭》，《镡津文集》，《大正藏》第52册，第715页。

⑤ （宋）释惠洪：《禅林僧宝传》，《续藏经》第79册。

⑥ （宋）释晓莹：《湘山野录》，中华书局1984年版，第50页。

知，荼毗后得肉身舍利，正好与其"童真出家"相呼应，亦契合《杂阿含经》中反复出现的"我生已尽，梵行已立，所作已作，自知不受后有"。佛教文献中此类记载比比皆是，自不容忽视，更不宜以"迷信""诞妄"而轻薄之。佛教信仰和修行实践中的种种超常经验，从某种意义而言正是佛教不共其他宗教或世俗伦理道德之处，也是佛教绵延至今的理由。无论是契嵩自述的"七岁童行"还是佛门中人强调的根身不坏，都指向一个事实：契嵩是一位真诚的佛教修行者，戒行清净，在解脱道路上勇猛精进并有所成就。无论契嵩生前写下多少文字经历多少俗世传奇，在佛教语境以及佛教徒心目中，都比不上其死后的"不坏"更能证明契嵩是个有修有证的高僧。知人论世尤其论及佛门中人，上述两点是通往"虽不中亦不远"的第一步。

"得闻龙吟"与"顶戴观音"。契嵩13岁落发为沙弥，14岁受具足戒，19岁游方。契嵩在《记龙鸣》文中记录了离家前遇到的一件事："吾年十九时，往吾邑之宁风乡，至于姚道姑之舍。道姑异妇人也，其舍在山中。留且数日，遂闻其舍之山胁，有声发于陂池之间，訇然若振大钟。如此数声，吾初怪之，顾此非有钟可声。顷之遂以问道姑。道姑肃然作而曰：'异乎！此龙吟也，闻此者大瑞，子后必好道。'"[①]外典正史一般不采信这种情节，往往归之"怪力乱神"。而对内典中如此这般记载却不应轻易掠过。所谓"感应道交"，信仰精纯，自会有天地异象感而动之。嵩离家后，"下江、湘，陟衡、庐，首常戴观音之像，而诵其号日十万声，于是世间经书章句不学而能，得法于筠州洞山之聪公"[②]。此间细处虽不可考，却传达了佛教语境下的重要信息：以学佛之"信解行证"而论，契嵩信仰笃实，义无反顾；其"行门"即持诵观音佛号，并以此实修而发慧通利，故不需按照世间通行的读书法即能贯通经书章句。"不学而能"非真的无所作为，异于常人而已。嵩于洞山晓聪处得云门法脉，恐怕证悟境界得到了印可。读契嵩文集，其文字纵横捭阖，内典外典拿来便用，触类旁通。而契嵩

---

① （宋）释契嵩：《记龙鸣》，《镡津文集》，《大正藏》第52册，第685页。
② （宋）陈舜俞：《镡津明教大师行业记》，《镡津文集》，《大正藏》第52册，第684页。

显然没有一般儒生循序渐进的经典教育经历。若非佛经中屡屡提及之"不可思议"，无法解释契嵩何以能开显如此这般的"文字般若"。

据《佛祖历代通载》，契嵩"明道间从豫章西山欧阳氏昉借其家藏之书，读于奉圣院。遂以佛五戒十善通儒之五常，著为原教篇"①。"明道"即仁宗时期的1032—1033年，契嵩25岁左右，游方已六七年。这是契嵩接触儒家经史子集的机缘。综上可推知契嵩游方十几年间，既有实修实证的受用，又有阅读内外典的体验，也有文学创作的实践，闻思修三慧俱得方便成全。

"深探佛道"与"弘法婴难"。有学者考证契嵩于1038年32岁时离开浔阳至杭州，常住灵隐寺之永安兰若，独居一室。到1051年的十几年间，契嵩"专意于习禅著书"，留恋山林安然静修，"心甚自得而尘事寡"，心地"日益清净"。②从契嵩对禅观和南宗禅传承问题的议论，可一窥其禅学造诣和楷定禅宗正脉的心意："达磨之道岂止于禅观而已矣。夫禅者静也，观者观也。圣人教初学者，使静思虑以观其道也，若达磨所传承于高足弟子大迦叶。昔如来将化以正法眼，可以言语发，不可言语到，故命大迦叶以心相传。"③《送真法师归庐山叙》中，契嵩以优美的文辞表达了佛教"诸行无常、诸法无我、涅槃寂静"的世界观和解脱观："穷达荣悴劳吾之形，谋虑得丧万端劳吾之心。人生适如一梦焉，何长与物旁礴乎世。此宜深探佛道，澄汰其神明。"④

契嵩自述："在辛卯岁甲之陈，其年自以为人请命，演法于彼山寺，不幸被贼徒所陷，遂婴缠于障难。"⑤《记龙鸣》则有"遵道行已，岂负于圣贤，而卒以弘法为庸人诬陷，遂示丑于天下"⑥。"弘法婴难"一事细节不可考，是契嵩生涯中有记载的唯一一次公开"演法"，有异于他一贯留给世人的佛门思想

---

① （宋）释念常：《佛祖历代通载》，《大正藏》第49册，第668页。
② （宋）释契嵩：《山茨堂叙》，《镡津文集》，《大正藏》第52册，第705页。
③ （宋）释契嵩：《武陵集叙》，《镡津文集》，《大正藏》第52册，第704页。
④ （宋）释契嵩：《送真法师归庐山叙》，《镡津文集》，《大正藏》第52册，第709页。
⑤ （宋）释契嵩：《孝论要义》，《夹注辅教编》第112页。
⑥ （宋）释契嵩：《记龙鸣》，《镡津文集》，《大正藏》第52册，第685页。

家和文字僧的形象，也提醒世人，作为僧人的契嵩曾尝试以各种方式弘法而非文字一途。

"上书仁宗"与"定祖正宗"。庆历（仁宗年号，1041—1048）年间，契嵩"始以文鸣道于天下"①。1049年契嵩写下《原教》，这是契嵩一系列护教论文的开篇。日后他又写就《孝论》、《广原教》、《劝书》、《坛经赞》，合成《辅教编》三卷。李屏山赞该书"文而不夸，辨而不争，诸儒尚莫能涯际，其邃处固叵测也"②。契嵩托人传书当朝宰辅，并于1058年和1061年两次从杭州进京上书仁宗皇帝。第一次上书，申张佛教和王道政治无违："若今文者皆曰：必拒佛。故世不用，而尊一王之道，慕三代之政。是安知佛之道与王道合也。夫王道者，皇极也。皇极者，中道之谓也。而佛之道亦曰中道，是岂不然哉？然而适中与正，不偏不邪。虽大略与儒同，及其推物理而穷神极妙，则与世相万矣。"③其《再上仁宗皇帝书》曰："能仁氏之垂教必以禅为其宗，而佛为其祖。祖者，乃其教之大范；宗者，乃其教之大统。大统不明，则天下学佛者不得一其所诣；大范不正，则不得质其所证。……平生窃欲推一其宗祖与天下学佛辈，息诤释疑，使百世知其学有所统也。"④此即契嵩先前考校典籍，作《传法正宗记》、《传法正宗定祖图》、《传法正宗论》凡二十卷的用意所在。应契嵩要求，仁宗敕准以上所举各书入藏流通。两次上书之间，契嵩获皇帝赐紫方袍。

以上把契嵩生平粗略分疏为四，挂一漏万。第四节涉及其行业中最要紧之处，然用文最简，因历来研究者皆着力于此，无须赘言，且下文还将论述契嵩最重要的著作《辅教编》。而一至三节颇能彰显契嵩作为出家人和佛道践行者的本色，窃以为应提撕出来做恰当审视。盖契嵩文字及思想之根基系

---

① （宋）释怀悟：《序》，《镡津文集》，《大正藏》第52册，第746页。
② （宋）李之仝：《明教大师〈辅教编〉序》，《夹注辅教编校释》，第1页。
③ （宋）释契嵩：《上仁宗皇帝书》，《镡津文集》，《大正藏》第52册，第687页。
④ （宋）释契嵩：《再上仁宗皇帝书》，《镡津文集》，《大正藏》第52册，第691页。

于此端矣。

三、"儒佛之辨"：相反相成

以陈寅恪的"知人"一途和余英时的"论世"一途，先要爬梳，史料尽可能还原一个契嵩的"生活世界"，继之冥思苦想，求与契嵩处同一境界；继之考察契嵩所言所论所关怀，对其不得不如此做、不得不如此说表一种同情。若能成就此种理想，研究者和被研究者自然各得其所，相互成全。这是"相辅相成"。然而陈寅恪屡屡提及"相反相成"。其论及宋学时作如是言："至道教对输入之思想，如佛教摩尼教等，无不尽量吸收，然仍不忘其本来民族之地位。既融成一家之说以后，则坚持夷夏之论，以排斥外来之教义。此种思想上之态度，自六朝时亦如此。虽似相反，而实足以相成。从来新儒家即继承此种遗业而能大成者。"陈以为，佛教和新儒家产生到底是什么关系，其间尤有"未发之覆"①。北宋诸儒上承韩愈的古文运动思潮，致力复兴儒学、重建儒家道统。儒教向有辟异端的传统，而佛教既从外而来，又历经繁荣，至宋，佛教思想家"对于重建秩序的关怀与一般儒者完全一致"②。北宋士大夫、道学家自然把佛教列为最切近的异端，辟佛声浪日高。以"相反相成"而论，"辟佛"一事既让儒士道学家有机会学习了解佛教，又给了契嵩一个宣扬佛法的机会。时势造人，两者可谓彼此成就。契嵩于彼时彼地"做"了什么，又"说"了什么？以何因缘其"不得不如此做"又"不得不如此说"？"方便言说"指向何处？今以《夹注辅教编》为例一窥契嵩思想的"本迹之辨"。

如前所述，契嵩1057年将《原教》、《劝书》、《广原教》、《孝论》、《〈坛经〉赞》编为一书，名《辅教编》。契嵩自贵重，上书并寄献给上层士大夫，又"自抱其书，西驱而来，愿进诸天子"③。排佛甚力的欧阳修经韩琦推荐读后

---

① 《冯友兰中国哲学史上册审查报告》，《陈寅恪集·金明馆丛稿二编》，第279页。
② 余英时：《朱熹的历史世界》，第81页。
③ （宋）释契嵩：《再上韩相公书》，《镡津文集》，《大正藏》第52册，第692页。

叹曰:"不意僧中有此郎也!黎明当一识之。"①1062年,仁宗终将《辅教编》及《传法正宗记》"诏付传法院编次"②,赐契嵩紫方袍和"明教大师"称号。《辅教编》编成后,契嵩恐人不悉其意,自注释之,此即《夹注辅教编》。《夹注辅教编》未入《大正藏》,版本流传情况较复杂,见之不易,研究者寡。2011年出版的邱小毛著《夹注辅教编校释》为这一重要文献做了精详考订和校勘,遂开研究契嵩的方便法门。

契嵩一生大部均值仁宗朝,仁宗信佛,士大夫甚或以其"佞佛"。汴京寺院众多,宋室南迁前约有九十所,大寺院皆有皇室大臣支持。③一面是皇室王公贵族兴建塔庙,热衷佛事、用度靡费,一面是普通信众倾其所蓄奉佛奉庙,一面是契丹屡屡进犯,靖边资费庞大,国库亏空加剧。许多朝廷官员和士大夫极为不安,效仿韩愈,迁怒佛教,进书辟佛。如《宋史》记载,庆历四年 (1044) 号称"天下之冠"的汴京开宝寺"灵感塔"因雷击焚毁,塔基下现舍利,仁宗请入宫中。舍利发异光,旋即送还。朝廷因此有意修新塔安置舍利。时任台谏官的余靖"急趋宫中",上《乞罢营造开宝寺舍利塔》奏章,以为此举是"割黎民之不足,奉庸僧之有余"④。余靖曾随范仲淹改革遭贬,与欧阳修亲善。值得注意的是余靖对佛教的态度还有另外一面。余靖文集名《武溪集》,卷七、卷八、卷九均以"寺记"类之,大部为余靖居家乡曲江 (今广东韶关) 时为寺院法事作之记、为方外之友预写之塔铭。余靖赞叹佛门"无刑而威,无爵而劝,归之者如川之流,壅之不停,去之不竭",嗟叹儒门淡薄,"世有积善而遇祸,积恶而蒙福者,虽有仁智无如之何"。他以为儒佛二教实不相违:"儒以礼法御当世,使人迁善而去恶;佛以因果诲未来,使人修福而避祸。"余靖亦颇倾慕佛学之精微,贵重宗门之修心,以为修道之人当"冥心而履道"为上,"崇善以济物"其

① (宋) 释怀悟:《又序》,《镡津文集》,《大正藏》第52册,第747页。
② (宋) 陈舜俞:《镡津明教大师行业记》,《镡津文集》,《大正藏》第52册,第684页。
③ 黄启江:《北宋佛教史论稿》,台湾商务印书馆股份有限公司1997年版,第100页。
④ (元) 脱脱:《宋史》,中华书局1977年版,第10407页。

次。他真正反感的，是那些"窃佛之权，愚弄于众，财未入手，先营其私，衣华暖，居宏丽，啜甘脆，极力肆意无畏惮者"①。

余靖官职不低，尚不算一流思想家。庆历时，更有声望的文人学者是欧阳修、孙复、李觏、张载等，排佛最力的石介已经去世。借余靖一例约略可知仁宗时的佛教面貌：（1）当朝皇帝确有"佞佛"倾向，靡费过度，这给某些"庸僧"以可乘之机，给朝廷官员以攻评佛教的口实；（2）这也带给儒家知识分子维护"道统"的焦虑，他们担心以儒家"三纲五常"为核心的王道政治和伦理规范从上到下被佛教篡改；（3）于公固然如此，于私，则一些文人士大夫并不反感教下尤其宗门的心性之说，甚或安顿身心于其中——和历朝相比，宋代士大夫参禅成风可资佐证，对高僧大德的懿言嘉行亦赞颂有加，对佛门慈悲敦风化俗的事实亦不至全然否认。换句话说，热心佛事的是皇帝和普通民众，"因果报应"表现为民俗形态的"种福田，求福报"，他们不关心佛教义理，关心义理的是儒家知识分子，然而真正深入研究者少，误读和误解不断产生，他们辟佛有时候是误打误撞，"以己意进退佛说"，真正的忧心在于儒学不振，自家生命无处措置。无由"可参"，只好参禅成风。余英时早就指出，不可"把这一类的论辩看得太认真"，"张载、二程所继之'韩'和所辟之'佛'早已辗转经其前及同时士大夫之手，间接而又间接"。②这可视为契嵩写作《辅教编》时的"言说背景"，契嵩要正本清源，开显佛陀本怀，妥善安置佛理、佛教。可以说，士大夫所谓"辟佛"给契嵩这样的佛教思想家提供了普及佛法护持佛教的机会，反之，则契嵩也给"道学家"谈心论性提供了契机。同时代人陈舜俞描述了这种局面："遇士大夫之恶佛者，仲灵无不恳恳为言之，由是排者浸止。而后有好之甚者，仲灵唱之也。"③

---

① （宋）余靖：《筠州新砌街记》，《武溪集》卷七，摛藻堂《钦定四库全书荟要·武溪集》影印本，吉林出版集团有限责任公司2005年版，第63页。

② 余英时：《朱熹的历史世界》，第74页。

③ （宋）陈舜俞：《镡津明教大师行业记》，《镡津文集》，《大正藏》第52册，第684页。

四、本迹之辨：以《夹注辅教编》为例

先看《二程遗书》中两条材料："退之晚年为文，所得处甚多。学本是修德，有德然后有言，退之却倒学了。"[①]"谈禅者虽说得，盖未之有得。其徒亦有肯道：佛卒不可以治下国家者，然又须道：得本则可以周遍。"[②]儒佛二家均言"本"，然此"本"非彼"本"。儒家的"本"即"仁道"。儒家自孔子以来即留意修齐治平和礼乐刑政，汉唐诸儒更是重名物训诂和典章制度，罕言"本体"。及至宋儒，始求垂教之本原于心性，求心性之本原于宇宙。宋儒和佛教的关系众说纷纭，具体到契嵩时代的儒佛争辩，余英时通过对史料的精细考订得出结论："北宋儒佛之争的真关键不在于'出世'、'入世'这些表面说辞，而在于谁的'道'应该成为重建秩序的最后依据。"[③]

《辅教编》以《原教》开篇，显见是对应韩愈之《原教》。契嵩自注："原者，本也，……吾适用此原本字以命题者，特欲推本先圣设教之所以然也。"关于"教"，契嵩曰："教有世间教，有出世间教，其教字虽同，而为义则异。"[④]以下他洋洋洒洒引征《白虎通》、《易》、《舜典》、《老子》、《庄子》、《艺文志》一干儒道典籍阐明两家之"世间教"为何。而佛教"则圣人被下之言为教，乃吾佛所垂，开导向下一切众生，能诠二谛之理"。他把佛之"教"略作分疏："然此诸修多罗教，亦自有世间、出世间者，有大乘有小乘，有顿有渐，有权有实，有偏有圆者。""顿渐"、"权实"、"偏圆"这些对举的概念俱是天台宗和华严宗的判教工具，契嵩在此节中两次提及天台智顗大师，并专门引用了一段智顗大师的判教论断："从初转法轮经至大涅槃结修多罗藏，此只是约心生灭说四圣谛，即是法归法本之义也。"[⑤]契嵩未明此从何出，经核，出自智顗《维摩经玄

---

① （宋）程颢、程颐著，潘富恩导读：《二程遗书》，上海古籍出版社2000年版，第283页。
② 《二程遗书》，第75页。
③ 余英时：《朱熹的历史世界》，第76页。
④ 《夹注辅教编校译》，第2页。
⑤ 同上，第3页。

疏》。他考察《楞伽唯识论》_(实为天亲造《唯识论》)、《长阿含经序》_(僧肇著)等经论后，厘清所谓"修多罗"此翻"善语教"彼谓"阿含"，"《长阿含经序》'阿含秦言法归'，与智者顗师谓修多罗翻为法本、法归并同"。①按照契嵩理解，"阿含"是否统大小乘，说法众多 ，其义未决。然就"梵语"译为"秦言"的情况看，"阿含"即"修多罗"，即"善语教"，即"法本、法归"。也就是说，不管大乘小乘、世出世间，凡佛陀所垂之"教"，都本于法、归于法。契嵩又说："今《原教》等，大率推本乎圆顿大乘一实之教，乃世出世间一切教，妙极之教也；兼较乎小乘若渐若权之教，所谓人天乘者也，表此乘与世儒之教略同，显吾小乘具有儒五常之义，使世学士识佛之大权大教之意无不在者也，故谓《原教》。"②

契嵩用了千余字为"原教"二字作注，用力不可谓不勤。从引用经论看，他受僧肇和天台智顗影响较大，而僧肇和智顗均曾注疏《维摩诘经》，所谓"本迹"、"权实"这样的诠释佛经开显佛意的方便工具，亦和天台宗所尊之《法华经》息息相关。僧肇《注维摩诘经序》将《维摩诘经》所说之"不思议"分为二门："此经所明统万行则以权智为主，树德本则以六度为根，济蒙惑则以慈悲为首，语宗极则以不二为门。凡此众说皆不思议之本也。至若借座灯王、请饭香土、手接大千、室包乾象，不思议之迹也。""非本无以垂迹，非迹无以显本。本迹虽殊而不思议一也。"③丁福宝《佛学大辞典》："本迹之说原为罗什门下所唱，后智顗转用其义，解释《法华经·寿量品》的经文。"《法华经》"除本垂迹"、"开迹显本"，智顗判其为"圆教"。另智顗在《维摩诘经玄疏》卷六云："所言本迹者，本即所依之理，迹是能依之事。事理合明故称本迹。……是则由所依之理本有能依之事迹。寻能依之事迹得所依之理本。本迹虽殊，不思议一也。"他并于此疏中列"五重本迹"，分别是："一约理事明本迹、二约

① 《夹注辅教编校译》，第3页。
② 同上，第4页。
③ （后秦）僧肇：《注维摩诘经序》，《大正藏》第38册，第327页。

理教明本迹、三约理行明本迹、四约体用明本迹、五约权实明本迹。"①于《法华玄义》中列"六重本迹",在前五重之后又加"今已本迹"。②契嵩此节开宗明义,虽未及言"迹",然《原教》稍后章节有论:"迹出乎理,而理祖乎迹;迹末也,理本也,君子求本而措末可也。"③本外现于迹,迹内依于本,有本即有迹,本迹不能分离。他实际上循僧肇和智顗的路数,搭建了一个"道本教迹"的诠释框架,以方便安置教理和教化。

依如此进路,接下来契嵩应该对"本迹"问题展开讨论,但"本迹"过于抽象,契嵩作文以弘法为鹄的,要顾及不同人群,故他在行文策略上又把"本迹"的问题转化为"性情"的问题,如《原教》第一句开门见山:"万物有性情,古今有生死。"《法华玄义》云:"一约理事明本迹者。此经云:从无住本立一切法。今明不思议理事为本迹者,理即不思议真谛之理为本,事即不思议俗谛之事为迹。由不思议真谛之理本,故有不思议俗谛之事迹。寻不思议俗谛之事迹,得不思议真谛之理本。是则本迹虽殊,不思议一也。"④依智顗的天台圆教理论,不思议真谛理为本,即无明无住,无明即法性,以法性为本立一切法;不思议俗谛事为迹,即法性无住,法性即无明,以无明为本立一切法。牟宗三云,"此法性是一切法趣空之法性","此无明不是'断断'中之无明,而是'不断断'中之无明"。⑤契嵩有吸纳天台理论的倾向,他自注《原教》首句的段落里有如是表述:"由此一念无明心起,即有能有所,内既所成,识想纷然,外之所成,乃有风轮,有金轮,有火轮,有水轮,结为山石,抽为草木。"⑥然同一节他又把"本觉真性"作为"万法所依之体"。这又显见是华严和禅的以真心觉性为本,和天台的本于妄心有别。《夹注辅教编》最常引用的佛经是《大般

① (隋)智顗:《维摩经玄疏》,《大正藏》第38册,第545页。
② (隋)智顗:《法华玄义》,《大正藏》第33册,第764页。
③ 《夹注辅教编校译》,第11页。
④ 《法华玄义》,《大正藏》第33册,第764页。
⑤ 《佛性与般若(下)》,第544页。
⑥ 《夹注辅教编校译》,第4页。

涅槃经》，最常引用的论是《大智度论》。作为禅宗云门宗徒，契嵩和天台学的关系、和华严学的关系以及他学习经论的脉络，还有待进一步研究。

契嵩先把"本迹之辨"转化为"性情之辨"。如《法华玄义》所述，"本迹"问题亦可转化为"真俗"、"世出世间"的问题。《广原教》开篇，契嵩曰："惟心之谓道，阐道之谓教。教也者，圣人之垂迹也；道也者，众生之大本也。甚乎群生之谬其本也久矣。"①则"本迹"又转化为"道教"，而"道"又归之于心。"心性"遂成为契嵩构建的一套阐述和论辩体系的核心。契嵩撰书作文的直接目的不外乎三："正"则申张佛理，"反"则"解当世儒者之訾佛"，②"合"则会通儒佛，并在言说的过程中使佛理之广大、高明自然呈现。作为"方便舟筏"，"心性之说"可藉以发明佛法之最精微处；"真俗之辨"可抵御儒者所谓释氏之学"以天地为妄"；"性情之辨"则不仅驳儒以佛为"无情"，且圣人的"不情而情"——慈悲是比"仁"、"爱"、"亲亲"更广大深远的情怀，化俗导情、拔苦与乐，在伦理教化领域具有无与伦比的摄受力。当然如此分疏契嵩也是取一种方便，其《原教》和《广原教》很像简明版的"佛法要论"，着重基础工作，而非一门深入、专题创发。"性情"是三教共有的概念，然名虽同，实则有所异。从"求同"向外生发，可增广彼此认同感，达至可能的会通；从"辨异"向外生发，则不失自家体用。且"情"或"无情"关涉生死话题，最易和大众日常生活产生关联，可堪作为把高深义理过渡到道德伦理的舟筏。兹以"性情之辨"为例一窥契嵩之"本迹之辨"，看契嵩如何达到上述三个目标。

"性寂情动"。契嵩在《原教要义》起始就对"性"和"情"作出了规定："性者寂静不动，人之资质者也，亦其本觉者也；情者感而遂动，人之欲者也，亦其不觉者也。不动出动，本觉出不觉耳。就世教论之，则寂静资质者都是万物之体也；就吾出世教论之，则本觉真性亦都是万法所依之体也。"③佛教

---

① 《夹注辅教编校译》，第51页。
② 同上。
③ 同上，第4页。

"本觉"、"不觉"理论架构的经典表述见《大乘起信论》："依本觉有不觉，依不觉说有始觉。""本觉"、"始觉"、"不觉"之间的关系是：不生灭与生灭非一非异，合为阿赖耶识。此识能摄一切法，即"本觉"义。"本觉"所照之无生灭境，不变常住，本来寂静，是如来之智慧德用，谓"佛境"。此识亦能生一切法，即"不觉"义。"不觉"所引之生灭境，迁流无常，生死轮回，是凡夫之忧悲苦恼，谓"凡夫境"。"始觉"是从不觉到本觉的发露过程，是凡夫觉悟成佛的修证过程，是"返本还源"的自证和内证工夫。《大乘起信论》用"无始无明"描述现象世界的产生，"无明风动"，"真如性海"顿起波澜，遂生万法。性本寂，感而有情，遂有分别，有欲，有烦恼。然以对"中道"的体认，则性和情的关系是"不一不异"，"如海水与波，非一非异。波因风动，非水性动。若风止时，波动即灭，非水性灭。众生亦尔"。[1]契嵩自注《广原教》第四篇时，多次提及《大乘起信论》，他对"性情"的阐发显然本于《大乘起信论》。

"性无善恶"。契嵩把"性"楷定为人的资质，即人之所以为人的究极理由和最终归趣，把"情"楷定为人的欲望，即种种世间相、种种无明烦恼产生的缘由："夫情也，为伪、为识，得之则为爱、为惠、为亲亲、为疏疏、为或善、为或恶。失之则为欺、为狡、为凶、为不逊、为贪、为溺嗜欲、为丧心、为灭性。夫性也，为真、为如、为至、为无邪、为清、为静，近之则为贤、为正人，远之则为圣神、为大圣人。"[2]性真情妄，性寂情动。如来性德"真正而无邪"、"寂静而无生无灭"，则性无善恶；而"情之过者，则能为妄伪，为识想。……亦为亲其亲，为疏其疏；亦为或善事，为或恶事"，故情有善恶。[3]"性情"作为儒家传统论域始自先秦诸子。孔子罕言性，孟子、告子、荀子有性善性恶之争。董仲舒析"性情"为二，以性善，以情恶。扬雄则以性兼善恶。韩愈李翱主复性灭情。契嵩认为，儒家无论怎么谈性论情，皆只局限于世间法，

---

① 马鸣造：《大乘起信论》，（梁）真谛译，《大正藏》第32册，第585页。
② 《夹注辅教编校译》，第64页。
③ 同上。

就人性而论人性，就人情而论人情，"天下不信性为圣人之因，天下不信性为圣人之果。天下惑性而不知修性，天下言性而不知见性。不信性与圣人同因，自昧也；不信性与圣人同果，自弃也。不修性，性溺惑也；不见性，其言性非审也"。"说性而不务乎因果修证四法，其于自己真性，果然得效验明白耶？"①至此契嵩所言之"性情"已经和儒家分道扬镳且隐含了高下之分。

契嵩对儒佛二家有一个基本判断，即佛是"神道设教"，儒是"人道设教"："夫欲人心服而自修，莫若感其内；欲人言顺而貌从，莫若制其外。制其外者，非以人道设教则不能果致也；感其内者，非以神道设教则不能必化也。"而"佛圣人为重人族，其所以推善而欲增益之也；佛为重神性之道，亦所以推性而欲继嗣之也。""善不修则人道绝矣，性不明则神道灭矣。"②情关善恶，情属世间法。儒家教人除恶迁善，亦仅溺于"情"，是在人类"情识流转"的前提下言伦理教化。而情为性之所生，性为情之能生，情识既起，真性隐没，一心所开之心真如和心生灭二门，仅剩心生灭一门，此妄情状态和"至实之道"相悖，成人尚可疑，遑论成佛。只有从性起修，方能所怀者远，见自家真性和佛性无异，寂灭情识，方为跳脱生死的究竟之途。"为善之法若不修理，则天人之道断绝矣；真性之理若不明悟，则神明之路隐灭矣。"③一言以蔽之，即儒佛二教都教人向善，儒家以情设教，在乎一世生死之间，其善是局于世间之善，未离情识，未达根本；佛家以性设教，其不废世间而趣向出世间，通乎三世之际，出拔生死之表，是比儒家更加究竟圆满、更广大悉备的教化。

"情而不情"。谢良佐曾列举儒佛相同处请教程颐。伊川先生回答得很干脆："恁地同处虽多，只是本领不是，一齐差却。"④如何"本领不是"，和契嵩同活跃于庆历朝的张载有言："释氏妄意天性，而不知范围之用，反以六根之微因

---

① 《夹注辅教编校译》，第102页。
② 同上，第83页。
③ 同上，第85页。
④ 朱熹、吕祖谦编，查洪德注译：《近思录》，中州古籍出版社2009年版，第423页。

缘天地，明不能尽，则诬天地日月为幻妄，蔽其用于一身之小，溺其志于虚空之大，此所以语大语小，流遁失中。"①张载以为天地由先于天地的理所陶铸、裁定，非如释氏所言是人心的幻象。释氏或沉溺虚空、放浪玄远，或修一己之身心，偏蔽一隅。这些都是或过或不及，有违圣人教导的中庸之道。"此人伦所以不察，庶物所以不明，治所以忽，德所以乱。"②他们以为释氏或跳出天地，或退守一己，唯独毁弃天地之间的人伦四大。程颢说得更明白："道之外无物，物之外无道。是天地之间，无适而非道也。即父子而父子在所亲，即君臣而君臣在所严，以至为夫妇、为长幼、为朋友，无所谓而非道。此道所以不可须臾离也。然则毁人伦、去四大者，其外于道也远矣。"③儒家也有玄远的价值关怀，那就是"天人合一"。而"天人合一"要落实在具体的现实人生，具体的现实人生又建立在人伦关系之上，人伦关系则通过"三纲五常"来安排妥帖。"三纲五常"既肯定人性和人情，又对人性人情进行规范和节制。与此相反，沙门"削发毁形"、"无君无父"、"捐家财、弃妻子"，不可不谓"佛道绝情"。

契嵩提出了"佛行情而不情"的命题。这可谓"首唱"，此前未之有。契嵩设计了一系列问答：

> 曰："谓佛道绝情，而所为也如此，岂非情乎？佛亦有情邪？"
>
> 曰："形象者举有情，佛独无情邪？佛行情而不情耳。"
>
> 曰："佛之为者既类夫仁义，而仁义乌得不谓之情乎？"
>
> 曰："仁者何？惠爱之谓也。义者何？适宜之谓也。宜与爱，皆起于性而形乎用，非情何乎？就其情而言之，则仁义乃情之善者也。情而为之，而其势近权；不情而为之，而其势近理。性相同也，情相异也。异焉而天下鲜不竞，同焉而天下鲜不安。圣人欲引之其所安，所以推性而同群生；

---

① 《近思录》，第423页。

② 同上，第425页。

③ 同上，第415页。

圣人欲息之其所竞，所以推怀而在万物。谓物也，无昆虫，无动植，佛皆概而惠之。不散损之；谓生也，无贵贱，无贤鄙，佛皆一而导之，使自求之。推其性而自同群生，岂不谓大诚乎？推其怀而尽在万物，岂不谓大慈乎？大慈，故其感人也深；大诚，故其化物也易。"①

结合《辅教编》其他论性论情的段落，契嵩之"情而不情"可以从三个方面理解：

其一，"情而不情"指向佛教的中道法，世出世间不二、无碍。《杂阿含经》第53经，有婆罗门问证悟后的佛陀："沙门瞿昙，何论何说？"佛答："我论因，说因。"婆罗门又问："云何论因，云何说因？"佛答："有因有缘集世间，有因有缘世间集；有因有缘灭世间，有因有缘世间灭。"②前两句指生死的流转；后两句指涅槃的还灭。所谓中道，一面是"此有故彼有，此生故彼生"，有无明就有行，以至有生老病死忧悲苦恼集，"如实正观世间集者，则不生世间无见"；一面是"此无故彼无，此灭故彼灭"，如无明灭则行灭，以至生老病死忧悲苦恼灭，"如实正观世间灭，则不生世间有见"。③此一体两面，兼顾流转还灭，打通世出世间。

其二，"情而不情"指向基于缘起法的平等观。缘起法亦可表述为"诸行无常、诸法无我、涅槃寂灭"之"三法印"，性海常寂，情识流转，然"情性一如"，同归第一义空。证悟诸法实相、缘起性空，则必生诸法如如的平等观，则有情世间的一切，"无贵贱"、"无闲鄙"。

其三，"情而不情"是佛性之"大慈大悲"的另一种表达。《大般涅槃经》："大慈大悲名为佛性。"④慈即与一切众生乐，悲即拔一切众生苦。

① 《夹注辅教编校译》，第14—15页。
② 中国佛教文化研究所点校：《杂阿含经》上册，宗教文化出版社1999年版，第39页。
③ 《杂阿含经》中册，第773页。
④ （北凉）昙无谶译、宗文点校：《涅槃经》，宗教文化出版社2011年版，第518页。

"慈有三缘，一缘众生，二缘于法，三则无缘。悲喜舍心亦复如是。……众生缘者，缘于五阴愿与其乐，是名众生缘。法缘者，缘诸众生所须之物而施与之，是名法缘。无缘者，缘于如来，是名无缘。"①众生缘慈悲局限于有情感依托的亲疏关系，亲其亲，疏其疏，有对待，有区别；法缘慈悲依托于理性，有条件，有判断。无缘慈悲是证得缘起空观后真正体认众生平等，亦对众生之苦感同身受，从而发生利乐一切众生、济拔一切众生的无量心。以契嵩的表述，便是"推其性而同群生"。

"佛行情而不情"在契嵩整个论说体系中非常重要，有类道路之枢纽：上则通达佛性、涅槃寂静的解脱之境和佛教与外道不共之所在——缘起性空。缘起法是重重关系，是"有"，空则通达一切法的无自性，体现平等一如的法性——众生平等，生佛无二，一切众生都有成佛的可能性。"佛欲引导众生同趣其所同之道、清净安乐之处，故推广其所证诸法实性，谓与众生本同也。"下则不废万有，不弃一法，"佛俯推其圣性，甘同众生之卑微，岂得不谓佛有至实大信之胜德乎？佛推其无缘至慈之心常在乎众生，岂得不谓佛有大慈之胜德乎？有此大慈，故自然交感入人心之深冲也；有此至诚大信，故自然交感致人自化之速疾也"②。

契嵩自况"以实相待物，以至慈修己"，并为此条自注："唯以真实一相之法接待于人物，以广大极慈而慎修于其心也。以是之故，在于天下之人也，能必然和同，能普行恭敬。盖如其实相之理，佛与众生平等而然也。"③契嵩又自况："余志在《原教》而行在《孝论》。"④其所谓"志"，即通达实相；其所谓"行"，即"佛行情而不情"的"行"。契嵩把大乘佛教中勾连世出世间、真俗二谛的核心理念"慈悲"转化为对"情而不情"的阐发，至少有三项成效：其

---

① 《涅槃经》，第239页。
② 《夹注辅教编校译》，第15页。
③ 同上，第90页。
④ （宋）释契嵩：《与石门月禅师》，《镡津文集》，《大正藏》第52册，第701页。

一，在儒释都反复讨论的"性情"问题上启动论辩，有助于彼此理解沟通；其二，从最根本处申张佛理，澄清从皇帝到庶民的社会各阶层对佛理的误解；其三，通过对"慈悲"的阐发，把儒佛两家彻底区分开来，因为支撑儒家修齐治平的"仁义"充其量只是"情之善者也"，"徒守人伦之近事，而不见乎人生之远理"，①"无缘大慈"是比"仁义"更高远的境界和更宽广的情怀。至此，契嵩通过"性情之辨"，通过"性寂情动"、"性无善恶"和"情而不情"这三个支点，成功抵达本文前所提及的三大目标：求同、辨异、益于伦理教化。

五、结语

释怀悟为契嵩一生著述作了一个梳理总结："所著书，观当世士大夫不顾名实，而是己非他也，乃作《辅教编》；学者亡孝背义，循养其所欲也，乃作《孝论》；尚绮饰辞章而不知道本也，乃作《坛经赞》；苟合自轻而不自上以德也，乃题远公影堂文；志其所慕，以讽末世之华侈也，乃作《山茨堂序》；因风俗山川之胜，欲抛掷才力以收其景趣也，乃作《武林山志》。其明圣贤出处之际，性命道德之原，典雅详正，汪洋浩渺，尤为博瞻，总号之为'论原'。"②释怀悟不愧为"知人论世"者，契嵩著述遂得以安置，契嵩心意遂得以发明。

契嵩经常被置于北宋诸儒辟佛的历史语境中来分析讨论，契嵩的"形象"也相应变成了"儒化的僧人"、竭力会通儒佛义理的僧人和迎合佛教伦理观与统治秩序以为佛教争取地位的僧人。这些判断的背后都隐含了"儒本位"的先见，未对契嵩有"同情之了解"，未明契嵩言说的"言意之辨"和"本迹之辨"。本文试图建立一种"知人论世"的叙述框架，在佛教语境下发覆契嵩作为一个护教僧人的真实情怀。本文以为，契嵩从童真出家始，便是一个信仰坚

---

① （宋）释契嵩：《非韩上》，《镡津文集》，《大正藏》第52册，第726页。
② （宋）释怀悟：《又序》，《镡津文集》，《大正藏》第52册，第747页。

定、戒行纯正的佛教修行者，他所做的一切，俱是为了弘法护教。他的所有文字，核心只有四个字，即"实相"和"至慈"，所谓"以实相待物，以至慈修己"。他所做的"儒佛会通"，虽然在"言"的层面、在"迹"的层面建立了"辩论"的平台和"会通"的可能，但在"意"的层面、在"本"的层面，契嵩并未予以"会通"，而是坚持了佛教之究极信仰——缘起性空、涅槃寂静，所谓"一实相"和"一法印"。契嵩真正的努力在于"会通"大乘佛教的"真"和"俗"，所谓"志在《原教》而行在《孝论》"。他所作的《孝论》十二章，并不是为了在佛教义理中发掘出儒家伦理的根本——"孝"，而是从佛教"缘起性空"的"真"推演出连接"真俗"的佛教伦理——"慈悲"，并把"孝"归为"慈悲"的应有之义。如此，佛教的"孝"和儒家的"孝"名同而实异，所谓的"会通"只不过在某些具体行迹上有共同之处。从契嵩一例亦可对牟宗三所说之"他们（指中国和尚）亦不想会通……他们只是站在宗教底立场上，尔为尔，我为我"有更切实的理解。契嵩咏唐僧皎然的诗正是对契嵩一生行迹、身前身后的极好总结："昼公文章清复秀，天与其能不可斗。僧攻文什自古有，出拔须尊昼为首。造化虽移神不迁，昼公作诗心亦然。上跨骚雅下沈宋，俊思纵横道自全。禅伯修文岂徒而，诱引人心通佛理。缙绅先生鲁公辈，早蹑清游慕方外。斯人已殁斯言在，护法当应垂万代。"[1]

（原载《灵隐寺与中国佛教》，宗教文化出版社2013年版）

---

① （宋）释契嵩：《三高僧诗并叙》，《镡津文集》，《大正藏》第52册，第738页。

对佛教孝道观研究的反思
—— 以释契嵩为例

谈佛教孝道观，必涉"儒佛会通"、"佛教中国化"等论域。普遍认为，中国佛教孝道思想有两大来源：一是印度佛典之"劝孝"内容；二是中国本土儒家经典中一整套"孝经""孝论"。从东汉佛教传入中土直至唐宋时期，传统士大夫诟病佛教，从"伦理纲常"到"夷夏之变"，从"不忠不孝"到"削发毁形"，从"离亲弃家"到"不敬王者"，众矢之的，千年未易。道教利用本土宗教地位，亦以"忠孝"为由，联合儒家向佛教发难。不同时代的佛教祖师大德，或译注涉"孝"诸经，或撰文造论，甚或借佛之名另造弘孝"佛经"（疑伪经），可谓孜孜矻矻、不遗余力。"佛教孝道思想"遂得以发明。

若有"中国佛教孝道思想史"，该史颇易落入"挑战/回应"的叙述格局，或言佛教思想家不断应对来自儒家主流意识形态压力、源出印度的佛教不断中国化、本来"出世"的佛教不断吸取中土儒家孝道思想做"入世"调整、历代佛教僧人大德弘法过程中不断借助儒家孝道伦理以敦风化俗护教传教的历史。事实上，近代以后颇有一些试图厘清佛教孝道观的著述暗中隐含此种叙述格局。推之以本，则此种格局至少默认以下前提：（1）存在印度佛教和中国佛教的区别，印度佛教中国化过程就是中国佛教产生发展成熟的过程；（2）印度佛教是小乘，是出世的，中国佛教是大乘，是入世的；（3）佛教经典中虽然有劝孝内容，但孝道观念在原本出世的佛教中不占重要地位，中国佛教反复申张的"孝"，一多半来自本土儒家。甚至有学者认为，佛道教面对中国人社会提出的任何伦理主张都必然被儒家伦理资源涵盖，"佛教入世化以后……所讲的社会伦理全部是儒家伦理……他们在社会伦理上的主张与实践都浸润着儒家的观念，这就等于是在替儒家做事情"①。亦即，以此叙述格局，至少在"孝"的问题上，佛教被置于一个"被动"的、"非主体"的甚至是"从属"的地位。鉴于儒家在当代缺乏组织形态，佛教只能像蜜蜂那样，从儒家那里采了花粉，"替儒家"到处传播。

关于"印度佛教"和"中国佛教"、"入世"和"出世"问题，1910年梁漱溟和太虚之间就有一场争论。梁漱溟在《东西文化及其哲学》等著作中明确提出佛教就是出世的，入世非佛教本分，"佛教是根本不能拉到现世来用的；若因为要拉他来用而改换他的本来面目，则又何苦如此糟蹋佛教？我反对佛教的倡导，并反对佛教的改造"②。这种观点和以欧阳竟无为代表的支那内学院一派相呼应，欧阳竟无通过对中国佛教各宗进行简择，断言中印佛教完全异质。人间佛教的创始人太虚大师则针锋相对地指出，梁漱溟把人乘与佛乘在现实的社会教化中的互动关联视为对佛法的篡改，着实是一大偏颇。梁漱溟心目中的佛法只与佛教小乘有关系，而与大乘无关。随着科学发达，今日之人已打破印度式的向神求人天福报和向未来世求外道解脱，"正须施行从佛本怀所流出之佛的人乘……以称佛教本怀，以显示佛教之真正面目"③。人间佛教思潮在今天影响很大，甚或是当下最主流的佛教形态。考察佛教孝道观，从太虚大师接着说其实是相当合时宜的。太虚大师所谓"佛本怀所流出之佛的人乘"，正好是佛教孝道观的核心。

论及佛教孝道观之前，不妨先引用牟宗三在《般若与佛性》序言中关于佛教中国化问题的一番宏论。牟宗三出入古今中西，晚年着力佛典尤其天台宗，如此精论，若非对佛教传入中国后的历史有总体把握，对佛教之精微义理有切身受用，断无以发之。又，世人皆以牟宗三为哲学家，专拿哲学方法治宗教，藉此论断尚可略睹其宗教情怀。其曰："近人常说中国佛教如何如何，印度佛教如何如何，好像有两个佛教似的。其实只是一个佛教之继续发展。这一发展是中国和尚解除了印度社会历史习气之制约，全凭经论义理而立言。彼等虽处在中国社会

---

① 陈来：《宗教会通、社会伦理与现代儒佛关系》，《宗教研究》2011年第4期。

② 梁漱溟：《东西文化及其哲学》，陈来编：《梁漱溟选集》，吉林人民出版社2005年版，第158页。

③ 释太虚：《人生观的科学》，《太虚大师全书》第十四编第四十六册，善导寺佛经流通处，第42页。

中，因而有所谓中国化，然而从义理上说，他们仍然是纯粹的佛教，中国的传统文化生命与智慧之方向对于他们并无多大的影响，他们亦不契解，他们亦不想会通，亦不取而判释其同异，他们只是站在宗教底立场上，尔为尔，我为我。因而我可说，严格讲，佛教并未中国化而有所变质。只是中国人讲纯粹的佛教，直称经论义理而发展，发展至圆满之境界。若谓有不同于印度原有者，那是因为印度原有者如空有两宗并不是佛教经论义理之最后阶段。这不同是继续发展的不同，不是对立的不同；而且虽有发展，亦不背于印度原有者之本质；而且其发展皆有经论作根据，并非凭空杜撰。如是，焉有所谓中国化？即使如禅宗之教外别传，不立文字，好像是中国人所独创，然这亦是经论所已含之境界，不过中国人心思灵活，独能盛发之而已。其盛发也，是依发展之轨道，步步逼至者，亦非偶然而来也。何尝中国化？须知最高智慧都有普遍性。顺其理路，印度人能发之，中国人亦能发之，任何人亦能发之。何尝有如普通所说之中国化？一般人说禅中国化而迎之，而朱子又说象山是禅而拒之。这种无谓的迎拒都是心思不广，情识用事，未得其实。禅仍是佛教，象山仍是儒家。若谓有相同相似者，那是因为最高智慧本有相同相似者。有相同相似处，何碍其本质之异耶？""我平视各大教，通观其同异，觉得它们是人类最高的智慧，皆足以决定生命之方向。"①

　　按照牟宗三的意思，佛教核心义理无论中印，无论古今，俱是一以贯之的，和儒家的核心义理确有本质差别。然二者都是人类最高智慧，有普遍性，有相同相似之处，皆足以决定生命方向。或可说，佛教和儒家在根本义理层面是很难会通的，自古以来的佛教僧人和佛教思想家，即便他们留下众多专事谈孝的著述，也并不是因为他们有和儒家"会通"的企图。其所谈之孝是独立的基于佛教义理的孝，而非依附于儒家义理的孝。虽然二者之"孝"在实践层面有颇多相似处。这一点在上述陈来文中亦有涉。陈来虽自居儒家本位，却也承认，"在核心信仰方面，（各个宗教）可以互有妥当的理解，但并不能指望可以互相

---

① 牟宗三：《佛性与般若》上册，吉林出版集团有限公司2010年版，第4页。

会通。……但在社会实践的领域，相对而言，比较容易达成某种一致"①。

在佛教信仰系统中，佛法即真理，是宇宙人生的真相和价值的来源，佛法没有"新和旧"，没有"传统和现代"，也没有"中国和印度"，佛法超越时间和空间，法住法界，法尔如是。佛陀成就正觉，安立教法，开显教理，指示出一条证悟涅槃的道路。他只说自己是佛法的发现者和真理的启迪者。就此而论，2500多年前佛陀创教，只是佛法在人类社会有限时空示现的一个历史"事件"，是一"大事因缘"。其后的佛教"流布"和"发展"都可归为佛法应化人间的方法和形式。"契理契机"是"教法"的方便，是"应病与药"，是使佛法泽被所有时节因缘下的众生。

考察人类历史中的佛教现象离不开佛陀本怀和时空因缘。无论佛陀应世与否，"法"是恒存不变的，生灭的只是因缘。佛教教化的最终目的就是要超越因缘流转还灭的轮回之苦而达至涅槃解脱。佛教就是佛陀教法，劝孝的文本既然存在于不同时期的佛教文献中，则可从三条路径考察佛教孝道观：（1）佛陀谈孝（诸如"佛经是否佛陀所说"类，此处不议），一定寄托了佛陀本怀。这中间是怎样一种关联？套用牟宗三之所言，佛教中的孝道观是如何从佛教"根本义理"中生发出来的？（2）佛教信仰者尤其佛教思想家，无论印度抑或中国，无论古代抑或当代，其纯粹信仰首先体现在"护法"上，如此则"孝"作为具体之实践行为是如何实现"护法"功能的？（3）佛教修行的根本目的在于证悟实相，获得最终解脱，佛教的全部理论学说俱在论证解脱的必要性和可能性。则行孝作为必要修持，是如何与超脱生死轮回、达到涅槃解脱这一终极目标相关联的？在上述三个问题解决之后，才有和儒家的"孝"的伦理会通问题。此亦可说，佛教有专属己身之完整而绵密的"孝"理论，其在核心义理上和儒家是根本有异的。只是落实到伦理实践层面，和儒家有共通之处。在中国，除了北朝时的几个北方民族建立的王朝，汉代以后大多数王朝统治时期，儒家伦理都占据绝对主导地位，在"孝"的问题上应对儒家士大夫的诘问，或引入一系列儒家的观

---

① 陈来：《宗教会通、社会伦理与现代儒佛关系》，《宗教研究》2011年第4期。

念表达系统来阐发佛教的孝道观，都可视作一种"权"，是一种事相的"契机"，如实所是的"实"并未有改变，契理的"理"也未有改变。若敷之以陈寅恪所谓"同情之了解"，则中国佛教思想历史定会呈现牟宗三所说的情境："他们（中国和尚）只是站在宗教底立场上，尔为尔，我为我。"

"尔为尔，我为我"见于《孟子·公孙丑》："尔为尔，我为我，虽袒裼裸裎于我侧，尔焉能浼我哉！"①——儒者求其"放心"，释者亦要求其"初心"，两者互不能"浼"，这是儒释两家的思想家都心知肚明的。表面上的"一贯"、"一致"，非"实"乃"权"，非"本"乃"迹"。会通的背面是互不相"浼"，从"俗"则定须会通，从"真"则不可会通。汤用彤言："宗教情绪，深存人心……古德慧发天真，慎思明辨，往往言约旨远，取譬虽近，而见道深弘。故如徒于文字考证上寻求，而乏心性之体会，则所获者其糟粕而已。"②若只从高僧大德的文字中读出"会通"或"一贯"、"一致"云云，而不去契悟他们的"直心"和"深心"，所获何物，的确存疑。

其实可以从历代僧人思想家中找出一个例证，看他如何做儒佛会通，又如何在终极层面坚持"尔为尔，我为我"。北宋的释契嵩可算作合适人选。讨论儒佛会通的问题往往落实在对佛教与中华文化的关系做出学理分疏，这无疑是个浩大工程，治丝益棼在所难免。考察两者互动，通常的方法是先提撕相互间的区别，再爬梳两者的共同处，以此显明两者交互影响交互作用的事实。佛教思想史上较早志于此道的是东汉时期的《牟子理惑论》，该文作者从语言、信仰、礼法、风俗等方面比较了儒释道尤其儒释之不同，并基于当时人对佛教的排拒，以"反拒佛"的立场对主要来自儒家的拒佛言论予以辩驳。而后世儒家诸种拒佛言论，概不出《牟子理惑论》所列，无非"死生之道"、"伦理纲常"和"夷夏之变"等。佛教内部则有东晋庐山慧远在探索"儒佛一贯"的理论征途上率先建树，以为"道法之于名教，如来之与尧孔，发致虽殊，潜相影响，

---

① 朱熹：《四书章句》之《孟子章句》，齐鲁书社1992年版，第48页。
② 汤用彤：《汉魏两晋南北朝佛教史》，武汉大学出版社2008年版，第604页。

出处诚异，终期则同"①。唐时，宗密把慧远的儒佛"二科"、"可合而明"之说发展为《原人论》中的"三教一致"说②。宋初，天台宗僧人智圆自号"中庸子"，首倡"儒佛一贯"说③。而此说终于由稍后的契嵩开出新天地。契嵩著有《孝论》④，儒家学者便比之为"佛教中的《孝经》"。或可从《孝论》入手，看契嵩是如何以"儒佛一贯"之"权"，而行"缘起性空"之"实"。

关于契嵩一生行迹，钱穆所述极为精要，兹录如下："契嵩已在宋仁宗时，（陈舜俞为作《行业记》，谓其卒于神宗熙宁之五年。）七岁出家，十三得度落发，十九而游方。当是时，天下之士学为古文，慕韩退之排佛而尊孔子。仲灵（契嵩字）作《原教孝论》十余篇，明儒释之道一贯，以抗其说。皇佑中，复著《神宗定祖图》、《传法正宗记》，抱其书游京师，奏上之。诏付传法院编次，所著书目自《定祖图》而下，谓之《嘉祐集》。又有《治平集》，凡百余卷。总六十有余万言。"⑤然两宋之际上述著述已然散失，释怀悟从大观（1107—1110）初开始搜集契嵩著述，到绍兴四年（1134）编成《镡津文集》十九卷，清时入《四库》，馆臣为之序。

钱穆在《读契嵩〈镡津集〉》中以为其文风颇似韩愈古文，若置之于时儒家诸集中则浑然莫可辨。然其亦数次提示契嵩"七岁出家，十三得度，十九游方"，既于契嵩之僧人本分不敢稍加忘怀，又对契嵩著述之宗旨在乎"援儒卫释"无有疑义⑥。怀悟《序》曰："师虽古今内外之书无所不读，至于著书，乃广明外教，皇极中庸之道，安危治乱之略，王霸刑名赏罚之权，而终导之无为寂默之道。"⑦契嵩于《与师门月禅师》中亦自称"余志在《原教》而行在《孝论》"⑧，则其人其文之权实之辨或可昭然矣。

---

① 慧远：《沙门不敬王者论》，《弘明集》第五卷，《大正藏》第52册，第31页。

② 宗密：《原人论》，《大正藏》第45册，第707页。

③ 智圆：《闲居编》，《续藏经》第101册，第54页。

④ （宋）释契嵩：《镡津文集》，《大正藏》第52册，第660页。

⑤ 钱穆：《中国学术思想史论丛（五）》，第35页。

⑥ 《中国学术思想史论丛（五）》，第39页。

⑦ 《镡津文集》，《大正藏》第52册，第747页。

⑧ 同上，第701页。

索《镡津文集》十九卷目录，《原教》和《孝论》俱为《辅教编》之部分，其余分别是《广原教》、《劝书》、《〈坛经〉赞》、《真谛无圣论》。契嵩解释《辅教编》之"辅"："辅者，毗也，弼也，所谓辅弼吾佛出世之教也。"① 怀悟亦以为契嵩《辅教编》"志在通会儒释，以诱士夫镜本识心，穷理见性，而寂其妒谤是非之声也"②。可见《辅教编》全部文字直指"出世"之"本心"。而"原者，本也"，最能究极本心的，即在《原教》一篇，"吾适用此原本字以命题者，特欲推本先圣设教之所以然也"。"诸修多罗者，总谓之教也。然此修多罗教亦自有世间、出世间者，有大乘、有小乘，有顿、有渐、有权、有实、有偏、有圆者。今《原教》等，大率推乎圆顿大乘一实之教，乃世出世间一切教妙极之教也，兼较乎小乘若渐若权之教，所谓人天乘者也，表此乘与世儒之教略同，显我小乘具有儒五常之义，使世学士识佛之大权大教之意无不在者也，故谓《原教》。"③ 契嵩的意思很明确：佛之本怀是一以贯之的本，佛之教法契于理合于机，有顿渐偏圆世出世间等分别。世俗儒教大致相当于佛教中的"人天乘"。《原教》即要开显大乘圆教，此一实乘既有全体大用，自兼具世俗一切名教伦常。此谓"志在《原教》"。

契嵩认为，佛教三世果报之说，与唯治一世的儒道二教相比，是更为彻底的性命之学。佛法之功效在"感其内"，儒教则"治其外"。以佛教人天乘比世俗儒教，则"五戒"可比于"无常"，"慈悲"可比于"仁惠"、"大诚"。④ 关于《孝论》，契嵩曰："今《孝论》盖融会三教为孝之道，……切欲显明佛有大孝与彼世教无异，以解毁谤，以广人天孝道。……明吾佛圣人至大孝之渊奥理道，微密义趣，以之会通乎儒家者，其所称之孝，近亦尽悉矣。"⑤ 然而，"儒佛二教，教人敦修百行万行，虽皆以孝为宗本，然而宗其所以孝者，亦各不同"。也就是

---

① 释契嵩著、邱小毛校译：《夹注辅教编校译》，第2页。

② 《镡津文集》，《大正藏》第52册，第746页。

③ 《夹注辅教编校译》，第4页。

④ 同上，第112页。

⑤ 同上，第112页。

说，契嵩以为在一个儒家思想和伦理规范占有绝对话语权的语境中，拂清世儒讥谤，阐明佛法究竟的最好途径，莫过于从儒家名教伦常的基石"孝"入手，达成会通，让世人知道儒家之孝已经包含在佛法的全体大用中，同时以"孝"作"指月之指"，引导世人去看佛法的终极真理——那轮"不生不灭、不垢不净、不增不减"[①]的圆满之月。此谓"行在《孝论》"。

有学者以为，包括《孝论》在内的契嵩的儒佛会通说，"实是基于妥协性的求同，中心是在用佛教的五戒十善会通儒家无常的基础上，用无常解释佛教的全部说教"，"等于把佛教僧侣的一切言行统统纳入儒家的伦理范围，绝对地接受儒家的规范"。[②]如此，则"佛教成了推广和神化孝道的手段，也成了'慎终追远'的儒家孝制中不可缺少的组成部分"。此可谓"颠倒"之论，只见树木，不见森林，只看到《孝论》满篇论"孝"，随处引《孝经》、《书经》、《礼记》等儒家经典，未析出言外之深意、意外之远旨。"志在《原教》"和"行在《孝论》"于契嵩而言是不一不异的，《孝论》只是《辅教编》之一章，不能单独拿出来讨论，应该放在《辅教编》全体中讨论，至少要和《原教》一篇放在一起，以相辅相成。

况且，契嵩虽然据《梵网经》"孝名为戒，亦名制止"一语指出"佛教万行以戒为首，戒则以孝为本"，而儒家之"仁"亦是"以孝为本"，"遂效《孝经》而著《孝论》十二章"，但《孝论》之"孝"是否可以和《孝经》之"孝"完全对应？这其中的"名"与"实"是大有可讨论的余地的。如《孝论·必孝章》云："圣人之道以善为用，圣人之善以孝为端。为善而不先其端，无善也。为道而不在其用，无道也。用所以验道也，端所以行善也。行善而其善未行乎父母，能溥善乎？验道而不见其道之溥善，能为道乎？是故圣人之为道也，无所不善；圣人之为善也，未始遗亲。亲也者，形生之大本也，人道之大恩也，唯大圣人为能重其大本也，报其大恩也。"《孝出章》云："佛之为道也，视人之亲犹己之亲也，

---

① 玄奘译：《般若波罗蜜多心经》，《大正藏》第8册，第848页。
② 魏道儒：《华严学与禅学》，宗教文化出版社2011年版，第239页。

卫物之生犹己之生也。故其为善则昆虫悉怀，为孝则鬼神皆劝。资其孝而处世，则与世和平而亡忿争也；资其善而出世，则与世大慈而劝其世也。是故君子之务道不可不辨也，君子之务善不可无品也。"①从这两段文字俱可读出，契嵩所言之"孝"和儒家的"孝"有一点很根本的区别，就是"有无差等"。

费孝通把儒家传统人伦关系描绘成一种水波纹状的"差序格局"，如果个人是扔进水面的一块石子，他的社会关系就是以他为中心而向外推出的一轮一轮波纹，最近一圈即父母 (兄弟)，对待他们就要"孝悌"。越往外"推"的波纹和他关系越远，伦理规则亦相应改变。"伦"重在分别，是有差等的次序，"不失其伦"即辨明父子、远近、亲疏。"孔子最注重的就是水纹波浪向外扩张的推字。他先承认一个己，推己及人的己，对于这己，得加以克服于礼，克己就是修身。顺着这同心圆的伦常，就可向外推了。'本立而道生。'其为人也孝弟，而好犯上者鲜矣，不好犯上而好作乱者，未之有也。'从己到家，由家到国，由国到天下，是一条通路。中庸里把五伦作为天下之达道。因为在这种社会结构里，从己到天下是一圈一圈推出去的，所以孟子说他'善推而已矣'。"②

"百事孝为先"，在儒家，对父母行孝，是基于人性本能的、无条件的、永远放在第一位的，孝为至德要道，道德均依孝本而立，君子务本乃天经地义之举。无论"仁以孝为本"还是"移忠于孝"，无论"老吾老及人之老"还是"幼吾幼及人之幼"，"孝"在任何一种道德处境中都处于优先地位。即便遭遇"忠孝不能两全"的道德困境，当事人若选择"忠"也要备受心灵折磨，要罗织一整套如何"移忠于孝"的理论。事实上历代王朝都奉行"丁忧"制度，贵为朝廷要员，如遇父母丧，也要辞官回老家守丧三年，期满重新任用。"孝亲"在儒家伦理德目中，以用而言，是修行的基石，从此向上渐臻于道德完善；以价值论，则处于最高层级。

契嵩明确把佛教的"孝"归入"用"，是"用之端"。"体用"之分借用了

---

①　《镡津文集》，《大正藏》第52册，第746页。

②　费孝通：《乡土中国》，北京大学出版社1998年版，第28页。

儒家用法，在佛教语境中，相对应的应该是"实"和"权"、"本"和"迹"、"真"和"俗"等。而以"不生不灭，不常不断，不一不异，不来不出"①的佛教中道观，"体用"不一不二，单谈"体"或"用"只是行方便法门而已。"用"里自有不思议之妙道存焉。契嵩所指之作为"用"的孝有两层含义：第一，佛教不否定"父母所形生"这种亲情，且和儒家一样，也以之为大。对父母生身养育之情，自当报恩。这种"报恩行"也是"成人"的基石，是人天乘的应有之义。佛教的终极目标是解脱，是"成佛"，是达至"圣人"(即佛)的涅槃寂静之境。在人天乘，"孝"是善之开端，从"孝"起修，奉行"五戒十善"，最后的目标是"人成则佛成"。第二，佛教的"孝"是"慈悲心行"起"用"于父母一伦。从这个意义上，"孝"其实是慈悲的别名。此处便可显示佛教的"孝"和儒家的"孝"的大差异：慈悲无"差等"。

"圣人欲引之其所安，所以推性而同群生。圣人欲息之其所竞，所以推怀而在万物。谓物也，无昆虫无动植，佛皆概而惠之、不散损之；谓生也，无贵贱无贤鄙，佛皆一而导之，使自求之推其性而自同群生，岂不谓大诚乎！推其怀而尽在万物，岂不谓大慈乎！大慈故其感人也深，大诚故其化物也易。"②佛非无情，而是"行情而不情"，佛之情是平等一如的慈悲之情，是视动植昆虫、贵贱贤鄙无有差别的平等之情。平等观和慈悲观本于性空观，是无能无所的无言之境，当万有本相现起，慈悲本怀便自然流露。

缘起论是佛教独特的世界观，是佛教区别于其他宗教、哲学的根本特征。在佛教传统中，"缘起性空"作为世界的真相，是佛陀"发现"而非佛陀"创造"，无需论证，可堪作一切论证的起点。大乘佛法是以菩萨为中心的修行实践系统，佛教修持者要成就佛果首先要发菩提心——由大悲心引发的为众生利益而立志成佛的愿心。发菩提心者为菩萨，菩萨本着利益大众的愿心，修持"布施"、"持

---

① 龙树造：《中论》，(后秦)鸠摩罗什译，《大正藏》第30册，第1页。原偈为："不生亦不灭，不常亦不断，不一亦不异，不来亦不出。能说是因缘，善灭诸戏论。我稽首礼佛，诸说中第一。"

② 《夹注辅教编校译》，第15页。

戒"、"忍辱"、"精进"、"禅定"、"般若"六波罗蜜,以解脱为目标,进行身心实践和利众行为。从佛教义理到修行实践的内在理路为:(1) 由缘起开出慈悲心行,由性空开出平等智慧——慈悲和智慧是菩萨行的两轮。(2) 世间法是因缘和合的生灭法,众生是不可分割的整体。众生在各自所造业力的牵引下,以不同的生命形态在三界六道轮回流转。因缘和合故,因果无限,因缘不可思议,果报亦不可思议。(3) 发菩提心、行菩萨道是出离三界的必由之路。以平等智慧,"自他同体",六道众生毕竟平等;以慈悲心行,菩萨行者不舍三界六道的一切众生、有情无情,与一切众生乐,拔一切众生苦。一个发心成佛、精勤修行的菩萨行者,一定会行善戒恶,以至善的慈悲之心,对众生倍加呵护。契嵩所谓"为善则昆虫悉怀,为孝则鬼神皆劝",正是基于"缘起性空"这一根本教义的慈悲心行,所谓"出家者将以道而溥善也","溥"即普遍广大义、平等义、无差别义。所以,一个以"圣人"(佛)为榜样、践行佛的教导的人,一定是不断扩大心量趋至"无缘大慈同体大悲"的人,一定以三世为念,视众生等同父母,众生平等。以慈悲护念一切众生,遑论父母!孝之于父母一如慈悲之于众生,反之亦然。如此这般的"孝",自然是一种"无差序"的情感和德行,自然和儒家之"孝"大异其趣了。

《镡津文集》有《非韩》三十篇,其第一篇有云:"韩子徒守人伦之近事,而不见乎人生之远理。"①"人生之远理"可谓佛之"道","人伦之近事"可谓佛之"教"。契嵩又曰:"惟心之谓道,阐道之谓教。""教者,圣人明道救世之大端,乘时应机不思议之大用。"②佛教论"孝","能指"是人伦近事,"所指"是人生远理,亦即不思议之大用。"古之有圣人焉,曰佛、曰儒、曰百家。心则一,其迹则异。夫一焉者其皆欲人为善者也,异焉者分家而各为其教者也。""其教人为善之方,有浅有奥,有近有远。"③孝行看似浅近,如从人天性

---

① 《镡津文集》,《大正藏》第52册,第726页。
② 《夹注辅教编校译》,第53页。
③ 同上,第110页。

中自然流出，如孟子所谓"心之所同"，但在作为佛徒的契嵩看来，看似"浅近"的孝德，恰是圣人（佛）传授奥远之旨的具体方式。"得在乎心通，失在乎迹较"①，那些斤斤计量于儒释是非之人，何尝不是为一时一地所囿，为一情一识所扰。所以钱穆由衷感言："较之同时如欧阳修、李觏之专业儒学者，或反不如契嵩之儒释兼参，而别有深入。"②

佛法是关乎人类苦难现实（苦谛）、性命本源（十二因缘）和终极解脱（涅槃寂静）的理论体系和方法体系。僧人出家修行，矢志奉佛，其初心在乎探索和实践一条人类精神解脱之路。若大乘菩萨行者，则此解脱既为自己，更为大众。所以对真正的向道者而言，出家非逃避，更是担当；出世非消极，更是积极。所谓"以出世之心为入世之事"，自有广大甚深之秘意在也。契嵩可谓一语道尽，其谓僧人"以实相待物"，"以至慈修己"，③实乃自况耳。事实上历代佛门精英、僧人思想家有此怀抱者不在少数，他们或兼参儒，或兼参道，或会通儒释，或会通三家，其实从未有屈就佛门义理迎合别家的意思，更没有泯灭三教差别的意图。他们以"本迹""权实"的思想方法消弭彼此对立，最终甚或意欲以佛法包容儒道二教。儒家是中国传统文化的主流，是三教中的重中之重，而忠孝、孝慈又是儒家文化的重中之重。讨论佛教的孝道观时，若理所当然地以儒为主，以佛为客，把中国历代佛教思想家处理孝的方式片面理解为对儒道两家诘难的防御性的回应，或以依附性的身份对传教策略做出妥协和融通，就可能在不知不觉间障蔽了佛门践行者的悲心大愿，障蔽了佛教作为有深厚传统的大宗教，作为人类最高智慧结晶的独特和殊胜。行文至此，再读前引之牟宗三语，更觉心有戚戚焉！

钱穆把契嵩所处的宋代比附为西方文艺复兴发生的时期，"如智圆契嵩，则是当时由真转俗之先锋人物"④。其实真俗问题更重要的在于理事圆融，在于

① 《夹注辅教编校译》，第112页。

② 《中国学术思想史论丛（五）》，第51页。

③ 《夹注辅教编校译》，第90页。

④ 《中国学术思想史论丛（五）》，第51页。

深契中道实相，不以一时一地之事有损不增不减之理的发明，亦不以不生不灭之理有害一时一地之事的呈现。六祖惠能偈曰："佛法在世间，不离世间觉；离世觅菩提，恰如求兔角。"①佛法从未否定人世间的成人美德，而是为世间事施设了出世间的根基。明以后，这种世出世间圆融无二的精神更被表述为佛法的"契理契机"精神，近代释印顺为"人生佛教"张目，太虚大师集大成，构建了"人间佛教"的理论和实践体系。仅此而言，这确实是一条钱穆所说的类似于西方文艺复兴的佛教近代化之路。就目前情形看，中国大陆和港澳台的佛教主流思潮是人间佛教，这也是中国佛教协会确定的当代中国佛教发展方向。太虚大师偈曰："仰止唯佛陀，完成在人格；人成即佛成，是名真现实。"②人间佛教必然有更多入世的人间关怀，把"孝"这种扎根深厚的古老德行列入现代伦理德目表，是儒家和人间佛教共同面临的现代课题。现代化的发展对许多古代的美德提出了挑战，信仰危机、道德危机可以说是现代种种危机中最根本的危机，儒家也好，佛教也好，都要对现代危机做出回应，都要在改变现代人的道德意识和行为上有切实的行动。美德只有在践行的过程中才能和践行者相即，如果每个践行者都获得独特的体验和证悟，古老的传统自然就回归到我们的生活中。在这个意义上，如实发明佛教孝道观的应有之义，不仅有益于佛教自身在现代社会中寻找到发展契机，更可以传达一个有深厚传统和无尽宝藏的世界性宗教所拥有的安定社会、安顿民心的智慧和力量。

（原载《社会科学论坛》2013年第2期）

---

① 慧能著、郭朋校释：《坛经校释》，中华书局2009年版，第72页。

② 释太虚：《即人成佛的真现实论》，《太虚大师全书》编委会编集：《太虚大师全书》，第25卷，宗教文化出版社、国家图书馆文献缩微复制中心2005年版，第377页。原诗为："堕世年复年，忽满四十八，众苦方沸腾，遍救怀明达，仰止惟佛陀，完就在人格，人圆佛即成，是名真现实。"

密庵咸杰及其禅法研究

禅宗自惠能以下，沩仰、临济、曹洞、云门、法眼五家分灯，所谓"一花五叶"；临济宗又别出黄龙、杨岐两派，所谓"五家七宗"。入宋，"云门、临济、法眼三家之徒于今尤盛，沩仰已熄，而曹洞者仅存，绵绵然尤大旱之引孤泉"①。元明以后，仅临济曹洞两家尚存，临济盛于曹洞，所谓"临天下，曹一角"。而临济两派中，黄龙于北宋后期兴盛一时，进入南宋则法嗣不济，数代而泯。杨岐一家担荷临济门风，方会三传至圆悟克勤，门庭大盛，出大慧宗杲和虎丘绍隆。大慧宗杲之"看话禅"影响深远，然法嗣莫过六代，惟虎丘一系，绵绵延延，不绝如缕，竟至晚近、乃至目前。一言以蔽之，禅宗南宗之临济宗杨岐派虎丘一系是延续至今没有中断的禅宗法脉，师徒相授，历历可数，法号承贯，薪火不绝，道场 (祖庭)、文献亦不乏完整保存。圣严法师曾照《校正星灯集》所载，在著作中列出该法系的世系表：

六祖慧能——南岳怀让——马祖道一——百丈怀海——黄檗希运——临济义玄——兴化存奖——南院慧颙——风穴延沼——首山省念——汾阳善昭——石霜楚圆——杨岐方会——白云守端——五祖法演——圆悟克勤——虎丘绍隆——应庵昙华——密庵咸杰——破庵祖先——无准师范——净慈妙伦——瑞岩文宝——华顶先覩——福林智度——古拙昌俊——无际明悟——太冈澄——夷峰宁——宝芳进——野翁慧晓——无趣如空——无幻性冲——兴善慧广——普明德用——高庵圆清——本

---

① （宋）释契嵩：《传法正宗记》卷八，《大正藏》第51册，第763页。

智明觉——紫柏真可——端旭如弘——纯洁性奎——慈云海俊——质生寂文——端员照华——其岸普明——弢巧通圣——悟修心空——宏化源悟——祥青广松——守道续先——正岳本超——永畅觉乘——方来昌远——豁悟隆参——维超能灿——奇量仁繁——妙莲圣华——鼎峰果成——善慈常开——德清演彻……①

德清演彻即近代高僧虚云法师。而上表中的密庵咸杰，为南岳下十七世、杨岐之六传、虎丘之再传，活跃于杨岐派方兴未艾的南宋前期，承上启下，担纲临济家风，直传佛之心印。本文拟考其行状、究其禅法，发覆此一传承过程中的历史样貌。

一、密庵咸杰行迹考

密庵咸杰生于北宋徽宗重和元年 (1118)，卒于南宋孝宗淳熙十三年 (1186)，卒后两年，其门人崇岳、了悟编就《密庵和尚语录》，末后收葛郯撰《塔铭》，这是最早出现的相对完整的密庵咸杰传记资料。其后如《五灯会元》卷二十、《五灯全书》卷四十七、《续指月录》卷二、《嘉泰普灯录》卷二十一、《南宋元明僧宝传》卷三、《禅宗颂古联珠通集》卷四十等皆有传述，内容不出上述语录及塔铭。葛郯于《宋史》有载，其字楚辅，世以儒学名家，孝宗时拜著作郎兼学士院权直，迁太子少保，累迁中书舍人、刑部尚书，卒年六十六。有文集二百卷、《词业》五十卷传世。②葛郯与密庵咸杰交情甚好，"郯效官中都，与师相见，或道话终日，亹亹忘倦，别去数以书相闻，临寂又以书为别"③。以《塔铭》写于咸杰殁后不久及郯与咸杰之交谊，葛郯文在诸种文献中当最可采信。

---

① 圣严：《禅门修证指要》，《法鼓全集光盘版》第四辑，第1册。
② （元）脱脱：《宋史》卷三八五，第34册，中华书局1977年版，第11827页。
③ （宋）葛郯：《塔铭》，《禅宗语录辑要》，上海古籍出版社2011年版，第488页。

据《塔铭》，咸杰"俗姓郑，福州福清人，密庵其自号也"①。郊云其母梦灵山老僧入舍报而生咸杰，此种说法恐自咸杰本人，亦预示咸杰之出世因缘前定，日后必有蹈空之举："（杰）自幼颖悟不凡，每厌尘染，欲求出世间法。"②咸杰自述："二十岁时，便知自己一段大事。此乃是无量劫来，般若光中熏习。"③然他于何时何地以何种因缘受戒，诸本无考。郊仅记载其受戒后"不惮游行，遍参知识"，最后在"衢之明果"遇应庵昙华。④密庵咸杰对此亦有自述："昔年行脚自江西回，拟住四明，方抵婺州智者⑤，却被傍观兄弟错指路头，撞入衢州明果山中，见个老和尚，列列契契，太杀不近人情。"⑥"衢"即今浙江衢州，因据福建、浙江、安徽、江西四省通衢之地而得名。明果禅寺是马祖道一法嗣兴善惟宽（大彻禅师）的道场，始建于唐光宅元年（684），迄今尚存于衢州市杜泽镇北的山林中。应庵昙华本为虎丘绍隆师弟，后在绍隆门下得法，犹如五代时期的玄沙师备和雪峰义存。其时应庵昙华威望极高，丛林中把他与声名显赫的大慧宗杲并称"二甘露门"。大慧宗杲称赞应庵昙华曰："座断金轮第一峰，千妖百怪尽潜纵。年来又得真消息，报道杨岐正脉通。"⑦可见应庵昙华通贯杨岐正脉，密庵四面参访，最后落脚应庵处，从此纳入临济正传。

密庵投奔应庵前也算个"老参"，而应庵声名在外，亦必有高明的接引手段。时人记载："师（应庵）于普说、小参、问答、勘辩之属，皆从容暇豫，曲尽善巧。而室中机辨，掺纵杀活，尤号明妙。饱参宿学，一近槌拂，亦汗下心死，恨见之晚。"⑧由"从容暇豫、曲尽善巧"一句，可以推想应庵昙华禅风应属举重若轻、细致绵密一路，而密庵咸杰却不知何故"屡遭呵斥"，觉得其师

---

① （宋）葛郊：《塔铭》，《禅宗语录辑要》，上海古籍出版社2011年版，第488页。

② 同上。

③ （宋）崇岳、了悟等编：《密庵和尚语录·示真隐朱居士》，《禅宗语录辑要》，第488页。

④ 《塔铭》，《禅宗语录辑要》，第488页。

⑤ 即元庵真慈，与密庵咸杰同为南岳下十七世，事迹见《五灯会元》卷二十。

⑥ 《密庵和尚语录·住衢州乌巨山乾明禅院语录》，《禅宗语录辑要》，第464页。

⑦ （宋）李浩：《塔铭》，《应庵和尚语录》卷十，《续藏经》卷六十九，第552页。

⑧ 同上。

"孤硬难入"、"太杀不尽人情"。也许应庵看出密庵可堪打磨，便因材施教、不类众人。所幸密庵经受住了考验，"心不退转"，终与其师"久而相契"。①

据《五灯会元》，一日应庵禅师突然发问："如何是正法眼？"咸杰骤答："破沙盆。"应庵颔首印可。此即密庵咸杰的悟道因缘。不久，密庵告辞回乡省亲，应庵诗偈以赠："大彻投机句，当阳廓顶门。相从今四载，微诘洞无痕。虽未付钵袋，气宇吞乾坤。却把正法眼，唤作破沙盆。此行将省觐，切忌便踪跟。吾有末后句，待归要汝遵。"②"大彻"即前文提及的唐代著名禅师兴善惟宽，逢人拜谒问道，无不对答如流，白居易以师事之并为其撰《传法堂碑》。事迹见《五灯会元》卷三。③诗偈道出了密庵在应庵处修学四年的大致情形：应庵多次诘问，密庵应对完美。应庵虽未交付法脉，却也认可密庵器宇轩昂非凡夫辈。密庵终以"破沙盆"一句开悟，"顶门"廓开，自此朗天白日，再无黯蔽。应庵便告诫他，证得后切忌停驻不前，等省亲回来，还有更要紧的法藏待交付。

以后咸杰又追随应庵昙华在苏州、明州（今宁波）弘化，应庵准其"分座说法"。乾道三年（1167），密庵在衢州乌巨山乾明禅院升座，年四十九。后相继出掌衢州大中祥符禅寺、建康府蒋山太平兴国禅寺、常州褒忠显报华藏禅寺、临安府径山兴圣万寿禅寺、临安府景德灵隐禅寺、明州太白名山天童景德禅寺。其中"常州褒忠显报华藏禅寺语录"开篇云："师在和州褒禅受请。拈帖云：三回两度推不去，今日依前把不住。不是时节因缘，亦非人情之故。既然如是，因什么撞头磕脑，不见道，顺是菩提。"褒禅山在安徽和州，王安石有著名的《游褒禅山记》流传后世。从这条材料可知，咸杰对住持华藏寺一事曾推托再三，最后只好随顺，在安徽和州受请。和州是咸杰师祖、虎丘禅派开创者虎丘绍隆故梓，也是绍隆的主要传法区域，咸杰游历到和州并在和州受请，这其中

① 葛邲：《塔铭》，《禅宗语录辑要》，第488页。

② （宋）普济辑、朱俊红点校：《五灯会元》下册，海南出版社2011年版，第1857页。

③ 《五灯会元》上册，第212—214页。

的因缘巧合不知从何道来。《语录》中间又有一则云："杰上座今夏蒋山结夏，褒禅破夏，华藏终夏。……三处移场定是非，顽心全不改毫厘。胡言汉语凭谁会，铁额铜头也皱眉。"①又可知是年四月十五咸杰尚在蒋山，结夏期间曾到褒禅山，七月十五终夏时，他已经在华藏寺了。"临安府径山兴圣万寿禅寺语录"开篇云："淳熙四年正月初七，师在常州华藏受请。"②淳熙四年即1177年，咸杰59岁，应宋孝宗诏请，入主踞江南五山十刹之首的径山寺，为径山寺开山后第二十五任住持。

咸杰声名鹊起应该就在1167年至1177年的10年间。《塔铭》载："所至之处，举扬宗旨，露裸裸、活泼泼，七纵八横，无少挂碍。然十二时中，步步皆踏实地，虽不待修证，而修证未尝忘；虽不假精进，而精进未尝息。滴水滴冻，照莹明彻。遂使天下衲子响合云臻，相遇诸途则曰：'何不礼师去！'""文彩既彰，声名上达"，咸杰住持径山后，孝宗皇帝还专门请他到选德殿应对佛法大要。《塔铭》又云，咸杰住径山期间，曾迁至灵隐开堂，皇帝为此遣中使降赐御香。③这和《语录》记载有出入。"临安府景德灵隐禅寺语录"开篇云："淳熙七年六月二十四日，师在径山受请。"稍后云："淳熙七年八月二十九日，恭奉圣旨。就本寺开堂，皇帝遣中使降赐御香。师领众谢恩毕，捧香示众云……"④可见咸杰于1180年62岁时入主灵隐，两个月后蒙皇帝降香，"道俗观者如堵"。不仅如此，孝宗皇帝"亲洒宸翰，询以法要，又遣使臣以《圆觉经》中四病为问，师皆以实语对，恩遇甚宠"⑤。"宸翰"即帝王墨迹，"《圆觉经》中四病"即"作病"、"任病"、"止病"和"灭病"，"心生造作"、"随缘任性"、"止妄即真"、"一切寂灭"这四种状态一旦成为追求目标，圆满觉性都将无从

① 《密庵和尚语录·常州褒忠显报华藏禅寺语录》，《禅宗语录辑要》上册，第469页。
② 《密庵和尚语录·临安府径山兴圣万寿禅寺语录》，《禅宗语录辑要》上册，第471页。
③ 《塔铭》，《禅宗语录辑要》上册，第488页。
④ 《密庵和尚语录·临安府景德灵隐禅寺语录》，《禅宗语录辑要》上册，第475页。
⑤ 《塔铭》，《禅宗语录辑要》上册，第488页。

显现。^① "灵隐语录"末后云："淳熙十年八月初三日，乞退灵隐，得旨上堂……"^②即1183年咸杰65岁时获皇帝诏准退居。

既安隐，咸杰何以又出掌明州天童寺？ "明州太白名山天童景德禅寺语录"中略有所陈："僧亦有一偈，举似大众。去年八月间，得旨与安闲。摆动水云性，纵步到阳山。元宅诸子弟，忻然力追攀。庵居三个月，开怀宇宙宽。忽接四明信，来书意盘桓。天童虚法席，使君语犹端。迢迢遣专使，不问路行难。山僧临晚景，不敢自相瞒。捶鼓乐与行，四众亦欣欢。……"^③可见咸杰归老灵隐后，只逍遥了三个月即不得不就天童虚席，而非《塔铭》所言"归老于天童"。这是1184年事。然而《塔铭》记载了咸杰之入灭："十三年六月忽示微疾，十二日跌坐而逝，年六十有九，腊五十有二。葬于寺之东。"^④

咸杰住天童寺两年，语录较前大为减少，或以年渐老体渐衰故。然其于整饬僧团领众熏修事却丝毫无怠："师应机接物，威仪峻整。昼则危坐正襟，以表众视；夜则巡堂剔炬，以警众昏。"正因咸杰之"纯白之行，终老不移"，故其"坚固之身，至死不坏"，咸杰所遗齿发多生舍利，人皆以为异。^⑤

咸杰上既有名师，下必有名徒。整理《密庵和尚语录》的"参学小师"崇岳，一度被咸杰讽为"黄杨禅"，江浙一带习惯用"黄杨木"指称"光长年龄不长个"的人，"黄杨禅"即调侃崇岳虽参禅多年却不见有甚长进。后终于在咸杰座下破关，弘化多处，亦曾住持灵隐，有《松源和尚语录》。^⑥另有卧龙祖先、荐福道生、天童自镜、净慈慧光、隐静致柔等亦有机缘语录，而破庵祖先（卧龙祖先）以下，这支杨岐法脉得以继续流布。

①　（唐）佛陀多罗译、徐敏译注：《圆觉经》，中华书局2010年版，第97—100页。

②　《密庵和尚语录·临安府景德灵隐禅寺语录》，《禅宗语录辑要》上册，第478页。

③　《密庵和尚语录·明州太白名山天童景德禅寺语录》，《禅宗语录辑要》上册，第478页。

④　《禅宗语录辑要》上册，第488页。

⑤　《塔铭》上册，第488页。

⑥　（宋）善开、光睦等录：《松源和尚语录》，《续藏经》第七十卷，第109页。

二、密庵咸杰禅法述要

《密庵和尚语录》尚存约4万字，为座下弟子崇岳等编，前有张镃撰《序》，后有葛邲撰《塔铭》，"语录"部分以咸杰住持七家丛林之先后为次第编就，另有"小参"、"普说"、"颂赞"、"偈颂"和"法语"。

研究密庵咸杰禅法需要确立几个维度：首先是历史的维度。在师徒授受灯灯相续为特征的禅宗传法体系中，咸杰作为临济宗接法之人，既受临济宗门庭施设接引，如果不出意外，以同样手段接引学人，延续法脉、维护宗统、一以贯之自是其弘化生涯的应有之义。这有类近代欧阳竟无提出的"结论先行"的"佛教研究法"，[①]先有结论，再找佐证。也就是说，先认定密庵咸杰是临济宗祖师，然后从他的语录机缘中找出他是如何运用临济设施的。这是纵的尺度。其次，时节因缘。密庵咸杰生活在两宋之交尤其南宋前期。临济、曹洞、云门皆为一时之兴，禅宗公案连篇累牍，禅僧到处参访寻觅善知识以求解悟，禅门有识之士孜孜矻矻探究解脱的不二法门。儒家士大夫参禅成风也进一步推动了一些大禅师把本不可言说的禅法诉诸文字。密庵咸杰的禅法如何与其身处的时代发生关联？那个时代提出了哪些问题需要密庵咸杰这样的优秀禅人作出回应？他又如何回应？这是横的尺度。最后，纵横相交而成特定的"点"，即对密庵咸杰本人的适当定位。需要注意的是密庵咸杰首先是一位禅师而不是思想家，贡献系统化的禅学思想不是他的本分事，接引学人、管理丛林、续佛慧命才是。他的语录不过是他在各种机缘下的讲话记录，多为口语，活泼恣肆，并无刻意营造的"系统"。设置一个分析体系安放他的这些法语，自然是不得已而为之——不仅语录传达的现场感尽失，禅师心灵的幽微处，又岂是学术研究所能涵盖的。更重要的，"禅"是心法，言语道断、心行灭处，悟境才能活泼泼呈现。因此，对一个禅师作所谓学术性研究，不可不持一种谦卑的态度，了知理性研究从某种程度而言只能"挂一漏万"，甚或"南辕北辙"，把禅师归纳得越成

---

① 欧阳竟无：《欧阳竟无佛学文选》，武汉大学出版社2009年版，第29页。

体系，越有"禅学思想"，可能离禅师的本意越远，离禅的旨归也越远。禅宗有"方便施设"和"闲家具"，对古代禅师的研究亦不过用一种方便方法解读浩繁的禅史文献，还原他们所处的历史情境，发覆他们应机接人的智慧，彰显他们承当如来家业的苦心，如此而已。

《密庵和尚语录》展示了密庵咸杰说法的诸种机缘：受请、晋院、退院时"升座"说法；初一（旦）、十五（望）、结夏安居（结制，四月十五日）、佛欢喜日（解制，七月十五日）、冬至、除夕以及各种纪念性节日"上堂"或"普说"，并回答参禅者的质询；根据实际情况小范围或单独回答学人提问，如"小参"、"早参"、"晚参"。《密庵和尚语录》的主体自然是密庵咸杰七住名山的说法记录，若要一窥其接引禅宗学人的教学手段、"门庭施设"，并据以还原两宋之交禅宗丛林风貌，这是最好的文献资料。而《语录》最后的"法语"部分，较为书面化，不排除从密庵咸杰亲自撰写的文献中辑录而成的可能，相对而言最能系统体现密庵咸杰的禅学思想。

（一）如何是正法眼："释迦不说说，迦叶不闻闻"

"如何是正法眼"是禅门耳熟能详的公案，又作"世尊拈花"、"世尊付法"，《五灯会元》卷一："世尊在灵山会上，拈花示众。是时众皆默然，唯迦叶尊者破颜微笑。世尊曰：'吾有正法眼藏，涅槃妙心，实相无相，微妙法门，不立文字，教外别传，付嘱摩诃迦叶。'"[①]这则公案可谓"禅宗"的代名词，再没有比之更能涵盖禅宗的全部：习禅之根本就在证悟涅槃妙心，即证悟诸法无我、缘起性空的心，无自他、凡圣、有无等一切二元对立的平等心、慈悲心；此等境界玄妙精微，离言绝句，只可证得，不可言说，如人饮水，冷暖自知。而此等境界的证得，须有"一大事因缘"，如世尊拈花，随缘说法，迦叶微笑，当机领受。彼此相许，心心相印，如此胸臆，岂任何语言文字所能达到。历代祖师常拿这个公案勘验学人的正知见，以及对空性的了悟和对二元对立的超越。这个公案和"如何是祖师西来意"、"如何是佛"等大致相当，密庵本人正

---

① 《五灯会元》上册，第13页。

是因此而获得印可的："一日，庵问：如何是正法眼？师遽答曰：破沙盆。庵颔之。"①《灯录》只记言，未记录当时场景，可以想见，密庵参访多年，已临破壳而出，应庵一问，密庵以目力所及之"破沙盆"对之，师徒啐啄当机，心心相印，外人只可意会，不可言传。故这种问答也绝没有标准答案可言。

密庵之前，云门匡真禅师也回答过这个问题。如"问：如何是正法眼？师云：普"②。又如"问：如何是正法眼？师云：粥饭气"③。第一答以无意义之词立起铜墙铁壁；第二问随口说出现场气息，顺流而下，掀翻意根卜度，只证一个现行。密庵也是一样路数。

作为临济子孙，密庵咸杰以"破沙盆"对"正法眼"，和临济义玄禅师的"正法眼藏瞎驴边灭"有异曲同工之妙。事见《五灯会元》卷第十一："咸通八年丁亥四月十日，（临济）将示灭。说传法偈曰：沿流不止问如何，真照无边说似他。离相离名人不禀，吹毛用了急须磨。复谓众曰：吾灭后，不得灭却吾正法眼藏。三圣出曰：争敢灭却和尚正法眼藏。师曰：已后有人问，你向他道甚么？圣便喝。师曰：谁知吾正法眼藏，向这瞎驴边灭却。言讫，端坐而逝。"④元人形容临济门风也用了"门庭峻峭，孤硬难入"八字，"盖妙用功夫，不在文字，不离文字，尽大地作一只眼者，乃能识之"⑤。全机大用之下，所谓涅槃妙心、正法眼藏又与触目所见之破沙盆何异，合该瞎驴边灭却。

有趣的是《语录》中记载了密庵咸杰有三次回答座下学人问"如何是正法眼藏"。某年解夏上堂，衢州乾明禅院有僧问"如何是正法眼"，密庵答："草鞋无爽。"意思是"和草鞋没有两样"，这和答"破沙盆"如出一辙，亦可比附于"云门三句"中的"随波逐浪"句。本来到此便了，已有说多嫌疑，僧却不放过："只如和尚道破破盆，又作么生？"密庵一口否认："老僧不曾动著舌头。"

---

① 《五灯会元》下册，第1857页。
② （宋）守坚集：《云门匡真禅师广录》，《大正藏》第47册，第575页。
③ 同上。
④ 《五灯会元》中册，第889页。
⑤ （唐）慧然集、杨曾文编校：《临济录》，中州古籍出版社2001年版，第2页。

意思是"我什么都没说"。至此密庵已果断出手截断对方言路和在过去心中的虚妄执着，僧或愚钝、或故意，居然追加一句："此语已遍天下。"密庵很无奈，只好说多一句："杓卜听虚声。"①如此头上加头，只为老婆心切。换得临济禅师在，或许早就一把喝住。

再如"径山禅寺语录"一则：

> 僧问："正法眼藏，破颜微笑。密付饮光，涅槃妙心。三拜归位，独传二祖。一花五叶，遍界芬芳。当怎么时，的的相承一句，作么生道？"师云："须弥顶上浪滔天。"进云："大千俱捴聚，祖令正当行。"师云："云从龙风从虎。"进云："中兴此道，正在今时。未审和尚，将何祝圣？"师云："常将日月为天眼，指出须弥作寿山。"进云："恁么则舜日尧风无尽时？"师云："满口道着。"进云："世尊拈花，迦叶微笑，意旨如何？"师云："车不横推，理无曲断。"进云："世尊道：'吾有正法眼藏，分付摩诃大迦叶。'又作么生？"师云："蛊毒之家水莫尝。"进云："只如和尚见应庵，分付个什么？"师云："一物也无。"进云："争奈破砂盆何？"师云："一人传虚，万人传实。"僧礼拜。师云："切忌妄通消息。"②

此处密庵咸杰又一次否认自己从应庵处得到过什么"法"，更把江湖所传之他以"破沙盆"悟入断为"以讹传讹"。"一人传虚，万人传实"句引自临济子嗣兴化存奖："僧问：'多子塔前，共谈何事？'师曰：'一人传虚，万人传实'。"③其实就是"道听途说，虚实不定"的意思。之前密庵也曾正面否认未得应庵"一言半句"："某见应庵先师，也无悟处，也不曾参得他禅，也不曾得他一言半句说话。只是被他骂得，身心顽了。"④甚至一本正经告诫弟子，不要再往下传了。"杰

---

① 《密庵和尚语录·住衢州乌巨山乾明禅院语录》，《禅宗语录辑要》上册，第466页。
② 《密庵和尚语录·临安府径山兴圣万寿禅寺语录》，《禅宗语录辑要》上册，第472页。
③ 《五灯会元》中册，第890页。
④ 《密庵和尚语录·普说》，《禅宗语录辑要》上册，第481页。

上座说底切莫记一字，他日便成蛊毒去也。"①咸杰在"灵隐寺语录"中把用语言文字道出禅的终极旨归的妄心称作是"十字街头痴汉见解"，"临济问黄檗佛法的的大意，三遭六十痛棒"，②正是此故。甚至佛祖（"黄面老子"）说出"吾有正法眼藏……"时，已非"正眼"，业已落入"第二头"。③看来挑起这两次机锋的学人都没有当机悟入，一问再问，徒然在黑漆桶里越陷越深。

密庵咸杰曾为"如何是正法眼"公案下一转语："释迦不说说，迦叶不闻闻。"④然而，学人若真以为"不说而说"也是"说"，"不闻而闻"也是"闻"，则又是"劈头一错"，所谓执虚为实、认假为真，落入"承虚接响"⑤的生死迷途："昔世尊在灵山会上百万众前拈起一枝花，独迦叶尊者一人破颜微笑。世尊便云：'吾有正法眼藏，涅槃妙心，分付摩诃迦叶。'劈头一错。直至如今，代代相传，分宗列派，承虚接响。实谓世尊有禅道佛法可分付与人，未学纷纷不本其由，抛家失业，伶俜辛苦，奔南走北，向诸方老和尚舌头上觅禅觅道、觅佛觅法，将心等他分付。殊不知剑去久矣，方乃刻舟。"⑥向语言文字讨佛法真谛，向"闻"、"说"等六根下觅自心自性，只能落得刻舟求剑，本性妙心早在心意识向外驰求攀援的那一瞬便已付诸东流了。

（二）公案教学：拈古与代别

"如何是正法眼藏"从正面提问，密庵有时看似"觌面承当"，如"破沙盆"、"蛊毒水"、"草鞋"，实则用最无价值或最负面之事物应对以消解学人心中对"法"和"圣"的执着；有时直接破斥之，直教他一物也无。无论何种应对方式，皆属"遮诠"，随立随扫，卷舒自如，警示学人莫在舌尖上讨生路，莫让文

---

① 《密庵和尚语录·普说》，《禅宗语录辑要》上册，第481页。
② 《密庵和尚语录·临安府景德灵隐禅寺语录》，《禅宗语录辑要》上册，第476页。
③ 同上，第477页。
④ 《密庵和尚语录·密庵和尚小参》，《禅宗语录辑要》上册，第479页。
⑤ "虚"和"响"皆为"短暂不实"，如《华严经》卷八："学一切法无相，一切法无性，一切法不可修，一切法无所有，一切法无真实，一切法如虚空，一切法无自性，一切法如幻，一切法如梦，一切法如响。"
⑥ 《密庵和尚语录·住衢州乌巨山乾明禅院语录》，《禅宗语录辑要》上册，第466页。

字语言成为障道因缘。这只是密庵咸杰全部弘法生涯中的事例之一，然从中亦可管窥宋代禅风之一斑，那就是公案教学和公案参究之风的盛行。有的公案可能成就了不少人，成为悟道因缘而代代相传，但这些公案无一不是"过去时"，一问一答虽可复原，时节因缘却一去不返，物是人非，相同的公案在不同时节运用，效果是完全不一样的。公案也像"特效药"，有学人拘泥于字句间，一边吃药一边产生抗药性，药未除病，反而增加种种分别执着、种种文字藩篱，越参离初发心越远，遑论证得"涅槃妙心"。这其实是宋代禅师面临的不同于前代禅师的新问题，不管怎么说，语言文字是世间最日用而不知的交流方式，分别心是烦恼之缘起，更是世间之人知识的来源，是人和世界的交流途径。把禅落实于文字，或称之"文字禅"，其实是随顺了人的习气，降低了禅的门槛，让人们能在熟悉的符号系统中轻松和"禅"相遇。既要随行就市把文字的功用挤榨殆尽，又要不失时机毅然斩断文字葛藤，宋代许多禅师都面临这个问题的考验。

密庵咸杰的生活年代主要是南宋前期，其时《景德传灯录》、《天圣广灯录》、《建中靖国续灯录》都已经出现，木版印刷术则让这些灯录广为流行。咸杰去世前三年，《联灯会要》也出现了。《灯录》以外，尚有数量不菲的"语录"。有的未直接冠以"语录"之名，如六祖惠能之《坛经》，荷泽神会之《直了性坛语》、《南宗定是非论》(独孤沛集)、《南阳和尚问答杂征义》(刘澄集)，黄檗希运之《传心法要》(裴休编集)；有的则直接以"语录"之名出现，如黄檗希运的《宛陵录》(裴休编集)，临济义玄的《临济录》(慧然编集)。"公案"就是记录在这些典籍中的高僧大德的典范言行，禅门有"千七公案"之说，大体相当于《景德传灯录》所收之禅师数量："有东吴僧道原者，冥心禅悦，索隐空宗，披奕世之祖图，采诸方之语录，次序其源派，错综其词句，以七佛以至大法眼之嗣，凡五十二世，一千七百一人，成三十卷，目之为《景德传灯录》。"①这些浩繁的公案是禅师和学人共同面对的学习资源，从法脉传承角度，公案更是前辈祖师留下的精神财富和某一系某一脉教学风格得以延续的依据。名扬丛林的禅

---

① (宋)杨亿：《景德传灯录·序》，《大正藏》第五十一卷，第196页。

师，大体具备三个条件：其一，必有名师点化，法脉清晰；其二，熟悉历代公案，遍参各山名师，并经历了从层层公案中杀将出来，经名师提点而向上一着桶底脱落的过程，了达并能长久保任悟境；其三，从名师手中接法、接禅院，一边管理僧团寺院一边接引学人并从中遴选上根机之人延续法脉。密庵咸杰之师应庵昙华、密庵咸杰之弟子松源崇岳等俱属于此类。而更有一些禅师具备抽象能力和探索精神，意欲创造归纳新方法以扬弃文字禅的弊端、超越文字禅的局限，摆脱时代宿命、接续禅宗慧命。临济宗大慧宗杲举扬"看话禅"，曹洞宗宏智正觉倡导"默照禅"，都是对文字禅的不同程度的修正和反动。

通读《密庵和尚语录》，其明显特色便是公案教学，尤其充分施展了"拈古"和"代别"这两种宋以前即有的发明文字禅的方式。"拈古"是以散语形式讲解公案大意，"代别"是对公案进行一定程度的修证和补充。"代"大体有两种情况：沿用古代禅师的设问而被问者答不上来，禅师代为作答；古代禅师只问不答，禅师代为作答。"别"就是对古代禅师的设问作别一种回答。这种教学形式适合于"大众教学"，犹如"上大课"，堂上人数众多，禅师开示时只能照顾大多数人的接受程度，拈提出人所共知的公案或讲解或发挥自然是应有之义。不妨从《密庵和尚语录》中随举几例以析：

> 上堂。举昔日有婆子供养一庵主经二十年，常令一女子送饭给侍。一日令女子抱定，云："正与么时如何？"主云："枯木倚寒岩，三冬无暖气。"女子归，举似婆。婆云："我二十年只供养得个俗汉。"遂发起烧却庵。师云："遮个公案，丛林中少有拈提者。杰上座裂破面皮，不免纳败。一上也要诸方检点。"乃召大众云："遮婆子，洞房深稳水泄不通，偏向枯木上糁花、寒岩中发焰。个僧孤身迥迥，惯入洪波。等闲坐断波天潮，到底身无涓滴水。子细检点将来，敲枷打锁，则不无二人。若是佛法，未梦见在。乌巨与么提持？毕竟意归何处？"良久，云："一把绿丝收不得，和烟搭在玉栏干。"①

---

① 《密庵和尚语录·住衢州乌巨山乾明禅院语录》，《禅宗语录辑要》上册，第465页。

这是拈了"婆子烧庵"公案，咸杰阐释了大意后向学人甩出问题："毕竟意归何处？"现场似乎无人回答。咸杰便以两行诗偈"颂古"："一把绿丝收不得，和烟搭在玉栏杆"，旨趣落在和泥合水、即心即佛，道俗同流、随缘任运，一物不废、万善同归的南宗修行主张。

> 上堂。举"僧问赵州：如何是毗卢顶相？州云：老僧自小出家，不曾眼花"。应庵和尚拈云："大小赵州语上偏枯。若有问天童：如何是毗卢顶相，只对他道：大底大小底小。"师云："若向赵州语下见得，坐杀天下衲僧；若向天童语下见得，走杀天下衲僧。忽有问华藏：如何是毗卢顶相？只对他道：礈砖。"①

这是拈了赵州和尚的一则公案而作"代别"。这则公案在《五灯会元》中是这样的："问：如何是毗卢圆相？师曰：老僧自幼出家，不曾眼花。曰：岂不为人！师曰：愿汝常见毗卢圆相。"②毗卢佛是法身佛，法身圆相，无相无不相，"如何是"三字无从说起，拟议则乖。赵州怎会落入此等圈套，回答说"未曾眼花"，不会无中生有妄想出所谓"圆相"来。学人逼问一句：既然无相，和尚如何在缘起法里摄度众生？赵州顺坡下驴，黄叶止儿啼。密庵先援引其师应庵昙华"代"赵州作出的"别"一种回答"大底大小底小"，又对赵州和应庵作分别评论，末了亲自"代别"："礈砖"。一个问题，赵州、应庵和密庵各自给出三种回答。应庵和尚评价赵州和尚"语上偏枯"，实际嫌赵州的回答有点迂回绵软，没有对问的人形成逼捝的力量。而应庵所答之"大底大小底小"则有"随波逐流"之意，一边"杀"之一边"活"之。最凌厉的莫过密庵，"礈砖"两字，手起刀落，干脆夺所。密庵实则又走了一回"破沙盆"老路。

---

① 《密庵和尚语录·常州褒忠显报华藏禅寺语录》，《禅宗语录辑要》上册，第470页。
② 《五灯会元》上册，第267页。

（三）主张"看话"："无非具杀人不眨眼底气概"

公案教学几乎是宋朝所有禅师都沿用的路子，有他们各自留下的语录为证。而且他们选择公案时并不拘泥于本宗本派，而是随手拈来，兼容并包。这是有宋一代灯录普行于世必然带来的景象，弊端也恰从此处生。密庵看得很清楚，他说：

> 学道人力学而不悟者，病在泥于古人言句处；病在坐着胜妙境界处；病在空洞无象处；病在以禅道佛法居怀处；病在却迷就悟处；病在最初不遇善知识，引入葛藤窠里处。此数病，非但初机晚进有之，从上大尊宿，悟彻本心，见彻本性，自己本地风光现前，大法不明，亦有此病。①

"泥于古人言句"居诸病之首，算得密庵最苦心孤诣婆心恳切的着力处，上述"如何是正法眼藏"一例可证之。其时文字禅积弊已久，"看话禅"和"默照禅"虽然也是由祖宗成法添补进益而来，毕竟表达了禅门革弊图新的愿望。若以教学论，"看话"和"默照"这两种禅修方法中，密庵咸杰倾向于看话禅，和大慧宗杲有所呼应。

大慧宗杲（1089—1163）和虎丘绍隆同承圆悟克勤，虎丘传应庵，应庵传密庵。就师门论大慧宗杲是密庵咸杰的师叔祖。宏智正觉（1091—1157）是曹洞宗僧人，生活年代和大慧宗杲几近重合，他们都长于密庵大约三十年，真正活跃在两宋之交。两人中，先是宏智正觉发展出以坐禅为主的"默照禅"，把静坐守寂作为唯一能见性自悟的方式，既有别于南宗禅的"坐禅不能成佛"，也有别于北宗禅的"观心看净"。默照禅的实际修习途径是"静坐默究"，通过"静坐默究"排除一切外界的干扰，摒弃一切情识妄心的内在束缚，既不随外缘之境流转，也不为内在攀缘之思所左右，物我无纤毫芥蒂，身心获圆通自在。但此种禅法受到大慧宗杲的激烈抨击，宗杲以为其"更不求妙悟，只以默然为极则"，

----

① 《密庵和尚语录·示哲珉二禅人斡帐》，《禅宗语录辑要》上册，第486页。

甚至斥之为"默照邪禅"。在破斥默照禅的基础上，大慧宗杲倡导和完善了"看话禅"。"看话"即参究"话头"，"话头"从公案里出，但不等于公案，经常是公案里的答语。宗杲对"看话头"有一个形象描绘："但于话头上看，看来看去，觉得没巴鼻，没滋味，心头闷时，正好着力。切忌随他去。只这闷处，便是成佛作祖、坐断天下人舌头处也。"①"话头"虽然从文字公案中出，参者却不能随这些文字而起六根的攀援，要把自己逼到意义的尽头，奈何不得，烦闷无比。若继续勇往直前，逼迫思维抵达无意义处，则思虑消失的瞬间也是悟境现前的瞬间，物我一如，能所俱泯。"得到这个天地，由我指挥，所谓我为法王，于法自在，得失是非，焉有挂碍？"②

"默照禅"和"看话禅"可谓一"静"一"动"，一"顺"一"逆"，看似相反，实则相成。宗杲斥正觉，正觉未有表示；正觉示寂时，二人却以知音互相称许。这中间的逻辑便是相反相成、殊途同归。默然静坐可训练六根不向外攀援，身与意极度放松，如愚如鲁，如入无人，忽然达到一念不生，打破命名带来的根尘对立而从积习久远的用概念和逻辑认识世界的惯性中摆脱出来，身心轻安，当下欢喜，亲证一种不可思议之胜妙。看话禅比之默照禅要凌厉勇猛、不依不饶，把参禅视为交战，如口含"铁蒺藜"，吞之不得，吐之不得，嚼之不得，把意识逼到绝处，置之死地而后生。默照生而活之，看话死而活之；默照是安然中静坐得，看话是炉鞴中锻炼得。可以想见，"默照"比"看话"更容易享受到过程中的"禅悦"，而"看话"比"默照"更容易获得终极的"快意"。两位禅师分别倡导两种禅风，一方面和曹洞临济宗风之别有关，一方面也和各自禀赋之异大有干系。

密庵咸杰亦是"啸吼一声，壁立万仞"、"直截担荷，庆快平生"、"一切处生杀自由，一切处自能生风起草"的侠义豪情之人，此等性情倒是不枉做了临济子孙。默照枯坐绵长淡远，安享胜妙境界，或为其所不取。密庵并不十分主

---

① （宋）宗杲撰，吕有祥、吴隆升校注：《大慧书》，中州古籍出版社2008年版，第110页。

② 《大慧书》，第101页。

张默照枯坐；《密庵和尚语录》之"法语"部分至少有三处把看话头和默照静坐并举，为了给学人指点迷津而不致误入歧途，他用极为灵动和极有感染力的语言绕路说禅，举扬看话头。兹列表以求一目了然：

	看话	默照
《示光禅人》	十二时中，行住坐卧，如火烧水。莫夸少壮，休论老成。一处错踏翻，千处百处一时透。如狮子王咤沙地哮吼一声，壁立万仞，岂不庆快平生。……但向逆顺堆中　扑不碎，自觉省力，便是破家散宅时节至矣。①	多是坐在他人语默里，及至终身无所成立。若要易会，不必泥在三条椽下。②
《示中侍者》	得之于心，应之于手；如珠走盘，不拨自转。二六时中，折旋俯仰，入魔宫、探虎穴、上刀山、攀剑树，乃是当人着着得力行履处。便能以此心入红尘堆里、逆顺界中，与一切人和泥合水、拔楔抽钉，令他不觉不知，蓦地见彻本心、悟其本性。不在内、不在外、不在中间，人人鼻孔辽天、个个壁立万仞，方敢称为行脚道流。③	若只守一机一境，终日冷湫湫地打坐等个悟来，便是丧达磨正宗魔子也。④

---

① 《密庵和尚语录·示光禅人》，《禅宗语录辑要》上册，第485页。
② 同上。
③ 《密庵和尚语录·示中侍者》，《禅宗语录辑要》上册，第487页。
④ 同上。

	看话	默照
《示临禅人》	本色参学道流，入丛林见知识，决欲洞明生死己躬大事，无非具杀人不眨眼底气概。更不思前算后，拼其性命，都无顾藉，一向硬趂趂地将心就一处研究，不舍昼夜。蓦然一觑觑透、一咬咬断，通上彻下，全体是个大解脱门，活泼泼地，见佛见祖。如破草鞋闻禅与道，如风遏树，亦未是泊头处在，正好入大炉鞴中煅炼。直教圣凡情量、彻底净尽。①	逗到大休大歇之场，身心若枯木寒灰。大棒打不回头，千人万人罗笼不住。②

不过作为后辈禅人，和大慧宗杲比，密庵对这两种办道施设的态度更为中道，虽有所扬抑，亦绝不过分。宗杲不遗余力贬斥默照之法，未免有过犹不及之嫌。

至于参何种话头，宗杲举得最多的是赵州之"狗子无佛性"之"无"字，云门之"干屎橛"和"露"字，赵州之"庭前柏树子"等，尤重参"无"字。而密庵常常提起的，除了前文论述甚详的"正法眼藏"，尚有"父母未生我时"、"无缝塔"等。

（四）担荷临济宗风

所谓"临济家风"，性统在《五家宗旨纂要》中的概括至简至要："临济家风，全机大用，棒喝齐施，虎骤龙奔，星驰电掣。负冲天意气，用格外提持；卷舒纵横，杀活自在；扫除情见，迥脱廉纤。以五位真人为宗，或喝或棒，或树拂明之。"③细读密庵语录，时时会有"临济禅师呼之即欲出"之感。密庵或

---

① 《密庵和尚语录·示临禅人》，《禅宗语录辑要》上册，第487页。

② 同上。

③ （清）三山灯来撰、性统编：《五家宗旨纂要》，《续藏经》第65册，第255页。

有峭拔峻烈的禀性，正好和临济禅师遥相呼应。密庵投临济一脉，看似偶然，实则必然。想当年密庵遍参而不悟，偏偏在应庵昙华的机锋下得机缘，其间必有不可思议之因缘在。密庵有类临济禅师的异代知音，其绍隆临济家风，既可视为有意为之，亦可解作本性使然——不如此又能如何？兹举例略述：

"直截省要，不历阶梯"。密庵曰："祖师门下，直截省要，不历阶梯，立地成佛。学道人多不明此，病在于何？只为太杀现成，不肯承当，一味钻头入知见网中觅佛觅法、觅玄觅妙、向上向下。如何若彼？恰如苍蝇堕在黐盘中，粘手缀脚、自作辛苦。看他临济在黄檗会里三年，白日只堆堆地坐，全不知佛法道理。首座勉令问佛法的的大意，三问三遭六十拄杖。后到大愚滩头，蓦自知非。便道：元来黄檗佛法无多子。遮般说话，岂是心机意识预先安排而能致之然耶？复返黄檗，檗见来乃曰：遮汉来来去去有甚期。济曰：只为老婆心切。檗曰：大愚老汉饶舌，待来痛与一顿。济云：说什么待来，即今便吃。随后便掌。檗曰：遮风颠汉，却来遮里捋虎须。济便喝。参学人须得一番如此，方可入作。"[1]临济向黄檗希运问"如何是佛法的的大意"，三问三遭打。密庵举此公案，旨在告诫学人学禅是大丈夫事，需有大勇气、大魄力，毅然斩断意识卜度，在心性上下参究工夫，直下承当。决不能以解塞悟，钻入知见网中，以为佛在心外，徒然上下寻觅，如此自缚手脚，开悟自然无份。密庵继承了从六祖惠能到黄檗希运到临济义玄都一以贯之的"直指人心、见性成佛"、"心外无法、即心即佛"的禅学思想，强调佛法现成、不假修证、不落阶级，以心传心，横扫学人知见，引导学人随粘去缚、觉悟清净本心。

"直截担荷，现本地风光"。禅修之毕竟，成佛而已。临济义玄对佛、法、道有一个界定："佛者心清净是，法者心光明是，道者处处无碍净光是。三即一，皆是空名，而无实有。"[2]他教训学人，"尔欲得作佛，莫随万物。心生种种法生，心灭种种法灭。一心不生，万法无咎。世与出世，无佛无法，亦不现

---

① 《密庵和尚语录·示昺禅人》，《禅宗语录辑要》上册，第484页。
② （唐）慧然集：《镇州临济慧照禅师语录》，《禅宗语录辑要》上册，第7—8页。

前，亦不曾失"①。心，即自性清净心，是人人本有的与佛无二的心，此心本质即空，无依而生，不恃任何内外条件。因此，学人修道，贵在自信，要断除怀疑，自立自主，不向外驰求，"不受人惑，随处作主，立处即真"②。而证得此心，即见到"本地风光"。密庵一脉相承，非常强调学人的自信心，相信自心即佛，自己直截担当生死大事，直截明心见性，让本地风光"一一从自己胸襟流出"，而非和泥合水，心外求法。密庵真正把参禅视作生死大事，他不仅要学人自信，更鼓励学人以一种激越而非凡的豪情、一种向死而生的大勇气勇往直前，承担起"成佛"之初发心，承担起"顿超直入"的使命，"于一切善恶逆顺境界中，摇撼不动"，等因缘现前，便"快如倚天长剑相似，直下取人命根，了无异辙"。密庵以为，在这等生死关头，学人必须尽显"大丈夫"本色，"若是大丈夫汉，皮下有血，终不吃别人残羹馊饭。直下自家竖起脊梁，如银山铁壁相似"。③而所谓"大丈夫本色"，"无非具杀人不眨眼底气概，更不思前算后。拼其性命，都无顾藉，一向硬趄趄地，将心就一处研究"。④行文至此，不禁感叹密庵真乃"生死洞明，快意人生"之禅门豪杰！

"全体是个大解脱门"。"全机大用"又可表述为"随处作主，立处皆真"、⑤"触目皆是""随处解脱"，⑥是临济宗打通"圣凡"、圆融"真俗"的非常凌厉的门庭施设，从临济义玄到杨岐方会、黄龙惠南俱有密集表述。也是杨岐派的圆悟克勤说得最为活泼恳切：若有全机大用的境界，则"遇生与尔同生，遇死与尔同死。向虎口里横身，放得手脚，千里万里，随尔衔去。"⑦道在日常行持中，众生的见闻觉知就是佛法的全体作用，禅人无需作意，无需攀援，无需刻意觅求，但

---

① 《镇州临济慧照禅师语录》，《禅宗语录辑要》上册，第8页。

② 同上，第4页。

③ 《密庵和尚语录·示应禅人》，《禅宗语录辑要》上册，第485页。

④ 同上，第487页。

⑤ 《镇州临济慧照禅师语录》，《禅宗语录辑要》上册，第4页。

⑥ 同上，第3页。

⑦ （唐）克勤著：《佛果圆悟禅师碧岩录》，《禅宗语录辑要》下册，第725页。

饥来即食，困来即眠。禅人一旦看透心心念念是个什么，参透当下一切的清净本质，亲见本地风光，则尽山河大地，"全体是个大解脱门"，青青翠竹尽是法身，郁郁黄花无非般若。如果说以棒喝截断情识直下担当是"卷"，随处作主、随处解脱便是"舒"——所谓"卷舒纵横、杀活自在"是也。全机透脱，自是大自在人。

密庵自有其独到表述，如：

> 佛法至妙，妙在明心。心若洞明，前后际断，三祇劫空。觅其空处，了不可得，如红炉上一点雪相似。到个里，生也生他不得，死也死他不得。既生死他不得，即无生死可出，亦无菩提可求。人与非人，性相平等，全体是个大解脱门。①

> 到遮境界，三世诸佛也觑不破。生死魔军向甚处摸索，迷悟向甚处栖泊，是非向甚处摇撼？通上彻下，净裸裸地、赤洒洒地，全体是个当人受用大解脱门，佛法世法打成一片。有时拈一茎草作丈六金身，有时将丈六金身作一茎草。舒卷自在，纵夺临时。别无他术，只为亲证亲悟，了达三祇劫空，不被诸尘所转。②

> 有祖已来，未尝容易以禅道佛法指示学者。谓之学道快捷方式，只要当人去却今时，向父母未生已前、混沌未分之际，直截担荷。如龙得水、似虎靠山，一切处澄澄湛湛、一切处生杀自由、一切处自能生风起草。不着有为，不坐无为。如斩一缕丝，一斩一切斩；如染一缕丝，一染一切染。通上彻下，全体是个大解脱门，佛法世法打成一片。何处有一丝毫许外物之为障碍！③

---

① 《密庵和尚语录·密庵和尚小参》，《禅宗语录辑要》上册，第479页。
② 《密庵和尚语录·普说》，《禅宗语录辑要》上册，第482页。
③ 《密庵和尚语录·示哲珉二禅人斡帐》，《禅宗语录辑要》上册，第486页。

三、结语

从应庵昙华到密庵咸杰再到破庵祖先和松源崇岳，三代俱有《语录》传世，且其中之公案、转语、施教方法等显见是师徒相授、代有相传。应庵和密庵生于北宋后期，活跃于南宋初期，其时宋室南迁，偏安江南一隅。两位禅师虽俱弘化江南尤其浙江一带，然机遇还是相差甚多。应庵昙华大部生活在南宋高宗建炎和绍兴年间，高宗禅位，孝宗立。孝宗隆兴元年，应庵昙华示寂。宋朝皇帝大多信佛，而高宗可能是个例外，他曾颁布诏令，明确规定不准在朝廷准可的数额之外度僧，原有僧尼100人，每年可以新度一人，以使僧众数目自然减少。高宗从北向南几经辗转，最后定都临安。山河破碎，百业待举，遑论佛门重光、丛林振兴。大慧宗杲先获赐号"佛日"并"紫衣"一件、复遭褫夺及流放即发生在这个时期。应庵昙华只能于此乱世勉力维持以保宗风不坠。

密庵咸杰不仅于其师手中接纳了一份颇有底子的家业，个人际遇亦大大好过其师。其所值之宋孝宗，尊佛胜于尊道。他有不少崇佛言论和行为，和多位佛门名僧交好，如大慧宗杲。孝宗皇帝曾亲撰书信问法于密庵，也曾当面请法于密庵。密庵咸杰住持径山寺、灵隐寺时，宋孝宗都有所"垂恩"。"不依国主则法事难立"，密庵咸杰法席之盛不能说和皇帝的支持没有关系。杨岐派虎丘绍隆一系能绵延后世历久不坠，密庵咸杰之功不可低估。

研究密庵咸杰的意义还在于可一窥宋代临济禅师如何续承先辈门庭设施，以及大慧宗杲力举的"看话禅"如何在禅林中流布和运用。清朝以后，禅宗只有临济曹洞两宗尚存，而元明清三代，看话头几乎成为唯一的参禅法，一直到禅净双修的参"念佛是谁"。密庵咸杰是临济禅灯的传递者和看话禅的早期教学者，当代学人，无论是禅史研究者还是禅修教学者、实践者，均有望从密庵咸杰的悟道因缘、弘法实践及禅法教学中获得无尽启发。

（原载《中国文化》2013年秋季号）

刘秉忠及其"藏春诗"研究

一、刘秉忠行状：道人抑或宰相？

刘秉忠的传记资料主要见于《藏春集》卷六《附录》所收之同朝人张文谦撰《行状》、王磐撰《神道碑铭》、徒单公履撰《墓志铭》、姚枢撰《祭文》[①]。《元史》系"刘秉忠"条于卷一五七之"列传第四十四"[②]，《元诗选》初集亦有传略[③]。内典则见于南宋志磐《佛祖统纪》和元念常《佛祖历代通载》等，多从《藏春集》中摘编。杨曾文在《宋元禅宗史》中为刘秉忠作了简明小传。[④]本文所论和刘秉忠生平甚为相关，故再为立传并有意凸显相关处。

刘秉忠生于1216年，即元太祖十一年，原名侃，字仲晦。祖籍瑞州（今属江西），曾祖事金，任邢州节度副使，后返瑞州，留一子于邢州，即刘秉忠祖父。元太祖十五年（1220），铁木真遣"太师国王"木华黎攻克河北一带，立都元帅府，秉忠父被推为副都统，后迁顺德路（即今河北邢台）长官录事。秉忠因之而"质于元帅府"，时年十三。"元帅一见即云，此儿骨格非常，他日必贵命。命僚佐教之文艺，不使列质子班，置之幕司，公遂立志为学。"自此秉忠"诗文字书与日俱进，同辈生莫得窥其涯际也。"[⑤]17岁见爱于邢台节度使，入幕府任"令史"，从事文字杂务。20岁母丧，衣不解带，守孝三年满

---

① （元）刘秉忠：《藏春集》，四库文渊阁本，北京图书馆藏。

② （明）宋濂等：《元史》，中华书局1976年版，第3687—3695页。

③ （清）顾嗣立编：《元诗选》，中华书局1985年版，第373页。

④ 杨曾文：《宋元禅宗史》，中国社会科学出版社2006年版，第597页。

⑤ （元）张文谦：《行状》，《藏春集》卷六。

（1238），不堪刀笔吏，决意逃避世事，遁入武安清化。又迁滴水岩，与全真道者居，自号"藏春散人"。自丘处机1222年晋见成吉思汗，全真道是时已风靡北方。

秉忠亦于此年迎来命运的转捩处。清化天宁寺虚照禅师素闻其名，爱其才而不能舍，遣弟子颜仲复招致门下。秉忠遂披剃为僧，得授法号"子聪"，执掌寺中书记。自此以后28年间，秉忠始终以僧相示世。

当年秋蝗灾，秉忠随虚照禅师逃至云中南堂寺（今山西大同），翌年虚照返邢台，秉忠自留云中，讲习"天文阴阳三式诸书"。据《元史·郭守敬传》，刘秉忠在邢台期间，曾与张文谦、张易、王恂等在城西紫金山学习，郭守敬则尊父命从秉忠学。①《元史》亦载，秉忠"于书无所不读，尤邃于《易》及邵氏《经世书》，至于天文、地理、律历、三式六壬遁甲之属，无不精通，论天下事如指诸掌"②。《祭文》赞秉忠曰"数精皇极，祸福能决，谁其似之，邵君康节"③，秉忠俨然异代之邵康节。"象数之学"自诩"先天之学"，通"天道"、"太极"。秉忠的这一学术背景亦是生发其一生行迹的关键。

1242年，高僧海云印简应忽必烈亲王之请北赴和林藩邸，经云中时遇见秉忠，奇其才而携其同行。忽必烈问海云印简"佛法大意"，请授"菩提心戒"。印简云佛法中有"安天下之法"，劝他访求天下"大贤硕儒"，"恒念百姓不安"，"当以仁恕存心"。④忽必烈与秉忠对谈，甚喜秉忠之"通阴阳天文之书"，遂留其辅佐军政机要。海云印简独自南返。此后20余年，除因父丁忧曾回邢台两年，秉忠一直未离忽必烈左右。

元定宗死后未确立皇位，朝野潜伏内乱。作为忽必烈金莲藩幕府的关键人物，秉忠为忽必烈上《万言策》⑤，谏治国之道，要义即著名的"以马上取天

---

① 《元史》，第3845页。

② 同上，第3688页。

③ （元）姚枢：《祭文》，《藏春集》卷六。

④ （元）释念常：《佛祖历代通载》卷二十一，《大正藏》第49册。

⑤ 《元史》，第3688页。

下，不可以马上治之"。大体为：循古之"典章、礼乐、法度、三纲五常之教"
以安天下；选百官，安民本，减赋税，劝农桑，济鳏寡，禁滥杀；选贤才，开
言路，兴办学校；尊旧礼，祭天地，祭孔尊儒。

1251年，忽必烈兄蒙哥继位，即元宪宗，将汉地军国事务全权交付忽必
烈。刘秉忠荐良吏治邢州，邢州升顺德府。1252年，秉忠随忽必烈南征云南大
理，常念"天地好生为德，佛氏以慈悲济物为心"以谏止杀戮。1259年，忽必
烈进攻南宋，秉忠也常劝不杀，"全活者不可胜计"。为夺王位，忽必烈仓促接受
南宋求和北归。

蒙古前四帝无国号，1260年，忽必烈即位，即元世祖。忽必烈与阿里不哥
争王位，接受秉忠建议，建年号"中统"，意即"中原正统"。阿里不哥投降，
秉忠又建议改年号"至元"，1264年即至元元年。其时"一切所当设施时务之
宜，皆公所草定"。秉忠"万言策"中的诸项建议得到具体实施。1267年，秉忠
受命建中都，建成后迁都。1271年，忽必烈接受秉忠奏议定国号"大元"，取自
《易经》"大哉乾元"。是年改中都为大都。

1264年之前，刘秉忠位渐高、权渐重，居然能延续衲子身份，不改僧服法
号，常斋蔬食，人故称其"聪书记"。是年翰林学士王鹗奏请对刘秉忠予以褒
奖，称秉忠"野服散号，深所未安。宜正其衣冠，崇以显秩"[1]。世祖准奏，
并赐名"秉忠"。"僧子聪"正式变身"刘秉忠"，官拜光禄大夫，位太保，列三
公，元代汉人官职无出其右。1274年，"俨然端坐，无疾而终"，谥"文贞"[2]。

刘秉忠诗作大部分收在四库本《藏春集》六卷中，《藏春集》是较常见的元
人别集，前有四库馆臣撰写的提要、至元丁亥阎复序；正文五卷，卷一至三收
七律200余首，卷四收七绝100余首，卷五收"乐府"70余首，卷六"附录"，载
"行状"、神道碑、墓志等。《藏春集》只收录了刘秉忠七言近体诗，有学者考
证尚有五言诗、小令散曲等散落别处。

---

① 《元史》，第3693页。

② 《行状》，《藏春集》卷六。

二、刘秉忠法系：曹洞抑或临济？

从上述传略可知，刘秉忠一生之大部均在僧数，只是他的经历过于独特，既著僧装，又充高级幕僚，在忽必烈政权中翻云覆雨。各种资料均显示，刘秉忠不时静坐"小斋"，蔬食，喜读书，时有玄远之思。虽好酒，从某种意义上说他有不失僧相之刻意。他一生和两位僧人渊源甚深：虚照禅师于他有剃度之恩，海云禅师于他有知遇之恩。"在金元两朝，禅宗在佛教诸宗中仍是最为活跃最有影响的宗派。"①相对而言，临济宗活跃于北方而曹洞宗兴盛于华北。刘秉忠的法系传承到底如何？澄清这一问题对禅宗史研究和刘秉忠研究均有裨益。

杨曾文在《宋元禅宗史》中断言刘秉忠是临济宗徒，其论证如下：

> 关于刘秉忠在禅宗内的法系，度他为僧的清化天宁寺虚照禅师在现存佛教史书中无载，然而据《藏春集》卷六所附至元十一年（1274）吏部尚书徐世隆的祭文所说："岩岩刘公，首出襄国，学际天人，道冠儒释，初冠章甫，潜心孔氏，又学保真，复参临济……"其中的"保真"当指他曾学全真道，"复参临济"自然是指参学临济禅。据此其师虚照禅师应属临济宗。另外，他作为临济宗禅僧海云印简禅师的"侍者"北上和林。据《临济录》卷首所载元代五峰普秀《临济慧照玄公大宗师语录序》："海云传可庵朗、龙宫玉、颐庵偯（音宣）。可庵传太傅刘文贞公、庆寿满。"可见刘秉忠不仅是临济宗禅僧，而且是海云印简的再传弟子。②

若就随侍海云印简一事及《临济录》所载条目而言，秉忠得临济宗法脉事有所凭据，存疑问的是天宁寺虚照禅师的传承——《祭文》所言之"复参临济"并不一定得出虚照禅师属临济宗的结论。今检索《大正藏》电子版，天宁

---

① 《宋元禅宗史》，第618页。

② 同上，第600—601页。

虚照禅师在佛教史书中有不止一处记载，清人编的《五灯全书》、《续指月录》和《续灯正统》均作"顺德弘明虚照禅师"（1251年，因刘秉忠荐良吏治邢州，邢州升"顺德府"），清僧性统编《续灯正统》卷三十六，述"大鉴下第二十四世"曹洞宗传人中，有"报恩秀禅师法嗣"六位，包括林泉从伦、耶律楚材；"仙岩德禅师"法嗣一位，即"顺德府天宁弘明虚照禅师"。清僧守一重编之《宗教律诸家演派》载："洞山下二十六世（雪庭下十二世）顺德天宁虚照宏□禅师，为元太保刘秉忠之师，另演派十六字，俗呼为刘太保宗。"可见顺德府天宁寺住持虚照弘明禅师虽非元最著名的曹洞宗僧人万松行秀嫡嗣，但确属曹洞宗无疑。刘秉忠曾得其法脉，"子聪"应当就是曹洞宗世系法号。虚照禅师可能还为"子聪"以下另外设计了16个字的上下排行，民间才有"刘太保宗"的说法。

综上，则刘秉忠肩祧临济曹洞两宗法脉。就临济宗法系而言，他得法于可庵朗（即可庵智朗）禅师，可庵智朗禅师得法于元代临济名僧海云印简，刘秉忠是海云印简的再传弟子；就曹洞宗法系而言，他得法于弘明虚照，虚照得法于仙岩德禅师，仙岩德禅师则和元代曹洞名僧万松行秀同属青原行思下二十二世，其师承不详。

三、"黑衣宰相"：有为抑或无为？

据《藏春集》卷六之刘秉忠《行状》："公生而秀异，丰骨不凡，在嬉戏中便为群儿所推长，或举之为帅，或拜之为师，居然受之不疑，随即教令挥斥之。"秉忠似有领袖天赋，在人群中总能脱颖而出，故日后元帅府元帅、虚照禅师、海云禅师等俱能慧眼识得，他们之于秉忠犹河中之石，秉忠被一程一程送到忽必烈面前，亦似有其天命。《行状》描述忽必烈初见秉忠之观感："见公洒落不凡，及通阴阳天文之书，甚喜。公遂见留，自是礼遇渐隆。"《藏春集》原序作者阎复曰："一旦遭际圣主，运应风云，契同鱼水，有若留侯（张良）。"姚枢《祭文》曰："逆知天命，早识龙颜，情好日密，话必夜阑。"秉忠辅佐忽必烈长达32年，从26岁到58岁，几从未疏离。秉忠圆寂，忽必烈至为沉痛："秉忠事朕三十余年，小心缜密，不避艰险，言无隐情。其阴阳术数之精，占事知来，若合符契。惟朕知之，他人莫得闻也。"[1]可见秉忠续承邵康节的阴阳术数之学最契合元主心意，盖蒙古君王素好以龟甲蓍草占卜。

《祭文》有一段赞颂忽必烈和刘秉忠关系之骊辞颇具深意："如鱼得水，如虎在山，易地诸葛，弥天道安。道人其行，宰相其心，谁其似之，黑衣慧琳。"[2]若论事功，前面已把秉忠比为帮助刘邦打天下的张良，此处又比之为帮助刘备打天下的诸葛亮。如果这些外典正史树立的榜样还不足以囊尽秉忠行藏，《祭文》作者又拈出了内典中的两位名僧比附：道安和慧琳。道安提出"不依人主，则法事难立"，曾向前秦主苻坚出谋献策，但似并未刻意于俗世功名；真正堪与秉忠之独特人生相提并论的，当数秉忠之前的"黑衣宰相"释慧琳和秉忠之后的姚广孝（释道衍）。

释慧琳是南朝刘宋时僧人，与刘裕次子庐陵王刘义真交好，义真尝云，得意之日，以慧琳为西豫州都督。义真废，慧琳出都，疑至虎丘。后作《白黑论》，有贬黜佛教之辞，却被文帝赏识，置"通呈书佐"，竟参权要，朝廷大事皆与议。一时宾客辐辏，门车常有数十辆，势倾一时。帝召见，升独榻。[3]时人"慨然叹曰，遂有黑衣宰相，可谓冠履失所矣"[4]。"黑衣宰相"从此指称那些身为出家人，却参与朝政且有很高官职的帝王近臣。

事实上无论教内还是教外，"黑衣宰相"都不能算一个褒义的称呼。慧琳在皇帝召见时"升独榻"，颜延之就趁着酒醉出言不逊。颜延之是门阀中的代表人物，虽然当时名士甚礼遇出家众，时共谈玄论道，但对僧侣直接参政还是很不满。盖佛教与僧人直接在政治上有为不符合以儒家文化为主流的中国封建体制给佛教的定位，唐太宗就曾诏曰："戒行之本，惟尚无为。"[5]佛教传

---

① 《藏春集》卷六。

② 《祭文》，《藏春集》卷六。

③ 汤用彤：《汉魏两晋南北朝佛教史》，武汉大学出版社2008年版，第285页。

④ （唐）李延寿：《南史》第6册，中华书局1975年版，第1964页。

⑤ 《全唐文》卷五，《都僧于天下诏》，转引自严耀中著：《佛教戒律与中国社会》，上海古籍出版社2007年版，第391页。

自印度，本来有远离尘嚣、追求个人解脱的传统，出家人"摄心守道，志在禅诵，不干世事，不作有为"①历来被认为是本分，遑论居国家政权统治核心。外典如此，即便内典如《高僧传》，对慧琳亦多有贬词，如"为性傲诞，颇自矜伐"②云云。

释慧琳的意义在于贡献了"黑衣宰相"这种于僧于俗都极为特殊的人生范型，算是"始作俑者"。其实刘秉忠之后还有一个更受争议的"黑衣宰相"，即明初辅襄燕王朱棣，策动靖难之役，成就永乐帝业的禅僧释道衍，皇帝赐名"姚广孝"。刘、姚二人颇多相似之处：皆起自缁流，见赏于图谋王业的强势藩王；皆居要津干政却坚持不脱僧衣；皆佐成霸业，又位极人臣；皆有诗才，秉忠有《藏春集》，广孝有《逃虚子集》③；而两者诗风均不失禅意，前者"平正通达，无噍杀之音"④，后者"清新婉约，颇存古调"⑤。甚至他们的名字亦俱是功成后皇帝所赐，一"忠"一"孝"，甚合儒家纲常。《明史》载，道衍游方时，相士袁珙见之曰，"是何异僧，目三角，形如病虎，性必嗜杀，刘秉忠流也"⑥。道衍大喜。道衍曾做北平庆寿寺住持，该寺正是知遇秉忠的海云印简的寺庙，有海云禅师塔，有刘秉忠的赞语。道衍亦曾谒位于宛平城的秉忠墓，赋诗两首。故清钱谦益在《列朝诗集》为道衍作小传曰："公初侍燕邸，每夜梦与刘太保仲晦窃语，厥后现身佐命，恪守僧律，南屏西山，后先观化。两公之赐名，一曰秉忠，一曰广孝，岂非宿乘愿轮再世示现者钦？"⑦道衍深信自己是刘秉忠乘愿再来，清人钱谦益极为肯认。

正史对姚广孝的评价起伏不定，毕竟姚广孝身处方外却抢了儒生风光，他

---

① （魏）杨术之著、周祖谟校释：《洛阳伽蓝记校释》，中华书局2010年版，第61页。
② （梁）释慧皎：《高僧传》，陕西人民出版社2010年版，第409页。
③ （明）姚广孝：《逃虚子集》，四库文渊阁本，北京图书馆藏。
④ （清）四库馆臣：《藏春集提要》，《藏春集》。
⑤ （清）四库馆臣：《逃虚子集提要》，《逃虚子集》。
⑥ （清）张廷玉等：《明史》，中华书局1974年版，第4079页。
⑦ （清）钱谦益：《列朝诗集》，上海古籍出版社1983年版，第670页。

辅佐的燕王又是以亲族残杀的代价谋得皇位，由儒生执笔的正史不好鼓励这种价值追求。同时代人徒单公履和姚枢恐怕都遇到了如何评价如何措辞的难题，才有《墓志铭》中的"不以出世故而亏世法也"①和《祭文》中的"道人其形，宰相其心"②。这其中的价值预设非常明显，那就是以儒为正，以释道为辅。两位同时代人为秉忠盖棺定论，弱化其出家身份，诱导世人把慧琳、刘秉忠这样的僧人权臣看做是"徒有僧人外表，却行宰相之实"的人，策略性地把"黑衣宰相"这种特殊人物纳入儒家礼制名教以正世风人心。

　　然刘秉忠若地下有知，也许不会首肯"道人其形，宰相其心"，而宁愿接受"宰相其形，道人其心"。王鹗奏请忽必烈褒奖刘秉忠，写道："今圣明御极，万物惟新，秉忠犹以野服散号，萧条闲寂，守其初心，深所未安……"③可见秉忠的"初心"始终未改。这份"初心"，只能是释子的奉佛初心了。道衍功成，帝"命蓄发，不肯。赐第及两宫人，皆不受。常居僧寺，冠带而朝，退乃缁衣"。钱谦益说他"恪守僧律"，所以编写《列朝诗集》时，特意"列诸释氏，以从公之志……"④

　　佛教中最核心问题就是解脱问题。一切有造作的、有生灭的、有因缘关系的事物都是有为法，一切无造作的、无生灭的、无因缘关系的事物都是无为法。佛教修行目的即离苦得乐、证得涅槃。世间时空因缘下的一切都是有为法，出世间法即"菩萨观诸法空，入见道初地，始见一切法毕竟不生之理"。"以自相空，观一切法，已入菩萨正性离生，乃至不见少法可得。不可得故，无所造作。无所造作故，毕竟不生。毕竟不生故，名无生法忍。"⑤印度部派佛教传统中一直有深居山林岩壑禅定清修的传统，目的无非熄灭外缘，内修禅定，以"无为"证得无生。出世倾向的佛教和经世致用的儒学在个人修持方面

---

① （元）单公履：《墓志铭》，《藏春集》卷六。
② 《祭文》，《藏春集》卷六。
③ （元）王磐：《神道碑铭》，《藏春集》卷六。
④ 《列朝诗集》，第670页。
⑤ （唐）玄奘译：《大般若波罗蜜多经》卷四百四十九，《大正藏》第7册，第264页。

可以有所会通，在天人之道上亦可相互发明，但佛教于东汉传入中国时，儒家纲常名教已然是维护专制主义中央集权制度的主流意识形态，因此若论治国平天下，传统士大夫也好，一般民众也好，还是视儒佛形同泾渭的。

大乘佛教宣扬慈悲救世、普度众生的菩萨精神，世出世间不二，解脱要在世间求得。大乘佛教也不回避和统治者的关系，中观学派奠基人龙树菩萨曾作《宝行王正论》和《劝诫王颂》，专门对当时的甘蔗王传播信奉三宝安民治国之道。在中国，被国主赏识、以各种方式参与到国家管理的高僧为数不少，然而"黑衣宰相"极为特殊。"黑衣宰相"现象虽然对研究中国佛教和王权的关系不具备普遍性，但作为"黑衣宰相"的僧人却要面对"是否犯戒"和"能否解脱"这两大根本性质疑。

《维摩诘经》是对大乘不二法门的集中阐发。按照《维摩诘经》，维摩诘居士已"深达实相，善说法要。辩才无滞，智慧无碍。一切菩萨，法式悉知。诸佛秘藏，无不得入。降伏众魔，游戏神通。其慧方便，皆以得度"。以此不退转故，维摩诘居士能"行于非道即通达佛道"。他"示行贪欲，离诸染着"，"示行嗔恚，而常慈忍"，"示行愚痴，而通达世间出世间慧"，"示行诸烦恼，而心常清净"，"示有资生，而恒观无常，实无所贪"，"示有妻妾采女，而常远离五欲淤泥"……《维摩诘经》自然也是佛说法的方便权巧。维摩诘深得诸佛秘藏。若以般若空观，则世间法一样不得废，和出世间法无二无别。所谓"初心"无非出离心、慈悲心、平等心。若发心在向上一着，道心不有损，则秉忠之流尽可为宰相身，为大人长者身，随缘救度苦难众生。

禅宗是典型的中国化佛教宗派，这已成公论。有学者进一步认为，禅宗更是一个"以佛教为本位而又融摄了儒道思想的三教合一的佛教宗派"①。禅宗并未离开佛教的终极目标——解脱，这种解脱又是"法元在世间，于世出世间。勿离世间上，外求出世间"的大乘精神的解脱。虽说不离世间，"但它始终未以积极入世为终的，而只是遵循了'不坏假名而说实相、不坏世法而入涅槃'的

① 洪修平：《中国儒佛道三教关系研究》，中国社会科学出版社2011年版，第256页。

原则，本质上仍以顿悟超脱为归趣"。禅宗盛于中唐，"入宋以后，儒佛道三教之间的相互影响和相互渗透日益加深，唐宋之际形成的三教合一的思潮逐渐成为中国思想发展的总画面"①。以儒为主，以佛道为辅构成宋以后中国思想界的底色。刘秉忠"初冠章甫，潜心孔氏，又学保真，复参临济。其藏无尽，其境无涯。凿开三室，混为一家"②，如此出入儒释道，会通三家于一炉，正是个人在总体文化思潮下的自然而然的选择。

南北朝时期是儒佛道三教关系全面展开、也是佛教在三教关系中进一步发展的时期，"黑衣宰相"慧琳的出现并不足怪；"元起朔方，固已崇尚释教"，"元兴，崇尚释氏，而帝师之盛，尤不可与古昔同语"。③则"黑衣宰相"刘秉忠的出现也是自然而然。而明代因明太祖幼时为僧，即位后大崇佛教，又从元代延续下来的佛教界内部可谓藏龙卧虎，姚广孝的脱颖而出也不足为奇。

目前学术界对刘秉忠的研究兴趣大多集中在他的诗作、词作、文论、学术等，或他在忽必烈政坛的传奇经历。殊不知仅就文学成就论，刘秉忠的《藏春集》在四部集部浩如烟海的作品中实在算不上出色。如果仅仅把刘秉忠当做某个地域名人而大书特书，和刘秉忠应有的历史地位也不相称。而以"黑衣宰相"为切入口，探究诸如佛教中国化问题，三教合一问题，大乘佛教慈悲、圆融、不二等核心理念，佛教戒律中的有为无为问题，中国佛教和王权的关系问题等等，刘秉忠研究的思想史意义正可以凸显出来。佛经中常说一滴水中有四万八千虫，刘秉忠这个具体的个案正可折射出万千因缘。

四、"藏春诗"："闲伎俩"抑或"切玉刀"？

刘秉忠"褐衣蔬食，禅寂徜徉"④，"自幼好学，至老不衰，虽位极人臣，

---

① 《中国儒佛道三教关系研究》，第19页。
② 《祭文》，《藏春集》卷六。
③ 《释老传》，《元史》，第4517页。
④ 《神道碑铭》，《藏春集》卷六。

而斋居蔬食，终日澹然，不异平昔，自号藏春散人"①。从传记资料中可见，刘秉忠行迹略显被动，总有高人相中他，推着他往前走，他也就随缘任运，无为而无不为，和自己的命运合作良好。刘秉忠虽然是个传奇主人公，史料上看不出其平生性情有何冲突之处。相比而言，史官笔下的姚广孝则深谋远虑得多，屡有功名向往，或二人性情本有殊异。

虽然秉忠屡叹一腔怀抱不足为世人道，《藏春集》还是贮纳了他的心声。细细读完，秉忠之所宗、所信、所感、所求存于依稀仿佛中。其作与其行互为表里，合而为一，笼统观之，或可约略对秉忠有"了解之同情"。本文所论仅限于《藏春集》中所收七言近体诗，姑名之"藏春诗"。

"藏春诗"在诗史上的基本定位应该是禅僧诗兼士大夫诗。这是"知人论诗"，是结合刘秉忠独特的"黑衣宰相"身份事实而言的。在他之前，有很多僧人留下诗偈或禅诗，但没有一位如刘秉忠身处政治权利核心；亦有很多士大夫出身的朝廷要员留下大量禅诗，但没有一位如刘秉忠大半生不脱僧衣。"禅心"和"功名"两者须时时兼而论之，用秉忠自己的话说就是"鹊喜举枝鹤啄苔，能闲能宦各天才"②，他自己是两种天才兼而有之。刘秉忠大概是中国诗史上第一个"以禅心建立功名"，又"以禅心遣荡功名"的诗僧。在有为和无为之间，在入世和出世之间，在"宦"和"闲"之间，在"仕"和"隐"之间，如何取其"中道"，入其"不二法门"，深达"般若实相"，这是禅学的精髓所在，也是藏春诗的旨归。偏废任何一端，藏春诗都会埋没在传承有续的诗歌传统和浩如烟海的诗歌海洋中，其精微处、高明处将不得彰显。

僧人写诗盖始于东晋，代有其人，唐宋以后更成一时风尚，如南宋李龏（古同恭）编《唐僧弘秀集》收唐皎然、齐己、寒山、拾得等52位僧人的500首诗作，南宋陈起辑《宋高僧诗选》收宋61位僧人381首诗作。僧人写诗于教内教外均有争议，能写诗的僧人俱为才人，易恃才傲物，或放逸情性、为物所

---

① 《元史》，第3694页。
② 《适情》，《藏春集》卷一。

牵，或耽缅章句、因文废道，徒增人法二执，谈何一心办道。明云栖袾宏以为写诗是"士大夫所有事"，士大夫舍弃之而习禅，禅僧却相反，拣彼之所弃，"而于己分上一大事因缘置之度外，何颠倒乃而！"①宗赜《禅苑清规》卷三："禅月、齐己，止号诗僧；贾岛、慧休，流离宦俗，岂出家之本意也。"②诗僧则强调诗艺实践也是禅修实践，如齐己诗云："诗心何以传，所证目同禅"，钱锺书总结："禅悟可通于艺术，唐人为僧侣之有才情者作诗文，每申此旨。"③佛教有八万四千法门，吟诗是否专为有才情的僧人施设的解脱法门，教内外聚讼纷纭。

禅僧之诗经常能让人一眼识得，如苏轼所言，"但恨其寒俭有僧态"④，"寒俭"二字，便是僧人诗特有的味道。这种味道，宋以后人更形象地戏之为"蔬笋气"和"酸馅气"，盖"苦、空、无我"是佛教法印，僧人作诗自然有此印记，若手法不高明，便只剩形神枯寂，气象拘谨，题材褊狭，不免遭世人诟病。更有食而不化之人，直接拿经中法语入诗，诘曲聱牙，诗意凋零，便难怪自小承诗教的士大夫发出"颇怪浮屠人，视身如丘井。颓然寄淡泊，谁与发豪猛"⑤的感慨。然而苏轼毕竟是有证悟的大诗人，他点出"诗法不相妨"的秘诀在于"空静"："欲令诗语妙，无厌空且静。静故了群动，空故纳万境。阅世走人间，观身卧云岭。咸酸杂众好，中有至味永。"⑥阅世走人间，便五味杂陈，咸酸俱下，观身卧云岭，便山林清润，气如烟霞。其实士大夫也有一孔之见的偏蔽，僧诗也未必要去尽"蔬笋气"和"酸馅气"，上好的僧诗可以"烟霞气"夺"酸馅气"，"蔬笋气"只要真实亲切发乎天然，自然会令俗世中人时向往之。

①　（明）云栖袾宏：《竹窗随笔》，《云栖法汇》卷十二，《嘉兴藏》第33册，第30页。

②　（宋）宗赜：《禅苑清规》卷三，《续藏经》第63册，第532页。

③　钱锺书：《谈艺录》，中华书局1984年版，第259页。

④　（宋）苏轼：《书司空图诗》，《苏东坡全集》，北京燕山出版社2009年版，第5455页。

⑤　《送参寥师》，《苏东坡全集》，第201页。

⑥　同上。

刘秉忠倒不是孜孜以诗艺、汲汲于炼句的吟者，"至于裁云镂月之章，阳春白雪之曲，在公乃为馀事"①。他自陈："风人托物成骚雅，未必初心在物来。"②秉忠诗风"平正通达，无噍杀之音"③。其诗少用典，多理趣，化雕琢于一派天真。不乏平淡自然的山水田园小品，有陶渊明、孟浩然之风；亦不乏体极参玄的悟道诗，有苏东坡、黄山谷、邵康节遗响。"藏春诗"中似乎有两个"刘秉忠"：一个"刘秉忠"是"子聪书记"，一个"刘秉忠"是"僧子聪"或"藏春道人"。"子聪书记"戎马倥偬，随忽必烈辗转漠北西南，征战杀伐。许多诗写于行军途中、攻城间隙，如《西藩道中》、《乌蛮道中》、《云内道中》、《过东胜》、《过盐州》、《过天井关》、《灭高国主》、《满坦北边》等等，僧子聪则静坐斋戒，嗜读书，喜饮酒，焚香高卧，心如止水，观花开花落，看浮云出岫，如不系之舟，歌舞雪风里，如《斋中》、《醒来》、《适意》、《闲况》、《对酒》、《山居晚起》等等。"子聪书记"以禅心建立功名，"僧子聪"以禅心遣荡功名。所以，秉忠诗题材宽广，气象阔达，若论"气味"，则几无"酸馅气"，处处"蔬笋气"，不时"烟霞气"。

"诗为禅客添花锦，禅是诗家切玉刀"，刘秉忠最推崇的同代诗人元好问这一名句用于秉忠正合适。对刘秉忠而言，诗是闲伎俩，"吟写总为闲伎俩，且将消遣日长天"④；禅是切玉刀，"许来大小如来藏，竖得俱胝一指头"⑤。以文学传统论秉忠诗词成就，今人已有很好的研究文章。此处从禅学入手，看秉忠是如何把禅学修为化入其诗作中的。

1. "缘起性空"的世界观——"前前后后都为梦，是是非非总未真"

佛陀立教以对人生问题的关注为起点，以求得解脱涅槃为终点。在佛教看来，宇宙间的一切事物和现象都由因缘和合而起，互为条件而存在，本无自

---

① 《藏春集原序》。

② 《有感》，《藏春集》卷一。

③ 《藏春集提要》。

④ 《夏日遣怀》，《藏春集》卷二。

⑤ 《禅颂》十首之四，《藏春集》卷四。

性。一切事物都没有常住不变的实体，"一切法如幻，毕竟不可执"。人生痛苦根源在于无以了知诸法实相，而产生种种执着，种种颠倒。眼耳鼻舌身意六根向外任意攀援，喜怒哀乐等种种分别、种种计较俱从此中得，不知世界本空幻，人生本如梦。《金刚经》偈云："一切有为法，如梦幻泡影，如露亦如电，应作如是观。""梦"在佛经中随处可见，是佛教对"缘起性空"的世界真相（"一实相"）的形象比喻。刘秉忠诗中多有"人生如梦"之叹，如《守常》之一："得失纷纷不必穷，一鸣一息古今同。韩侯假印元无命，李广祈封未有功。世事百年魂梦里，人生几日笑谈中。朝三暮四相狙戏，识破从前赋芋翁。"之二："熏天富贵等浮云，流水年光梦里身。但着眼观皆外物，不开口笑是痴人。歌台买酒闲消日，醉帽簪花老弄春。燕燕莺莺莫相戏，渠应未识此心真。"①《醒来》："尺蠖微虫解屈伸，人生何用两眉攒。前前后后都为梦，是是非非总未真。已幸有书消永日，岂堪无酒度芳春。东风院落花梢上，午睡醒来月色新。"②《呈全一庵主》："百结千围系物绳，古根金种未忘情。庄周一梦花间蝶，圆泽三生石上僧。诗有仙风抛世网，酒藏奇计破愁城。放他少室山头月，代祖流传不尽灯。"③散句如"熏天富贵等浮云，流水年光梦里身"④、"万事转头都是梦，枉教愁扰转头前"⑤，随手即可捡拾一二。

既人生如梦，所谓"功名"亦如"浮云"、如"画饼"、如"花梢露"、如"一局棋"，转瞬即逝。尘世中人对"功名"孜孜以求，自是一种"颠倒"，一叶障目，徒被红尘遮断解脱之路，不免在生死轮回中浮沉。在世人眼里，秉忠身得大功名，何尝不富贵。世人之所重，秉忠之所轻，以秉忠的衲僧情怀，"富贵功名"不仅不足道哉，更是误人之物，令人心上蒙尘、头添白发，惊于"宠辱"，不得"自由"。世人皆以秉忠坐拥功名富贵乡，秉忠却早已置己身于功名

---

① 《藏春集》卷一。
② 同上。
③ 《藏春集》卷二。
④ 《春日寄友》二首之一，《藏春集》卷二。
⑤ 《答隤客》，《藏春集》卷三。

之外，在他看来，处静才是真受用，得闲才是大功名。任身外红尘滚滚，秉忠且幽隐岩中蕙帐，素食薄酒，心常无事，逍遥如天地之苍雁、不系如江湖之扁舟。如《关外感秋》之二："一岩幽隐几时还，猿鹤萧条蕙帐闲。画饼功名谁得饱，浮云富贵此堪攀。归禽侧畔千章木，行客前头万叠山。不道世人无定分，本图何事鬓毛班。"①《斋中》："画戟朱门将相家，山间一室息纷哗。素食得饱那思食，薄酒消愁宛胜茶。就里静为真受用，倒头闲是好生涯。此身久置功名外，万户封侯任被夸。"②《闲中》："两字功名千万峰，红尘遮断海西东。"③《闲况》："山有岚光水有声，得闲便是大功名。彼长然觉此为短，我圣未知人所轻。几树好花风乍静，一钩新月雨初晴。此心之合常无事，莫谓人间宠辱惊。"④《对镜》中的"镜中人向镜边羞，有底功名早白头"⑤。《西蕃道中》之"天地春秋几苍雁，江湖古今一扁舟。功名到底花梢露，何事区区不自由"⑥。《春日遣怀》："盖世功名一局棋，千年城郭昔人非。"⑦《秋晚》："功名果是将人误，怀抱惟除着酒宽。"《有怀邃长老十一首》："自是功名有归处，等闲不肯逐闲人。"⑧

2. 守心如一、明心见性的修道观——"唯有无生话无尽，何如缄口坐痴禅"

佛教把人生归结为烦恼的自我创造。外物都是由缘而起，因而无自性分别。一般认识却执著其为实有，将认识和认识对象分离，区分了外在现象的各自不同，产生能所之分。两种分别的结果，是产生我执和法执。诸法实相即真如，没有时空区别，不可名言计度。欲得无分别智，就要摆脱名言，主客一体，亲证实相。禅修就是消除对名相的分别和执着，最终达到对般若智慧的运

---

① 《藏春集》卷三。
② 《藏春集》卷四。
③ 《藏春集》卷一。
④ 同上。
⑤ 同上。
⑥ 同上。
⑦ 《藏春集》卷三。
⑧ 《藏春集》卷四。

用和对本心的体认。禅宗是中国化佛教宗派，禅宗思想综合了佛学的般若空观和中国传统思想中的整体主义，在禅宗，一切事物和现象处于因缘网络中，所以"无我"，而世界是整体的，因缘和合的"一"同时也是整体中的"一"，具体事物只有作为一个整体的有机组成部分，才能获得其存在的依据和意义。在道家，浑然一体的"道"在个体心之外，需要主体保持虚静状态去契合；在禅宗，万象都为个体本心所生，本心即本体，一切都为本体所本有，一切都不在主体意料之外，则一切境界都恬淡自然，无得到的喜悦，无失去的痛苦。传统止观实践侧重守心如一，在高度集中的精神状态下对特有的内容进行体验和感受，六祖以后的禅宗尤其马祖道一一脉则强调平常心是道，任运自然，明心见性，在日常生活中获得本真感受。

"镜里流年发渐皤，殷勤学道莫蹉跎。黄金断要经烧炼，白璧元曾受琢磨。能自处心终始一，任他开口是非多。当如织女机头锦，每日须教进几梭。"①从这首题为《自勉》的诗当可一窥秉忠的禅修生活。首联和尾联，作者自勉须日日精进，坚持定课，不负年华；颔联中，作者以为悟道途径在于"时时勤拂拭"，如黄金经千烧百炼，如白玉受千雕万琢。颈联点出秉忠所用的禅修方法是"静以观心，处心如一"。《痴坐》："青春缘底忙忙去，白发无端续续生。自笑行藏多错料，却将痴坐学忘情。"②《遣怀寄颜仲复二首》之二："朱颜白发任流年，睥睨揶揄置两边。皆醉皆醒人岂而，一鸣一息物当然。飞腾起处须从地，智力穷时便到天。唯有无生话无尽，何如缄口坐痴禅。"③表达的是相似的意思。禅定本是佛教一种普遍的基本的修行方法，通过禅定可使心念沉静专一，不散乱，虽然面对刹那变化的无数现象，依然能恒定如一，不随物迁。《庄子》中的"心斋"、"坐忘"、"虚静"也大体相当，人的自由便是人心达到虚静以后的自然结果。秉忠诗有多处涉及这种习静或禅定的日常工夫带来的真

---

① 《藏春集》卷一。
② 《藏春集》卷四。
③ 《藏春集》卷三。

实受用，如："就里静为真受用，倒头闲是好生涯。"^①"静里乾坤醉里仙，闲愁不到两眉边。"^②"静守穷庐事不侵，闲中一日抵千金。傍人自任多评论，此是寥休道者心。"^③等等。所谓"物情宜向静中观"，他于静中悟道："道存圣贤行藏里，人在乾坤动静间。"^④于静中体认虚空："须信乾坤常肃静，龙吟虎啸自风云。"^⑤于静中心清似水："谁信道人心似水，无时无节不澄清。"^⑥于静中守心如一："谁解立心如砥柱，百湍冲击只依元。"^⑦

3. 自然而然、任运自在的解脱观——"万事随缘真省力，何须心地冷如灰"

自然是中国传统文化中的一个很重要的概念，自然既指称自然界，也指人类作为世间万物一员先天具有的非文化属性和人的自然而然的状态。庄子肯定时空的客观存在，然时空流转太快，形如虚舟，难以把握，因此，庄子主张以物观物，以物的眼光直观世界和自己，物我合一，能所俱泯，冲破一切自然和人为的桎梏，达到绝对自由的逍遥境界。佛教带给中国文化的最重要的思想资源就是般若空观，所谓"悟"，就是个体的人对空的觉悟。般若思想又强调对空观本身亦不得执着，要随时遣荡，持中道不二的正观。六祖惠能说，"我此法门，从上以来，顿渐皆立无念为宗，无相为体，无住为本"。无相即离相，就是不执着于现象，只把它们看做因缘和合的结果，故为空。观空，则万事万物脱离了时空因缘，走出了人为的非自然的意义设定，当下所见的经验赋予人某种独特的感受或悟解，这个不可重复的悟解就是人生最重要最亲切的经验。马祖道一说"平常心是道"，平常心就是无矫揉造作的、自然而然的心，渴则饮，饥则食，要眠即眠，要坐即坐，搬柴运水无非佛事。自然界花开花落，冬去春

---

① 《蜗舍闲适》三首之二，《藏春集》卷一。
② 《适意》，《藏春集》卷一。
③ 《遣怀》，《藏春集》卷四。
④ 《途中寄张平章仲二》，《藏春集》卷二。
⑤ 《为大觉中言诗》四首之四，《藏春集》卷四。
⑥ 《感兴》九首之三，《藏春集》卷四。
⑦ 《论交》，《藏春集》卷一。

来，云无心而出岫，鸥忘机而浮沉，无情常说法，处处皆道场。

刘秉忠有《禅颂》十首①，其实就是诗偈，集中表达了他的禅学观。如其三："镜中影像元非我，石上精神却是谁。落尽桃花春不管，枝头青子自累累。"视十方世界如镜花水月，俱为空幻，惟三生石上本心常存，以其无量本有功德，生世间出世间善因果，花自落尽，子自累累。其一："如来妙法离文字，万语千言何处归？鹿园祇园空浩浩，回头四十九年非。"其五："见色明心方是暗，闻声悟道转为迟。断头船子无牵绪，自在沧浪东复西。"无非道出禅悟于言语道断心行灭处得。其八："倚棹乍离杨柳岸，策筇又过杏花村。水声禽语相和应，说尽观音不二门。"其九："春风展叶桥头柳，腊月开花水畔梅。万事随缘真省力，何须心地冷如灰。"便俨然是开悟人之所道其心中所行法门。

如果说上述秉忠诗皆是重理趣一路，他还有为数不少的山水田园小品，清寂空灵，宁静淡远，内中无我，唯有自然。如《过田家》："柳映长堤水浸沙，夏初骑马过田家。鸣鸠唤住西山雨，桑叶如云麦始花。"②《小溪》："小溪流水碧如油，终日忘机羡白鸥。两岸桃花春色里，可能容个钓鱼舟。"③《晚眺》："长歌短咏流年里，远眺登高夕照边。不见南山真面目，一川秋水淡林烟。"④《藏春集》卷四皆七绝，这样"不时露风致也"⑤的小品尤多。秉忠的心地，果如"十方世界一袈裟"⑥，质直、真纯，无可补缀，本自具足。

"舞雩风里一僧歌"⑦是他的自况，"顶圆肩袒腹中花，老大维摩不出家"⑧是他的自况，"长教身类粘泥絮，赢得心如出水莲"⑨是他的自况，"望见城南山

---

① 《禅诵》十首，《藏春集》卷四。
② 《藏春集》卷四。
③ 同上。
④ 同上。
⑤ 《藏春集提要》。
⑥ 《禅诵》十首之二，《藏春集》卷四。
⑦ 《闲况》四首之二，《藏春集》卷一。
⑧ 《禅诵》十首之二，《藏春集》卷四。
⑨ 《寡合》，《藏春集》卷一。

色好，却回骑马入红尘"①、"只宜缄口人间事，未解含情客里僧"②更是他的自况。四库馆臣以"平正通达，无噍杀之音"、"萧散闲淡"来总括刘秉忠诗风，所言极是。究其来由，盖秉忠已是悟道禅僧。佛教缘起性空的世界观和守心如一的禅修实践使秉忠于"开一代治平"③的赫赫功业中修得一双"清静佛眼"，识得一颗"本具佛心"。

（原载《中国文化》2012年春季号，转载于《人大报刊复印资料·中国古代、近代文学研究》）

---

① 《有怀邃长老》十一首之三，《藏春集》卷四。
② 《关外感秋》二首之一，《藏春集》卷三。
③ 《藏春集提要》。

伧僧旧义，不负如来

——陈寅恪诗文中之"支愍度典故"考辨

　　1933年，为贺蔡元培先生六秩又五诞辰，陈寅恪先生奉《支愍度学说考》一文以入"纪念论文集"。陈寅恪出生江西义宁陈家，祖父陈宝箴、父陈三立皆有声于时，陈寅恪晚年尝作诗"旧时王谢早无家"，当是以"世家子"自况。因家学深厚，他幼时即得以"终日埋头于浩如烟海的古籍以及佛书等等，无不浏览"[①]。13岁随兄衡恪东渡日本留学，病归，考入上海复旦公学，毕业后赴德，先后在柏林、苏黎世、巴黎、哈佛等大学攻读梵、巴、藏等东方语言文字数十种，辗转20年。35岁归国，次年与王国维、梁启超、赵元任同受聘为清华国学院导师，继任文史哲三系合聘教授，开设"佛经翻译文学"、"世说新语研究"、"晋南北朝史专题研究"等课。据先生门人蒋天枢记，"是时先生授课之余，精研群籍，史、集部外，并及佛典。早年居金陵，与支那内学院邻近，已泛涉佛典，至是更进而为译本佛经之研究……"陈寅恪还用高丽藏校检梁慧皎《高僧传》，"眉间细字密行，间注梵文巴利文"，欲为之笺注。[②]支愍度为东晋时僧人，事迹见于《世说新语》、《出三藏记集》等。陈寅恪写就《支愍度学说考》，当非偶然。又陈寅恪其时44岁，无论人生和学问均处于上好时节。《支愍度学说考》考据谨严，立论得当，不愧为盛年力作。"支愍度"也许只是他关注的众多议题之一，但以该文对大乘佛教般若学尤其"心无宗"发覆、对早期佛教中国化过程中"格义"、"合本"二法的发覆，佛教史研究又切实前进了一大步。

[①] 蒋天枢：《陈寅恪先生编年事辑（增订本）》，上海古籍出版社1997年版，第20页。

[②] 同上，第220页。

　　然陈寅恪先生对"支愍度"的偏爱不止于此。《支愍度学说考》行世后，他数次以"支愍度典故"入于诗文中：1938年作《残春》诗，有"过江愍度饥难救"句；[①]同年7月作《陈垣明季滇黔佛教考序》，沿用此典以托怀，有"幸俱未树新义以负如来"句；[②]1942年作《余挈家由香港抵桂林已逾两月尚困居旅舍感而赋此》诗，在"江东旧义饥难救"句下自注"支愍度事"；[③]1951年作《送朱少滨教授退休卜居杭州》诗，有"江东旧义头盈雪"句，自注"支愍度事见世说新语"；[④]1965年撰《先君致邓子竹丈手札二通书后》，内云："乞仙令之残砂，守伧僧之旧义。"[⑤]以上为落于文字的，含论文共有六次；加上翁同文《追念陈寅恪师》中所记之1938年秋陈寅恪在昆明西南联大开讲南渡后第一课，即大谈支愍度渡江树"心无义"事，[⑥]则为七次；又1932年发表的《与刘叔雅论国文试题书》、1952年发表的《论韩愈》[⑦]和1956年《听读夏瞿禅新著〈姜白石合肥本事词〉即依见赠诗原韵酬之》[⑧]中皆涉及"格义"，和"支愍度典故"不无关联，故见于各方史料的"陈寅恪和支愍度典故"事例约之有十。陈寅恪何以对愍度道人如此"偏爱"？如何解"伧僧旧义"？又如何"不负如来"？从20世纪30年代初至20世纪60年代中，国事动荡，"文化神州"难免天翻地覆，陈寅恪于不同时节用相同典故，虽因缘际会、怀抱常新，亦自有不变的真精神在。陈寅恪尝说"对于古人之学说，应具了解之同情"[⑨]，又说："古事今情，虽不同物，若于异中求同，同中见异，融会异同，混合古今，别造一同异俱冥，今古

① 陈寅恪：《陈寅恪集·诗集》，三联书店2001年版，第23页。
② 陈寅恪：《陈寅恪集·金明馆丛稿二编》，三联书店2001年版，第272页。
③ 《陈寅恪集·诗集》，第33页。
④ 同上，第83页。
⑤ 《陈寅恪集·金明馆丛稿二编》，第286页。
⑥ 卞僧慧：《陈寅恪先生年谱长编》，中华书局2010年版，第190页。
⑦ 陈寅恪：《陈寅恪集·金明馆丛稿初编》，三联书店2001年版，第322页。
⑧ 《陈寅恪集·诗集》，第124页。
⑨ 《陈寅恪集·金明馆丛稿二编》，第279页。

合流之幻觉，斯实文章之绝诣，而作者之能事也。"①"解释词句，征引故实，必有时代限断。然时代划分，于古典甚易，于今典则难。盖所谓今典者，即作者当日之时事也。"②盖"了解之同情"及"古典今典"乃陈寅恪治史的独有心得和两大法宝，吾辈虽愚驽不敢望其项背，亦不妨以点滴所得考辨"陈寅恪和支愍度典故"的前前后后——陈寅恪殁于1969年，去今仅区区四十载余。然而他又何尝不是一个"后不见来者"的"古人"呢？

一、关于《支愍度学说考》："心无义"、"格义"及"江东旧义"

对支愍度及其"心无义"学说作如此全面细致的考据和辨析的，陈寅恪是古今第一人。汤用彤先生《汉魏两晋南北朝佛教史》"支愍度之心无义"一节，以《支愍度学说考》"论极翔实"故，择要述之而未立新说。《支愍度学说考》第一部分"材料"和第二部分"何谓心无义"主要廓清支愍度其人以及他所创的"心无"一宗的义理。第三部分"心无义与格义之关系"和第五部分"格义与合本之异同"涉及心无宗的立论方法。第四部分"心无义之传授"检点该宗的传承与湮灭。第六部分"附论"略陈"格义"、"合本"的方法在罗什后的余绪。

自东晋末支娄迦谶译出十卷《道行般若经》后，般若类经典不断传入并一再翻译。般若学说和《老》、《庄》、玄学有相通处，故与玄学相互成就，日渐光大，研习者渐众，道安时大盛。又因学者各抒新义，遂生派别，有"六家七宗"之说："论有六家，分为七宗。第一本无宗，第二无异宗，第三即色宗，第四识含宗，第五幻化宗，第六心无宗，第七缘会宗；本有六家，第一家分为二宗，故成七宗也。"③释僧镜《实相六家论》又有"十二家"之说，"当时宗义之繁，实为奇观。惜所存材料极少，多不知其详"④。据陈寅恪考，心无之义，创

---

① 《陈寅恪集·金明馆丛稿初编》，第234页。
② 同上。
③ 释元康：《肇论疏卷上·序》，《大正藏》第45册，第161页。
④ 汤用彤：《汉魏两晋南北朝佛教史》，武汉大学出版社2008年版，第160页。

立者为东晋惠帝时胡姓沙门支愍度无疑。传者道恒、法蕴，曾大盛于江南，后在竺法汰、慧远、僧肇等责难下，渐次黯淡，东晋末尚有桓玄、刘遗民"扬其余波"，而非如《高僧传》之《法汰传》所言，慧远破道恒后"于此而息"。

陈寅恪在《支愍度学说考》开篇即云："兹取关于支愍度之材料，条列如下……"其所列之第一条取自《世说新语·假谲篇》：

> 愍度道人始欲过江，与一伧道人为侣，谋曰：用旧义往江东，恐不办得食，便共立心无义。继而此道人不成渡。愍度果讲义积年。后有伧人来，先道人寄语云：为我致意愍度，无义那可立？治此计，权救饥尔，无为遂负如来也。①

据汤用彤先生考订，"吴人以中州人为伧"，"此伧道人亦中州人"。②汤先生认为"事未必即实"，陈寅恪意不在愍度和伧道人的过往是否确有其事，而在于以之和别的材料比对，得出"心无之义始创于愍度"的结论。但陈寅恪在其后的诗文中多次引用这个典故时，却完全以伧道人的"寄语"而因时因地引申发微，弦外之音往往要落在"伧僧旧义"或"江东旧义"四字。盖辞章不同考据，惟寄托情性为第一要务也。依陈寅恪的标准，他多有偏爱的"支愍度典"的"古典"部分即从此出，"今典"部分则有待下文逐一道来。

《支愍度学说考》的核心议题是通过支愍度"心无义"与"格义"关系的个案研究，揭示古代中外文化交流史上的一个普遍现象，着眼点并不在"伧僧旧义，不负如来"。但如此表象并不能把谨严的学术论文《支愍度学说考》和其后所有用了"支愍度典故"的诗文打成两截，恰恰相反，两者均寄托了陈寅恪的"深心"和某种一以贯之的文化关怀。所谓"法不孤起，依缘方生"，陈寅恪于"此时此刻"写成"此文"，不会是一件纯然孤起的事件，他必受内心真切关

---

① 《陈寅恪集·金明馆丛稿初编》，第159页。
② 《汉魏两晋南北朝佛教史》，第179页。

注的"问题"所驱使。也许陈寅恪正是在写作论文的过程中，把支愍度典故深契于心，以后则随用随取了。这篇"实事求是"、"无征不信"①的考据文章为后续之诗文提供了典故出处，同时也一样折射出陈寅恪的文化态度和文化信念。欲解读，还要回到"格义"二字。

二、关于"格义"：考据之"尺幅千里"

佛教于东汉年间传入中国，作为外来思想，和本土文化多有抵牾，难以起信。故最初只能依附神仙道术方伎活跃于宫廷民间，彼此借力，相资互用。至魏晋，玄学兴起，恰成接引佛教义理的桥梁，尤其般若性空之义似与老庄之学有天然相通之处，一些既善外学又通佛义的僧俗知识分子就用"外书"尤其老庄之书，拟配、解释、说明佛经义理尤其般若性空之理，使佛经变得易于理解，这种方法就是"格义"，也是"格义"一词最原初的用法。《高僧传》之"竺法雅传"曰："雅乃与康法郎等以经中事数拟配外书，为生解之例，谓之'格义'。"②陈寅恪认为"'格义'之正确解释应如法雅传所言。"而"生解"即六朝经典注疏中的"子注"，"生"与"子"互训，"解"与"注"互训。至于"事数"，陈寅恪认为刘孝标对《世说新语·文学篇》中这一概念的解释是正确的："事数谓若五阴、十二入、四谛、十二因缘、五根、五力、七觉之声。"由此，《颜氏家训·归心篇》以内典"五种禁"拟外典"仁义礼智信"，《魏书·释老志》以佛法僧"三归"若"君子三畏"，"晋孙绰制《道贤论》以天竺七僧方竹林七贤"皆为"格义"的遗风或"格义"的支流。他又进一步用众多内外典材料证明，支愍度往江东所立之"心无义"，"与'格义'同为一种比附内典外书之学说，又同为一时代之产物。……然则即称二者为性质近似，同源殊流之学说，虽不中不远也。"

关于"格义"，陈寅恪有两段话和本文所论关涉甚多：

---

① 梁启超：《清代学术概论》，上海古籍出版社1998年版，第5页。
② 释慧皎著、汤用彤校注：《高僧传》，中华书局1992年版，第152页。

尝谓自北宋以后援儒入释之理学，皆"格义"之流也。佛藏之此方撰述中有所谓融通一类者，亦莫非"格义"之流也。即华严宗如圭峰大师宗密之疏《盂兰盆经》，以阐扬行孝之义，作《原人伦》而兼采儒道二家之说，恐又"格义"之变相也。然则"格义"之为物，其名虽罕见于旧籍，其实则盛行于后世，独关于其原起及流别，就予所知，尚未有确切言之者。以其为我民族与他民族二种不同思想初次之混合品，在吾国哲学史上尤不可不记。

从引文可证，陈寅恪对"格义"的理解并不限于原初"以老庄敷衍佛经"的狭义，而秉持更开阔的语义边境，把历史上广为可见的佛教思想和中国本土儒道二教教义的"融通"皆视为"格义"。他特意举主张"佛儒一源"的唐代僧人思想家、华严五祖圭峰宗密为例，为"格义"一法作申张——考诸中国佛教史，除道家外，儒家思想亦曾担任通往佛义的中介角色："夫'格义'之比较，乃以内典与外书相配拟。……故一则（按：指格义）成为傅会中西之学说，如心无义即其一例，后世所有融通儒释之理论，皆其之流演变之余也。……"①

汪荣祖注意到陈寅恪"研究佛经，不是宗教的兴趣，也不是哲学的兴趣，……而是思想史的兴趣。……将思想概念置于时代、社会之中，再从思想推知时代文化的精神，以及从时代文化推知思想的渊源与流变。""而其考证亦不在为考证而考证，要能从考证中，见其大，也就是所谓'尺幅千里'的考证学境界。"②余英时亦指出"他要通过最严格最精致的考据工作来研究中国史上的一些关键性的大问题，并尽量企图从其中获得关于当前处境的启示"③。陈寅恪所谓"以其（格义）为我民族与他民族二种不同思想初次之混合品，在吾国哲学史上尤不可不记"一说，看似轻轻带过，正寄托了他于考据功夫之外的苦心。

---

① 《支愍度学说考》，《陈寅恪集·金明馆丛稿初编》，第159—187页。
② 汪荣祖：《史家陈寅恪传》，北京大学出版社2005年版，第85页。
③ 余英时：《陈寅恪的学术精神和晚年心境》，《现代危机与思想人物》，三联书店2005年版，第375页。

　　陈寅恪写作《支愍度学说考》一文，正是把"格义"当作文化交流史的大问题来对待的。"格义"从内典出、从佛教起，狭义而言仅为汉末魏晋时玄佛互通的一种"方法"，但它提示了外来文化如何进入本土文化，本土文化如何接纳外来文化，两者谁"化"了"谁"，结局又如何等种种思考，后人甚至发明"格义佛教"一词，用来传达佛教中国化过程中的某种情境。冯友兰更是把格义概念的内涵，扩展为所有文化体系之间互为理解的方法论概念。他的《中国哲学史新编》没有在魏晋南北朝章节详论"格义"，反而在讨论"中国第一个真正了解西方文化的思想家——严复"时，大谈特谈中学西学之间的"格义"。冯友兰在指出"格义"是"两种文化初相遇时互相理解的一个必然过程"后，认为谭嗣同和严复在这个过程中所做的工作就是"格义"，只是两者的格义行为立场不同、观点不同："谭嗣同是站在中学的立场，以中学为主，从中学看西学，对于西学做格义；严复是站在西学的立场，以西学为主，从西学看中学，对于中学做格义。"①冯友兰又说："在世界史的近代阶段，西方比东方先走了一步，先东方而近代化了。在中国近代史中，所谓中西之分，实际上是古今之异。以中学为主，对西学进行格义，实际上是以古释今；以西学为主，对中学进行格义，实际上是以今释古。……现在普通人的思想都多少不等地近代化了，以古释今对于他们毫无意义，只有以今释古才可以帮助他们了解古代，这才有意义。……现在讲中国学问，都必须用以今释古的方法。"②冯友兰认为，相较谭嗣同的"以古释今"，严复的"以今释古"是"一个大进步"，冯友兰以为"所谓中西之分，实际上是古今之异"，可见其本人颇赞成"以西学为主，对中学进行格义"。

　　从两晋时玄佛间的"格义"到晚近"中学西学"间的"格义"，冯友兰架设的时空之桥正好也是理解陈寅恪的津梁。冯友兰比陈寅恪稍晚，皆为清末出生的学问家和思想家。鲁迅所谓"灵台无计逃神矢"，清末不止一人说过的"数千年未有之大变局"是他们逃无可逃的共有境遇，"神州"和"文化"何去何从

---

① 冯友兰：《中国哲学史新编（下）》，人民出版社1998年版，第507页。

② 同上。

牵动他们的忧思。关于古今中西，陈寅恪自有融会的说法："稍读历史，则知古今东西，所有盛衰兴亡之故，成败利钝之教，皆处处符合。同一因果，同一迹象，惟枝节琐屑，有殊异耳。盖天理人情有一无二，有同无异。"①而照冯友兰看，中国近代史中的中西问题和古今问题无异——在陈寅恪写作《支愍度学说考》的20世纪30年代，始于19世纪末的"西学东渐"和"东西之争"，随着"新旧中西"的碰撞和互动，确已内化为"古今之争"。考其旧心，陈寅恪"此时此地"的文化关怀也离不开"古今中西"四字，他大谈古之"格义"，意旨必落于"当下"；"当下"首当其冲的问题，又不出"东西"二字。如此辨析其实正合陈寅恪笺证《哀江南赋》时写下的关于"古典"和"今典"的著名论断 (引文见本文绪言部分)。用陈寅恪自己的话，考察其人其文，诠说古典之外，尚要找出作者的"直接动机"以及"当日之实事"。②接下来的问题是，如果说陈寅恪大谈"格义"的"直接动机"是"古今东西"，那么，在他心目中，古和今，中和西，谁来"格"谁，又该如何主张呢？

不妨看看"当日之实事"以求"了解之同情"。陈寅恪发表《支愍度学说考》的《中研院庆祝蔡元培先生六十五岁论文集》出版时间为1933年1月；③卞僧慧《陈寅恪先生年谱长编》中有记：1931年8月，"胡适读先生《支愍度学说考》稿后，致函先生"④；可见该文完成于1931年的可能性较大。陈寅恪在1932年12月发表的《与刘叔雅论国文试题书》里又数次提到"格义"一事，有一处专门指出："'格义'之义详见拙著《支愍度学说考》。"⑤可见至少从1931年到1933年，陈寅恪的关注点未离"格义"。而这几年在中国近代史上恰好极不平静——1931年，"九一八"事变，日人在沈阳发动军事侵略；1932年，先有1月28日日军武力入侵上海闸北，淞沪战起；继有2月26日日本在东北建立傀儡

---

① 吴学昭：《吴宓与陈寅恪》，清华大学出版社1992年版，第7—8页。

② 《陈寅恪集·金明馆丛稿初编》，第209页。

③ 《陈寅恪先生编年事辑 (增订本)》，第196页。

④ 《陈寅恪先生年谱长编》，第138页。

⑤ 《陈寅恪集·金明馆丛稿二编》，第252页。

政权"满洲国"。吾国面临自鸦片战争以来最严重的国难,"亡国"的威胁时时系于目前。陈寅恪愤而诗曰:"欲着辨亡还搁笔,众生颠倒向谁陈。"[①]陈寅恪本人于全体的动荡中还遭遇了一个不大不小的"事件",即"1932年清华大学入学考试国文试题风波"。与之相关,才有了也涉及"格义"的《与刘叔雅论国文试题书》一文。又1931年5月《国立清华大学二十周年纪念刊》中有他一篇《吾国学术之现状及清华之职责》的文章,"为先生振兴吾国学术之重要主张"[②],上述二者,皆是与《支愍度学说考》同时期之作品,当视作作者"当下关怀"的一以贯之,可资用以探究陈寅恪关于中学西学如何"格义"的态度。

所谓"国文试题风波"其实是陈寅恪受清华中文系代主任刘文典嘱托,出了当年入学试题中的"作文"和"对对子",较往年作了很大变革。尤其占总分百分之十的"对对子"部分,不仅引来报刊众议,还逼出陈寅恪的一篇专文《与刘叔雅论国文试题书》。"当时许多人群起诘难,尤其是洋派人士,认为是开倒车、落伍、保守。"[③]陈寅恪在文中直陈,之所以出"对对子",是为了"求一方法,其形式简单而涵义丰富,又与华夏民族语言文学之特性有密切关系者,以之测验程度,始能于阅卷定分之时,有所依据……真正语文文法未成立之前,以无过于对对子之一方法"。陈寅恪一贯强调立论的"正反合",如果上述可视为"正",则接下来他要"反动"的是中国第一部汉语语法书《马氏文通》:"今日印欧语系化之文法,即马氏文通'格义'式之文法,既不宜施之于不同语系之中国语文,而与汉语同系之语言比较研究,又在草昧时期,中国语文真正文法,尚未能成立,此其所以甚难也。""今于印欧语系之语言中,将其规则之属于世界语公律者,若亦同视为天经地义,金科玉律,按条逐句,一一施诸不同系之汉文,有不合者,即指为不通。呜呼!文通文通,何其不通如是耶?西晋之世,僧徒有

---

① 《辛未九一八事变后刘宏度自沈阳来北平既相见后即偕游北海天王堂》,《陈寅恪集·诗集》,第20页。

② 《陈寅恪先生年谱长编》,第135页。

③ 《史家陈寅恪传》,第38页。

竺法雅者，取内典外书以相拟配，名曰'格义'，实为赤县神州赴会中西学说之初祖。"陈寅恪"素恬退"[①]，此处发出"呜呼"之声，微讽《马氏文通》之何其不通，既传达了立场，也抒发了意气。正反两合，陈寅恪的态度水落石出、铿锵有力："故今日中国必先将国文文法之'格义'观念，催陷廓清，然后遵循藏缅等与汉语同系语言，比较研究之途径进行，将来自可达到真正中国文法成立之日。但今日之吾辈，既非甚不学之人，故羞以'格义'式之文法自欺欺人，用之为考试之工具，有非甚有学之人，故又不能即时创造一真正中国文法，以为测验之标准。无可奈何，不得已而求异过渡时代救济之方法，以为真正中国文法未成立前之暂时代用品，此方法即为对对子。"[②]

　　在其后的行文中，陈寅恪还用"非驴非马"、"穿凿附会之怪物"、"认贼作父"、"自乱其宗"等表述，对不顾中国本位、一味"以西格中"的做法，极尽数落之能事。此虽专论"中国语文文法"，却足以以小见大、以一斑而窥全豹。陈寅恪并非反对中西会通，他以竺法雅之格义为例，承认"格义"在中国历史上早已有之，是既存事实。他要反对的是如《马氏文通》的以西文文法格中文文法，呼唤独立的、真正适用中国语文之"中国文法"，推而广之，即反对片面的"以西学格中学"，谋求建立真正独立自主的中国学术。

　　陈寅恪这一态度可以从他的多处著述中得到佐证，最近的就是上文提到的《吾国学术之现状及清华之职责》一文。此文读来忧心甚重——所忧者，中国学术之独立——"吾国大学之职责，在求本国学术之独立，此今日之公论也。""若将此意以观全中国学术现状"，不仅仅自然科学和西洋学术依赖外国，即便"本国政治、社会、财政、经济之情况"，亦无不"乞灵于外国之调查统计"。至于本国之"文史之学"，似可独立，但"察其实际，亦复不然"。"因于其二十年纪念时，直质不讳，拈出此重公案，实系吾民族精神上生死一大事

---

　　① 《陈寅恪先生年谱长编》，第139页。
　　② 《与刘叔雅论国文试题书》，《陈寅恪集·金明馆丛稿二编》，第249—257页。

者……"①另，卞僧慧作为学生记下了当时陈寅恪在课上所授的类似观点："以往研究文化史有二失：旧派失之滞。……新派失之诬。……他们以国外的社会科学理论解释中国的材料，……也有时不适用，因为中国的材料在其范围之外。……一定要养成独立精神，自由思想，批评态度。"②"中国今日旧道德与新道德两种标准同时并存。……今后旧者恐难复存，惟新者来自外国，与我国情形每有格格不入之处。吾人当准情酌理，行吾心之所安，总以不使傍人吃亏为准绳。"③谈话自然比正式文字亲切，陈寅恪对于"中西"、"格义"的态度，用更浅近的话概括就是：西学格中学、新学格旧学总会"格格不入"，此时就该以不依傍他人、不让自己也就是本国文化吃亏为准则。

陈寅恪一贯认为"佛教实有功于中国甚大"④，其文章篇什中多有与佛有关者。他显然视佛教进入中国的过程为第一次"西学东渐"，欲以此为观照，从中发现可资用的思想资源，拿出来思考和应对晚清后的第二次"西学东渐"——只不过两次"西学东渐"是如此不同："如来佛是骑着白象到中国的，耶稣基督却是骑在炮弹上飞过来的。"⑤事实上对第一次西学东渐中"天竺文化"和"华夏文化"到底谁"格"了谁的问题，陈寅恪是有明确结论的：

> 盖天竺佛教传入中国时，而吾国文化史已达甚高之程度，故必须改造，以蕲适合吾民族、政治、社会传统之特性，六朝僧徒"格义"之学，即是此种努力之表现。儒家书中具有系统易被利用者，则为小戴记之中庸，梁武帝已作尝试矣。然中庸一篇虽可利用，以沟通儒释心性抽象之差异，而于政治社会具体上华夏、天竺两种学说之冲突，尚不能求得一调和贯彻，

---

① 《陈寅恪集·金明馆丛稿二编》，第361页。
② 《陈寅恪先生编年事辑（增订本）》，第224页。
③ 同上，第79页。
④ 《吴宓与陈寅恪》，第11页。
⑤ 蒋梦麟语，转引自罗志田：《权势转移：近代中国的思想、社会与学术》，湖北人民出版社1999年版，第7页。

自成体系之论点。……退之首先发见小戴记中大学一篇，阐明其说，抽象之心性与具体之政治社会组织可以融会无碍，即尽量谈心说性，兼能济世安民，虽相反而实相成，天竺为体，华夏为用。①

陈寅恪把韩愈的发覆概括为"天竺为体，华夏为用"，是否可比附为对第二次西学东渐宜采取"中学为体，西学为用"的态度？不妨看他在《冯友兰中国哲学史下册审查报告》中的又一段阐发：

窃疑中国自今日以后，即使能忠实输入北美或东欧之思想，其结局当亦等于玄奘唯识之学，在吾国思想史上既不能居最高之地位，且亦终归于歇绝者。其能于思想上自成系统，有所创获者，必须一方面吸收输入外来之学说，一方面不忘本来民族之地位。此二种相反而适相成之态度，乃道教之真精神，新儒家之旧途径，而二千年吾民族与他民族思想接触史之所昭示者也。②

此处没有明确的"中西体用"的表述。而陈寅恪是否一直秉持"中学为体，西学为用"，他的自况"平生为不古不今之学，思想囿于咸丰同治之世，议论近乎曾湘乡张南皮之间"是"托词"③还是"实指"④，一直是聚讼的鹄的。无可置疑的是，陈寅恪主张在不乱宗统前提下的异质文化的融合。而这种文化态度的背后，则是"济世安民"的抱负和关怀。晚近以来西潮的冲击摧毁了中国传统社会延续千年的以"士农工商"四民组成的社会基本结构，四民之首的"士"逐渐消失，"道统"与"政统"两分。而季羡林先生一眼看破，"陈寅恪先生绝不是一个'闭门只读圣贤书'的书呆子，他继承了中国'士'的优良传

① 《陈寅恪集·金明馆丛稿初编》，第322页。
② 《陈寅恪集·金明馆丛稿二编》，第284—285页。
③ 邓广铭：《在纪念陈寅恪教授国际学术讨论会闭幕式上的发言》，《纪念陈寅恪教授国际学术讨论会文集》，中山大学出版社1989年版，第34页。
④ 吴宓1961年8月30日记，《吴宓与陈寅恪》，第143页。

统：天下兴亡，匹夫有责"①。其可谓知陈寅恪乃始终坚守神州文化道统者。②而陈寅恪自己，未尝不存"至可尊敬"的"爱国济世之苦心"，③未尝不视自己为"沟通中西学术"的"一代文化所托命之人"④——也许只有在这个意义上，佛教史的小专题"格义"才被陈寅恪做出了大气象，考据之文《支愍度学说考》才有了"尺幅千里"的高远境界。

三、守伧僧之旧义

《支愍度学说考》发表后，从1938年到1965年间，陈寅恪五次以"支愍度典故"为诗为文，只不过陈寅恪再未涉及"心无义"、"格义"或"合本"等考据和论证对象，而直接取"支愍度"之"本事"。陈寅恪自谓："自来诂释诗章，可别为二。一为考证本事，一为解释词句。质言之，前者乃考今典，即当时之事实；后者乃释古典，即旧籍之出处。"⑤"凡诠释诗句，要在确能举出作者所依据以构思之古书，并须说明其所以依据此书而不依据他书之故。若仅泛泛标举，则纵能指出其最初之出处，或同时之史事，其实亦无当于第一义谛。"⑥也就是说，若以此陈寅恪自立的标准去解读所有用了"支愍度典故"的诗文，"古典"就是《支愍度学说考》开篇所列第一条材料——伧道人微讽愍度道人，过江后居然为救饥而创造出有负如来旧义的新学说。两个人物形象又一次构成"正反合"。要考释的是，陈寅恪或表达为"伧僧旧义"、或表达为"江东旧义"的"旧义"到底何指，他写下诗文的"当日之实事"即"今典"又是什么。至于能否窥"第一义谛"，能否做到对陈寅恪的"了解之同情"哪怕少许，则得失盖存乎寸心之间

① 钱文忠编：《陈寅恪印象》，学林出版社1997年版，第168页。
② 陈寅恪在《吾国学术之现状及清华之职责》中有言："今日国虽幸存，而国史已失其正统。"言犹在耳，数月后发生"九一八"事件，国亦将不存。
③ 吴宓：《吴宓日记》第二册，三联书店1998年版，第102页。
④ 《大乘稻芊经随听疏跋》，《陈寅恪集·金明馆丛稿二编》，第255页。
⑤ 《陈寅恪集·柳如是别传》，第7页。
⑥ 《陈寅恪集·元白诗笺证稿》，第135页。

也。以下举凡用"支愍度典故"者五，以时序列之：

"过江愍度饥难救"句，见《残春》诗二首之一，1938年5月作于云南蒙自。原诗为："无端来此送残春，一角湖楼独怆神。读史早知今日事，对花还忆去年人。过江愍度饥难救，弃世君平俗更亲。解识蛮山留我意，赤榴如火绿榕新。"①1937年7月7日卢沟桥事变爆发，8月8日日军进占北京城。读蒋天枢《陈寅恪先生编年事辑》和卞僧慧《陈寅恪先生年谱长编》可知，是年既是国运的大转折点，又是陈寅恪个人一生中的大转折点：5月，得小女美延；7月，宛平城战事起并转向不利，陈寅恪由清华园进城；8月，北平沦陷，国民政府命清华、北大和南开，到湖南长沙合组一临时大学；9月，寅恪父散原老人"因见大局如此，忧愤不食而死"②；10月，梅贻琦校长电令清华诸教授均赴长沙。陈寅恪因高度近视引起视网膜剥离，致右眼失明。10月25日，长沙临时大学开学；11月3日，陈家全体仓皇逃离北平，颠沛流离半月余，20日晚抵长沙，旋即授课。未几，战火迫近长沙，清华大学临时校址又决定迁往云南，陈家只好再度南行。翌年一月，陈寅恪一家抵香港，时近戊寅（1938年）春节。节后陈寅恪只身取道滇缅越铁路，到云南蒙自，到后即染疟疾。时三校已合并为西南联合大学。"陈寅恪遭遇到国仇、家恨、流离、丧目等悲剧。"③陈寅恪在蒙自为4—8月，"欲授课而无书"，只好遣信友人，辗转告借。他自嘲："此次来蒙，只是求食，不敢妄称讲学也。"④然时常和友人唱和，形诸吟咏，吴宓等友人皆叹服不已。"过江愍度饥难救"句，即对应这一时期的心绪，胡文辉以为"此处用支愍度事，仅为行事的类比"，不像是"另有寄意"。⑤其后一句有两个版本，版本二为"曹社谋亡梦已真"⑥，版本一的"弃世君平"指西汉蜀人严君平一生不仕，卜

---

① 《陈寅恪集·诗集》，第23页。
② 《陈寅恪先生编年事辑》，第103页。
③ 《史家陈寅恪传》，第67页。
④ 《陈寅恪先生年谱长编》，第185页。
⑤ 胡文辉：《陈寅恪诗笺释》，广东人民出版社2008年版，第116页。
⑥ 《陈寅恪先生年谱长编》，第187页。

筮市井；版本二的"曹社谋亡"典出《左传》，指国家将亡。则陈寅恪此时用此典的原意更多落在"饥难救"三字，版本一可读出他对连年流离境遇的感时伤怀，版本二可读出他对抗战前途的悲观。①

两个月后的7月②，当值暑假。陈寅恪写就《陈垣明季滇黔佛教考序》一文并再次用此典：

> 呜呼！昔晋永嘉之乱，支愍度始欲渡江，与一伧道人为侣。谋曰：用旧义往江东，恐不办得食，便共立心无义。既而此道人不成渡，愍度果讲义积年。后此道人寄语愍度云，心无立那可立，治此计，权救饥耳。无为遂负如来也。忆丁丑之秋，寅恪别先生于燕京，及抵长沙，而金陵瓦解。乃南驰苍梧瘴海，转徙于滇池洱海之区，亦将三岁矣。此三岁中，天下之变无穷。先生讲学著书于东北风尘之际，寅恪入城乞食于西南天地之间，南北相望，幸俱未树新义，以负如来。③

其中所叙"支愍度本事"和自况转徙流离之窘境与上文无异。"先生讲学著书于东北风尘之际，寅恪入城乞食于西南天地之间"一句含古典和今典。古典出杜甫《咏怀古迹》诗："支离东北风尘际，漂泊西南天地间。三峡楼台淹日月，五溪衣服共云山。羯胡事主终无赖，词客哀时且未还。庾信平生最萧瑟，暮年诗赋动江关。"④诗人其时正经历安禄山之乱，于战火中流亡西南，"五溪"是汉族和少数民族杂处地区，庾信也遭遇"大盗移国，金陵瓦解……华阳奔命，有去无

---

① 胡文辉：《陈寅恪诗笺释》，第118—120页。

② 《金明馆丛稿二编》所收之此文文末注曰："原载陈垣明季滇黔佛教考1940年8月本"，蒋天枢《陈寅恪先生编年事辑·陈寅恪先生论著编年目录》则归之于"1938年"条目下，并云："序末署七月，原书卷首。"可知陈垣书印行于1940年8月，陈寅恪文实写于1938年7月。

③ 《陈寅恪集·金明馆丛稿二编》，第273页。

④ 萧涤非选注：《杜甫诗选注》，上海古籍出版社1980年版，第162页。

归"①。陈寅恪在1937年即将南迁之际专门写了旨在"以杜解庾"的文章《庾信哀江南赋与杜甫咏怀古迹诗》②，1939年写了《读哀江南赋》③。庾信、杜甫、寅恪三人皆行颠沛之途，杜甫和寅恪同罹因外族而起的战难、同流离西南边地，庾信和寅恪同忧"金陵瓦解"，同患永别"江南"。杜甫"以己身比庾信，以玄宗比梁武，以安禄山比侯景"④，陈寅恪未尝不以己身比杜甫及至庾信。此为"今典"之一重，则从庾信到杜甫到陈寅恪，古事今事重重叠叠，浑然天成。

另一重今典关涉陈垣。《明季滇黔佛教考》完成于1940年沦陷时期的北京。全书六卷中尤以《士大夫禅悦及出家》和《遗民之逃禅》最重要。《逃禅》末尾"范蔚宗谓'汉室百余年间，乱而不亡，皆仁人君子心力之力'，然则明之亡而终不亡，岂非诸君子心力之力乎？"云云，正是作者言外意。陈垣在该书1957年版"重印后记"中自陈："此书作于抗日战争时，所言虽系明季滇黔佛教之盛、遗民逃禅之众，及僧徒拓殖本领，其实所欲表彰者乃明末遗民之爱国精神、民族气节，不徒佛教史迹而已。"⑤沈兼士阅后赋诗相赠，有"傲骨撑天地，奇文泣鬼神"句。⑥陈寅恪序中"明末永历之世，滇黔实当日之畿辅，而神州正朔之所在也，故值艰危扰攘之际，以边徼一隅之地，犹略能萃集禹域文化之精英者，盖由于此"⑦也是要发微"古今同构"之密意：死守西南一隅的南京国民政府，正是"神州正朔之所在"；新组的西南联大，恰好汇集了"禹域文化之精英"。此为"今典"之二重，文史互证，相得益彰。

二陈"南北相望，幸俱未树新义，以负如来"一句，背后的"气节"二字也是呼之欲出的。日军进占北京之时，陈垣是辅仁大学校长，离不开励耘书

① 《哀江南赋并序》，许逸民选注：《庾信诗文选译》，巴蜀书社1991年版，第43页。
② 《陈寅恪集·金明馆丛稿二编》，第300页。
③ 《陈寅恪编年事辑》，第197—198页。
④ 《庾信哀江南赋与杜甫咏怀古迹诗》，《金明馆丛稿二编》，第301页。
⑤ 刘乃和、周少川、王明泽、邓瑞全：《陈垣年谱配图长编》，辽海出版社2000年版，第444页。
⑥ 《陈垣年谱配图长编》，第447页。
⑦ 《陈寅恪集·金明馆丛稿二编》，第272页。

屋，也想为中国保留读书种子，一直没有南撤。不久，北京组织了汉奸政府，屡次拉拢威胁陈垣，他拒不仕敌，闭门著书，甚至和日本学者断绝了来往。陈垣以孟子"舍生取义"自勉并训众，长养气节。^①陈寅恪未和日伪有正面交锋，然而他用一个"俱"字，便和陈垣一道，担当起华夏民族重气节的传统。其后陈寅恪也有了类似陈垣的遭遇，下文将述及。

又两个月后的9月，陈寅恪再以不寻常的方式用及此典。《陈寅恪先生年谱长编》载："暑假后，先生在昆明西南联大历史系讲授'晋南北朝史'。首题讲支愍度渡江树'心无义'新义事。"^②《长编》依凭的是翁同文撰《追念陈寅恪师》一文。据翁同文回忆，其本人于1934年入清华大学，四年级时，也即到昆明的第一年，陈寅恪开设了"晋南北朝史"课，约有10人听讲。"如众所知，寅恪师的课程都是专题研究性质，亦即只讲他本人在那课程范围内的研究成绩，若已写成论文发表的，一般是不再讲。可那学年那课程的第一专题，据后来所知实为例外，就寅恪师本人言，也有特殊意义，故于此特别详细记述。""那年的第一课，寅恪师开始讲授的，乃东晋初年从北方南渡的僧人支愍度所立'心无义'藉作例证，以见中国佛学初期，多以'格义'方式演绎，往往采用周易老庄之说加以附会，与印度佛经原典不免总有距离之意。对于由'格义'而成的'心无义'哲学思想内容，日久以后早已模糊而欠分明。但寅恪师一开始就引录《世说新语》有关支愍度渡江前后情形一条，由于故事生动，则使我留下深刻难忘的印象。""我当时听讲以后，对于寅恪师当国难南渡西迁以后，开这'魏晋南北朝'课程，在第一课就先讲一个关涉东晋南渡的故事，殊觉不无巧合之处。后来查悉寅恪师早于1933年就已发表《支愍度学说考》一文，才发觉那并不是巧合，而是寅恪师面对当时南渡西迁局面下的特意安排，所以不循往

① 牛润珍：《陈垣学术评传》，北京图书馆出版社1999年版，第57—60页。
② 《陈寅恪先生年谱长编》，第190页。

例，将已经发表过论文的专题，再行讲授一次。"①

季羡林先生尝言："(陈寅恪)在文章中喜欢用'发古人未发之覆'这样的词句。事实上，他自己正是这样做的。文章不管多长多短，无不发覆，无不有新的见解。"②"发覆"既指"剥蕉至心"的考据实证工夫，亦指关注"新材料"、"新问题"。且看陈寅恪在《陈垣敦煌劫余录序》中的著名论断："一时代之学术，必有其新材料与新问题。取用此材料，以研求问题，则为此时代学术之新潮流。治学之士，得预于此潮流者，谓之预流 (借用佛教初果之名)。"③季先生以为，中国近代许多著名学者，如王国维，都是得了"预流果"的，此中，"寅恪先生毫无疑问是独领风骚的"。④巧合的是，陈寅恪力举"新材料新问题"和慨叹"幸俱未树新义"，缘起皆是为陈垣文作序。两种说法前后相差8年，貌似异趣。此间有何深意在？

翁同文言："盖若谓寅恪师毕生研究，著书立说，无非阐发新意，则须知世上尽多违反民族文化优良传统的种种新义……""寅恪师对于支愍度渡江故事意兴向来不浅，对于伧道人寄语，切莫妄立新义以负如来云云，尤其再三致意发挥。后而领会寅恪师当年南渡第一课讲授这一课题，也有忠于学术良心，不妄立新义而藉以曲学阿世或哗众取宠的深意。……寅恪师心目中之如来 (为表示佛陀德性的十种名号之一)，即中华民族历代未悖'常'道的先圣先贤矣。"⑤"曲学阿世"出自陈寅恪最重要的、自道平生的文字《赠蒋秉南序》："默念平生固未尝侮食自矜，曲学阿世，似可告慰友朋。"⑥显然，翁同文把"旧"理解为"常"，"守旧"即恪守"民族文化优良传统"，归入"气节"一类，以区别于"预潮流"之"新"——治学方法的"新"。

---

① 翁同文：《追念陈寅恪师》，王永兴主编：《纪念陈寅恪先生百年诞辰学术论文集》，江西教育出版社1994年版，第51页。

② 《纪念陈寅恪先生百年诞辰学术论文集·序》，《纪念陈寅恪先生百年诞辰学术论文集》，第9页。

③ 《陈寅恪集·金明馆丛稿二编》，第266页。

④ 同上，第3—4页。

⑤ 《陈垣年谱配图长编》，第55页。

⑥ 《陈寅恪集·寒柳堂集》，第162页。

　　问题又回到了"新"和"旧"。本文第一部分已阐明，《支愍度学说考》做的是"无征不信"的考据文章，发的是"古今中西"的微言大义，可谓"在史实中求史识"；诗文启用"支愍度典故"，虽取道不同，精神则一以贯之——有关陈寅恪治学方法和文化观念的"新"和"旧"，要言之即守中国文化传统之本位而吸纳外来之新学。"未树新义"含"未离根基"的意思。《陈垣明季滇黔佛教考序》既基于学人友朋间的情谊，当更多侧重这一面；为后进授课，既为人师范，则当涵括治学态度和学术气节两个方面的意思。其中治学态度，以当时情景看，应该还有很具体的指向：不要在颠沛流离、资料匮乏之际妄立新说。有《事辑》收录的陈寅恪自蒙自发出的多通信札为证："弟到蒙已将十日矣。欲授课而无书……"，"今日又收到佛书两包"，"此次来蒙，只是求食，不敢妄称讲学也"，等等。①翁同文特意点出"如来"二字"为表示佛陀德性的十种名号之一"，言下之意，陈寅恪不用意思相同的"不负释迦"而用"不负如来"，就是隐含了"德性"二字。"气节"即德性的外化，作为陈寅恪亲授的学生，翁同文自是找到了解读"支愍度典故"的关钥——"气节"二字是陈寅恪对"支愍度事""意兴不浅"的直接动力。

　　1938至1941年，陈寅恪在西南残山剩水间奔波：先从蒙自到昆明；1939年春从昆明经河内到香港，准备搭轮船赴英就聘牛津大学教授，因欧战爆发而不能前往，秋季开学前又折返昆明上课。1940年3月赴重庆投票选举"中研院院长"，夏又至香港探亲，因许地山之请任港大客座教授。赴英之事搁浅，1941年8月，许地山逝世，陈寅恪继任主任。12月7日，日本偷袭珍珠港，太平洋战争爆发，25日香港沦陷，"寅恪立即辞职闲居"。陈家生活极为困顿，甚至挨饿两三天，时不时要靠朋友接济。即便窘迫若此，陈寅恪却誓不食日伪之粟，以保全气节为士人之首务。陈女流求记："旧历年底，曾有人送来整袋面粉，因来路不明，父母不肯接受……春节后不久，有位自称父亲旧日的学生来访，说是奉命请老师到当时的沦陷区广州或上海任教，并拨一笔款项由父亲筹建东方文化学院等。父亲岂肯为正在侵略中国的敌人服务！他明白自己身份已经暴露，必

---

　　① 《陈寅恪编年事辑》，第185页。

须尽快离开香港……"①

陈寅恪在1942年6月19日致傅斯年等函中写道：

> 在香港危迫情状，……九死一生，携家返国，其艰苦不可一言尽也，可略述一二，便能推想，即有二个月至久未脱鞋睡觉，因日兵叩门索"花姑娘"之故，又被兵迫迁四次；至于数月食不饱，已不肉食者历数月之久，得一鸭蛋五人分食，视为奇珍。此犹物质上之痛苦也，至精神上之苦，则有汪伪之诱迫，陈璧君之凶恶，尚不足为害，不意北平之伪"北京大学"之以伪币千元月薪来饵，倭督及汉奸以二十万军票（港币四十万），托办东亚文化会及审查教科书等，虽均已拒绝，而无旅费可以离港，甚为可忧。……②

极困厄，则极显气节之高蹈。四年前，陈寅恪谓与陈垣先生"俱未树新义，以负如来"，至此得以遥相呼应。在这样一种近乎舍生取义的悲怆氛围中，陈寅恪第四次用"支愍度典故"赋诗："不生不死欲如何，二月昏昏醉梦过。残剩山河行旅，离乱骨肉病愁多。江东旧义饥难救，浯上新文石待磨。万里乾坤空莽荡，百年身世任蹉跎。""江东旧义饥难救"一句下自注"支愍度事"。时间为1942年7月15日，标题颇长，可一览无余赋诗之缘起：《余挈家由香港抵桂林已逾两月尚困居旅舍感而赋此》。③

1942年秋至1943年夏，陈寅恪任教广西大学；同年12月受聘成都燕京大学，梅贻宝校长如获至宝，每每引用其兄梅贻琦"大学之所谓大，不在大楼而在大师"的名言。然就在燕大期间的1944年冬天，陈寅恪左目失明，手术不佳，住院三月而不愈，抱恨还家，作《目疾久不愈书恨》诗，有"弹指八年多少恨，蔡威唯有血霑衣"句——春秋时下蔡威公忧心亡国，闭门哭泣三日夜，泣尽而血。

---

① 《纪念陈寅恪先生百年诞辰学术论文集》，第74页。
② 《陈寅恪年谱长编》，第209页。
③ 《陈寅恪集·诗集》，第33页。

1945年8月10日，日本无条件投降，陈寅恪"念往忧来无限感，喜心题句又成悲"①。抗战结束，国共内战又起。1945年9月陈寅恪赴英求医，世界一流医生也只能宣告不治，胡适引用剧名《灭了的光》"不胜感叹"②。1946年夏，返国抵沪，6月梅贻琦校长探视，10月返回清华，11月清华复原后首度上课。两年后的1948年12月，随着解放军进城的炮声临近，陈寅恪偕全家和胡适一道同机南飞至南京，随即又到上海，1949年1月乘船到广州，受聘岭南大学教授，从此栖身岭南20载。

《戊子阳历十二月十五日于北平中南海公园勤政殿门前登车至南苑乘飞机途中作并寄亲友》："临老三回值乱离，蔡威泪尽血犹垂。众生颠倒诚何说，残命维持转自疑。去眼池台成永诀，销魂巷陌记当时。北归一梦原知短，如此匆匆更可悲。"首句下自注："北平卢沟桥事变、香港太平洋战争及此次。"③

1949年10月1日，中华人民共和国成立，"新中国"和"旧中国"从此分野。"新旧"问题再次横亘在陈寅恪面前。1927年6月2日，王国维自沉昆明湖，4个月，陈寅恪写下著名的《王观堂先生挽词》，他在序中写道："凡一种文化值衰落之时，为此文化所化之人，必感苦痛，其表现此文化之程量愈宏，则其所受之苦痛亦愈甚，迨既达极深之度，殆非出于自杀无以求一己之心安而义尽也。""盖今日之赤县神州值数千年未有之巨劫奇变；劫尽变穷，则此文化精神所凝聚之人，安得不与之共命而同尽，此观堂先生所以不得不死，遂为天下后世所极哀而深惜者也。"④陈寅恪未尝不是他所谓的"为此文化所化之人"，此"新旧"之"奇变"，是王观堂先生和陈寅恪先生共同的无可逃避的命运。"新"和"旧"像一张罗网，又像影子，每"兴亡"一回，就网住陈寅恪一回，如影随形，纠缠其一生。他在1948年8月的《青鸟》诗中仰天浩叹："兴亡自古寻常事，如此兴亡得几回。"⑤

---

① 《乙酉八月十一日晨起闻日本乞降喜赋》，《陈寅恪集·诗集》，第49页。

② 《陈寅恪年谱长编》，第233页。

③ 《陈寅恪集·诗集》，第63页。

④ 《陈寅恪先生全集》，台北里仁书局民国六十八年出版，第1441页。

⑤ 《陈寅恪集·诗集》，第67页。

陈寅恪自称"无端来作岭南人"①，说是"无端"其实大有端倪：从气节之保全，是"不离父母之邦"和"狐死正首丘"；从生存之实际，是为自己和全家"寻得桃源好避秦"。他先是岭南大学教授，1952年全国高等院校大调整，改中山大学教授，直至1969年去世，再也没有离开广州。

这个"教授的教授"成了"文化遗老"，偏居南国一隅，袖间缩手，冷眼旁观，兴亡沧桑之感时时萦诸怀抱。1950年写下《霜红龛集望海诗云"一灯续日月，不寐照烦恼。不生不死间，如何为怀抱"感题其后》："不生不死最堪伤，犹说扶余海外王。同入兴亡烦恼梦，霜红一枕已沧桑。"②幸遇同出世家的中山大学教授朱师辙，诗词往来，声气相投，聊得一二畅怀之时。

1951年，《送朱少滨教授退休卜居杭州》诗中又出现了"支愍度典故"："同酌曹溪我独羞，江东旧义雪盈头。君今饱啖荔支去，谁话贞元七十秋。"第二句"江东旧义"下自注"支愍度事见《世说新语》"，末句后自注"尝与君论光绪壬午科乡试事"。③

回想1942年写下"江东旧义"时，陈寅恪为避日本战火而过江南下；此刻再次过江，复南下，许是想做个"南朝人"吧。1946年，他曾写《南朝》和《北朝》二诗，前有"去国欲哭双目类，浮家虚说五湖舟"④句，后有"惟余数卷伽蓝记，泪渍千秋纸上尘"⑤句，流露对南迁的无奈，对归隐的向往，对北地风物的怀恋，对文化遗存的忧虑。然而南北朝的局面无论从地理而言还是从文化而言俱未形成，全国陆续解放，思想上的"大一统"也随着国内局势转好而逐步推进。此诗完成的次年，即1952年，中国知识界将迎来共和国成立后第一次政治风暴——知识分子思想改造运动，历时七八个月；1954年"批判俞平伯红学思想"和"批判胡适派资产阶级唯心体系"接踵而至，持续一年；1957年

---

① 《寄身岭南》，《陈寅恪集·诗集》，第64页。
② 《陈寅恪集·诗集》，第74页。
③ 同上，第83页。
④ 同上，第56页。
⑤ 同上。

"反右"，其后又有一系列政治运动，直到1966年"文革"爆发。

陈寅恪当早有所感，"同酌曹溪我独羞"一句，"以禅宗喻当时的意识形态"，"谓举世皆遵从官方信仰，而作者羞于为伍"。[①]佛教素有"教下"、"宗门"之别，"宗门"专指区别于其他各宗的禅宗，所谓"不立文字、教外别传"，相对其他宗派，禅宗是"新义"；禅宗内部，相对北宗神秀的"渐门"，南宗曹溪惠能的"顿门"是新义。故"同酌曹溪"一句就是为了训出一个"新"字，恰好和后一句的"旧"相对。

所以还是"新旧"问题。陈寅恪不惜以遗世独立（"我独羞"）的态度表达了对"新学说"的排斥，壁立千仞，几无余地。考诸他的最后20年的行藏，一以贯之，未曾稍有通融。

据说陈寅恪讲课有"三不"——"书上有的不讲，别人讲过的不讲，自己讲过的不讲"，在中大的近20年也有"三不"——"不学马列，不参加行政工作，不参加政治学习"。这种特例在当时得以成为现实，离不开新政权对陈寅恪的保障和重视，更是陈寅恪惯常的"独立的精神、自由的思想"的坚持和落实。而在建国后一次次运动的洗礼下，许多旧时代的学人或自愿或无奈地加入了主流意识形态的集体大合唱，偌大中国渐渐只听得到一种声音。对史学界，这种声音就是"学习应用马列主义的立场、观点和方法，认真地研究中国的历史"[②]。陈寅恪几次为之作序的辅仁大学校长陈垣，在知识分子思想改造运动中，就发表全面自我否定的长文。辅仁大学撤除，陈垣改任北京师范大学校长。

陈寅恪也被计划纳入时尚新学。1953年，他被定为即将设立的三个历史研究所中的二所（也称中古史研究所）所长。旧日学生汪篯怀揣郭沫若、李四光的信请缨南下劝师北上，陈寅恪次日即作答复，提出两个条件：（1）允许研究所不宗奉马列主义，并不学习政治；（2）请毛公或刘公给一允许证明书，以

---

① 《陈寅恪诗笺释》，第437页。

② 历史研究编辑委员会编：《发刊词》，《历史研究·创刊号》中国科学院1954年2月出版。

作挡箭牌。①汪篯记录下他的讲话中有"我决不反对现在政权,在宣统三年时就在瑞士读过《资本论》原文。但我认为不能先存马列主义的见解,再研究学术。我要请的人,要带的徒弟,都要有自由思想、独立精神"②。

1956年,陈寅恪的作品中再现"格义"一词。他和夏承焘先生之间有几首用韵相同的酬唱之作,其中《听读夏瞿禅新著姜白石合肥本事词即依见赠诗原韵酬之》云:"红楼隔雨几回望,衣狗浮云变白苍。天宝时妆嗤老大,洛阳格义堕微茫。词中梅影招魂远,岭外莺声引兴长。肥水东流无限恨,不徒儿女与年光。"③"天宝时妆嗤老大,洛阳格义堕微茫"一句,若用《与刘叔雅论国文试题书》中一段比照解释,再合不过:"……然彼等既昧于世界学术之现状,复不识汉族语文之特性,挟其十九世纪下半世纪'格义'之学,以相非难,正可譬诸白发盈颠之上阳宫女,自矜其天宝末年之时世妆束,而不知天地间别有元和新样者在。亦只得任彼等是其所是,而非其所非。"④然用典相同,旨趣大异,真所谓"衣狗白云"——20年前贬斥的是过时的、狭隘不通的、"洋格义"的汉语研究方法,20年后却把自己比附为不知时尚、依然旧妆的天宝宫女,不得不混迹于暗昧混沌的、"洋格义"的"新学说"之中。即使不去细检20年间"新""旧"内涵转了几重,亦可知陈寅恪从未有改变的基本态度:反对以西方的思想、方法格中国文化的"洋格义",坚持中国文化本位,坚持"独立的思想,自由的精神"。

1958年,一场在哲学社会科学领域"厚今薄古"运动自上而下席卷而来,全国大范围批判陈寅恪史学思想的运动由此而起。作为"资产阶级学术权威",陈寅恪不再上课,但仍旧作文。

1961年,吴宓从四川经武汉赴广州探望故人。他在当年8月30日的日记中写道:"此后政府虽再三敦请,寅恪兄决计不离中山大学而入京:以义命自持,坚

---

① 陆键东:《陈寅恪的最后20年》,三联书店1995年版,第102页。

② 《陈寅恪年谱长编》,第285页。

③ 《陈寅恪集·诗集》,第124页。

④ 《陈寅恪集·金明馆丛稿二编》,第256页。

卧不动，不见来访之宾客，尤坚决不见外国人士（港报中仍时有关于寅恪之记载），不谈政治，不评时事政策，不臧否人物——然寅恪兄之思想及主张，毫未改变，即仍遵守昔年'中学为体，西学为用'之说（中国文化本位论），……但在我辈个人如寅恪者，则仍确信中国孔子儒道之正大，有裨于全世界，而佛教亦纯正。我辈本此信仰，故虽危行言殆，但屹立不动，决不从时俗为转移……"①9月1日的日记中又写道："……坚信并力持：必须保有中华民族之独立与自由，而后可言政治与文化。若印尼、印度、埃及之所行，不失为计之所得者。反是，则他人之奴仆耳。——寅恪论韩愈辟佛，实取其保卫中国固有之社会制度，其所辟者印度佛教之'出家'生活耳。"②时代日新日日新，陈寅恪在"旧思想"一路踽踽独行，似乎越来越没有通融的余地。

然而陈寅恪对"新"、"旧"自有不同的考量。1957年给友朋刘铭恕的信中说："……弟近来仍从事著述，然已捐弃故技，用新方法、新材料，为一游戏试验（明清间诗词，及方志笔记等）。固不同于乾嘉考据之旧规，亦更非太史公冲虚真人之新说。所苦者衰疾日增，或作或辍，不知能否成篇，奉教于君子耳。……"③这个用"新方法、新材料"作的"游戏试验"就是陈寅恪用了1954至1964年的10年时间写成的《柳如是别传》。这10年，陈寅恪双目俱盲、足膑、完全不能自理，读书是全靠助手念的"听读"。这部80万字的著作，是陈寅恪一生中撰写时间最长、字数最多、且最为重要的著作，先生于此寄意极深。他自述进入钱柳因缘之"缘起"时云："夫三户亡秦之志，九章哀郢之辞，即发自当日之士大夫，犹应珍惜引申，以表彰我民族独立之精神，自由之思想。"④陈寅恪自称"著书惟剩颂红妆"⑤，吴宓说："寅恪之研究'红妆'之身世与著作，盖藉此以察出当时政治

---

① 《吴宓与陈寅恪》，第143页。
② 同上，第145页。
③ 《陈寅恪的最后20年》，第213页。
④ 《陈寅恪集·柳如是别传》，第4页。
⑤ 《辛丑七月雨僧老友自重庆来广州承询近况赋此答之》，《陈寅恪集·诗集》，第137页。

(夷夏)、道德 (气节) 之真实情况，盖有深意存焉，绝非消闲、风流之行事……"①

如此说来，则陈寅恪绝门闭户，用的是"新方法、新材料"，发的是"旧道德、旧主张"。冯友兰晚年曾亲提对联自勉："阐旧邦以辅新命，极高明而道中庸。"陈寅恪好像反其道而行："守旧义以拒新命，极中庸而道高明。"

1965年，即《柳如是别传》完成次年，陈寅恪最后一次用到"支愍度典故"，最后一次寄心"伧僧旧义"。4月28日，他为冼玉清教授撰《先君致邓子竹丈手札二通书后》文云：

> 寅恪过岭倏逾十稔，乞仙令之残砂，守伧僧之旧义，颓龄废疾，将何所成！玉清教授出示此二札，海桑屡改，纸墨犹存，受而读之，益不胜死生今昔之感已。一九六五年岁次乙巳四月廿八日寅恪谨书。②

余英时在《陈寅恪与儒学实践》中对"乞仙令之残砂"一句有详备的考释和独到的发覆："其中则仍大有文章在。研究他晚年思想状态的人，于此不宜轻轻放过。"余氏分两步考证：(1) 此句表面上指葛洪，见杜甫、李白诗及《晋书》之"(葛洪) 闻交趾出丹，求为句漏令"，故云"仙令"；(2) 陈寅恪在《柳如是别传》中曾引过《太平广记》中葛洪《神仙传》"王远传"一条材料："麻姑……即求少许米来。得米，掷之堕地……视其米，皆成丹砂。"故"丹砂"就是"米"，"残砂"就是"残米"，葛洪既是"县令"，"乞仙令之残砂"就是"向官方求乞残米"，就是《赠蒋序》之"侮食"。③这种索骥详细而曲折，却失之略过。胡晓明提供了另外一种解读："'乞仙令之残砂'典出《晋书·葛洪传》，意为效葛洪避地而南迁。"④看起来后者更明白晓畅一点。读《陈寅恪的最后20年》，陈寅恪栖身岭表后，日用生活一直受到照顾，物质待遇也多强于同环境下的其他人，此间诗文中

---

① 《吴宓与陈寅恪》，第145页。
② 《陈寅恪集·金明馆丛稿二编》，第286页。
③ 《陈寅恪与儒学实践》，《现代危机与思想人物》，第430页。
④ 王元化主编：《学术集林》卷十，上海远东出版社1997年版，第327页。

亦没有视官方之供给为"侮食"的意思。从行文看，"仙令之残砂"和"伧僧之旧义"相对，"仙令"南行，"伧僧"却未南渡，恰相反相成，当是陈寅恪自况：虽然如葛洪般南迁，但始终恪守伧僧的旧义。如此，则重心落在"旧义"二字，也恰好和他屡屡用伧道人典故的偏好相吻合。其时陈寅恪已75岁，"病余皮骨宁多日，看饱兴亡又一时"[1]，此说未尝不是对自己一生行藏的自命和慨叹。

四、不负如来

陈寅恪在1950年刊行的《元白诗笺证稿》中如此写道：

> 纵览史乘，凡士大夫阶级之转移升降，往往与道德标准及社会风习之变迁有关。当其新旧蜕嬗之间际，常呈一纷纭错综之情态，即新道德标准与旧道德标准、新社会风习与旧社会风习并存杂用。各是其是，而互非其非也。斯诚亦事实之无可如何者。虽然，值此道德标准社会风习纷乱变易之时，此转移升降之士大夫阶级之人，有贤不肖拙巧之分别，而其贤者拙者，常感受苦痛，终于消灭而后已。其不肖者巧者，则多享受欢乐，往往富贵荣显，身泰名遂。其故何也？由于善利用和不善利用此两种以上不同之标准及习俗，以应付此环境而已。[2]

当年愍度道人过江，恐用旧义宣说不办得食，故发明"心无义"。依陈寅恪考证，"心无义"的学说果然在江东流布多年，则愍度道人当如愿得食以救饥了。传至道恒时，竺法汰视为邪说，最终被东晋最重要的义学大师、净土宗创始人慧远所破。伧道人未渡江，未如愍度道人妄立新义，亦未曾稍负如来。可见愍度道人工权变，伧道人善守常。照陈寅恪在上述引文中立的标准，伧道人是"贤者拙者"，而愍度道人属"不肖者巧者"。"伧道人"只是"北方道人"

---

[1]　《岁暮背诵桃花扇余韵中哀江南套以遣日聊赋一律》，《陈寅恪集·诗集》，第161页。
[2]　《陈寅恪集·元白诗笺证稿》，第82页。

的意思，未尝在史乘中留其名，愍度道人却留迹于内外典——如陈寅恪分析的"拙者"和"巧者"的命运，庶几可判乎？陈寅恪数次用此典故，数次以"伧道人"自许，当得意于自己宁"不办得食"而终"不负如来"。"齐州祸乱何时歇，今日吾侪皆苟活"，然言"苟活"者却未尝"苟活"半日。陈寅恪一生常罹祸乱，饱看兴亡，无论道德标准如何变，他自有自己的标准，那就是不"曲学阿世"，不"侮食自矜"；无论社会风习如何变迁，他都有自己的文化观念和治学准则，那就是"表彰我民族独立之精神，自由之思想"、"脱心志于俗谛之桎梏"。陈寅恪说："独立精神和自由意志是必须争的，且须以生死力争。""救饥"等同生死，考察陈寅恪40岁后10次用"支愍度典故"的"今典"，他的准则未以"救饥"故而有丝毫损益。可见，陈寅恪和他所表彰的"殉中国文化纲纪理想"的王国维先生其实百虑而一致、殊途而同归。

从晚近以降150多年，中国社会的变迁和道德风俗的蜕嬗始终未离"古今中西"4个字，虽然"劫尽变穷"的时刻远远未到，陈寅恪所言之"一方面吸收外来之学说，一方面不忘本来民族之地位"，至今不失其典范意义。张之洞说"中学为体，西学为用"，事实是西学广为其用，中学却日失其体。体用二分，权宜之计，终非究竟。时至今日，我们已很难区分所谓的"传统文化"有多少真正来自"中学"，有多少是近代以后的"洋格义"。很多人甚至淡忘了佛教原来是印度的宗教，而自然归之为中国传统文化的组成部分"儒释道"三家之一，从不问其出处。"格义"是两种文化交互之初的必经之路，但谁"格"了谁，却兹事体大。陈寅恪对"格义"的考据，与其说是对一个史实和一种现象的发微显覆，不如说是对中国文化和中国前途何去何从的思量和探寻。他斟酌损益，融会贯通，边立言，边履践，为我们拣择出"独立之精神、自由之思想"10个字。《支愍度学说考》只是陈寅恪一生著述中的一篇专题文章，支愍度典故也只是他关注过的一则史料，但只有细细盘点这一切，才会对"尺幅千里"的境界有实在的体会。

（原载《中国传统文化反思与展望学术研讨会·佛学与中国宗教史》，北京大学哲学系宗教学系，2013年12月；《中国文化画报》2010年第5、6期）

梁漱溟、释太虚关于佛教入世问题的论争

一、从梁漱溟"出佛归儒"谈起

1921年10月，梁漱溟出版了一生中最重要的著作——《东西文化及其哲学》。其时他26岁，应蔡元培之聘执教北大四年整。该书第一版由财政部印刷局印行，次年改商务印书馆出版。两个版本的重要区别在于前者扉页置有照片一张并"题记"一则而后者阙如。这两样文献，在以后流传的各类《东西文化及其哲学》版本中鲜有收入。"题记"中提到："就是今四五月间，我有翻然改变态度的事，决定要做孔家的生活，而把这些年来预备要作佛家生活的心愿断然放弃……这个像片要算我改变态度的一个纪念。现在这本书是我改变态度的宣言，所以我郑重的把它印在这书的前面。"[①]

梁漱溟的"翻然改变"和"断然放弃"，便是"出佛归儒"。他自陈1911年后即志切出家，守戒茹素不婚。1920年冬放弃，1921年冬末结婚。[②]他藉《东西文化及其哲学》完成出佛入儒的宣告，又以"结婚"标举由"出世间"返身"世间"，从此笃于人伦，尽力一切事务而不怠。

梁漱溟在《我的自学小史》、《自述》、《自述早年思想之再转再变》、《我早年思想演变的一大关键》等文中检点了发表《东西文化及其哲学》之前的思想历程：曾受其父梁巨川先生影响而成"实用主义"者，认同"近代西洋功利主

---

① 梁漱溟：《〈东西文化及其哲学〉扉页照片题记》，《梁漱溟全集》第四卷，山东人民出版社1989年版，第650页。

② 梁漱溟：《自述早年思想之再转再变》，《梁漱溟全集》第七卷，第181页。

义"①；次"从人生问题烦闷中发生厌世出世之思想"②，从而"转入古印度的出世思想为第二期"③；再次，其父自沉、出游目睹军阀混战生民涂炭之惨状等外在因缘，及阅读《论语》时发现其"通体不见一苦字。相反地，劈头就出现悦乐字样"，惕然有所省，悟得"夙来的中国式人生意趣"④，"再转而归落到中国儒家思想为第三期"⑤。梁氏一生崇尚从"问题"出发思考和行动，他的问题"不外人生问题和社会问题两类"，"而《东西文化及其哲学》一书之产生，实由于我对人生问题的烦闷。……这（指三次思想转变）都是沿着人生问题而发生的变迁而产生的答案"⑥。

梁漱溟倾心佛家之时，广泛搜集披览佛书，勤勉思考著述，所成颇丰。1914年2月，他在《正谊》杂志第二期发表第一篇佛学文章《谈佛》；1915年10月，他在《甲寅》杂志发表《佛理》；1916年，他在《东方杂志》发表著名的《究元决疑论》，蔡元培先生就是因为读到这篇文章而聘请他到北大讲授印度哲学。期间梁氏写就两部佛学专门论著《印度哲学概论》(1919) 和《唯识述议》(1920)。其中《谈佛》一篇主张判明佛教的"权""实"，把"佛学真相"归结为"出世间义"⑦。《佛理》则辩驳陈独秀等人，以为他们以"常识"和"谨严逻辑"讥难佛理，难免缪妄和狭隘。⑧《究元决疑论》分《究元第一·佛学如宝论》和《决疑第二·佛学方便论》两部分，除进一步明晰出世的佛教观外，提出"出世间义"和"顺世间义"两条人生进路："出世间义立，而后乃无疑无怖，不纵浪淫乐，不成狂易，不取自经，戒律百千，清净自守。"⑨

① 梁漱溟：《自述早年思想之再转再变》，《梁漱溟全集》第七卷，第177页。
② 梁漱溟：《自述》，《梁漱溟全集》第二卷，第8页。
③ 梁漱溟：《自述早年思想之再转再变》，《梁漱溟全集》第七卷，第178—181页。
④ 梁漱溟：《我早年思想演变的一大关键》，《梁漱溟全集》第七卷，第185页。
⑤ 梁漱溟：《自述早年思想之再转再变》，《梁漱溟全集》第七卷，第181页。
⑥ 梁漱溟：《自述》，《梁漱溟全集》第二卷，第14—15页。
⑦ 梁漱溟：《谈佛》，《梁漱溟全集》第四卷，第489页。
⑧ 梁漱溟：《佛理》，《梁漱溟全集》第四卷，第509页。
⑨ 梁漱溟：《究元决疑论》，《梁漱溟全集》第一卷，第19页。

《东西文化及其哲学》是梁漱溟这一期学术文化思想的总结，是他出释家归儒家的宣言书。他简别古今东西文化，提出"世界文化三期重现说"，预言中国文化将在未来复兴，印度文化则将在更远的未来复兴。而现时中国最需要的精神是儒家的"刚"。《东西文化及其哲学》发表后，有誉之为东西文化比较研究开山作，有毁之为"文化保守主义"——其时胡适陈独秀"完全西化"的激进论调正大行于世。"激进"或"保守"的划定都是权且之举，《东西文化及其哲学》真正展示的是一代有责任的知识分子在大变局的危机处境中如何焦虑、如何操心，又如何抉择、如何安顿。

近代中国人的"文化认同危机"是悖论式的，如杜维明言："他们在情感上认同儒家的人文主义，是对过去一种徒劳的、乡愁的祈向而已；他们在理智上认同西方的科学价值，只是了解到其为当今的必然之势。他们对过去的认同，缺乏知性的理据，而他们对当今的认同，则缺乏情感的强度。"①王国维曾用八个字概括了他们这一代中国知识分子的窘境："爱而不信，信而不爱"。梁漱溟考察异质文化，写作《东西文化及其哲学》，意为中国固有思想传统设计出妥当的安置方案，为现代中国开路，以免"数人家珍"、"自卑自贱"，甘当"国际游魂"，随风飘荡。即如牟宗三先生所言，是"发愤从根本处疏导中华文化生命的本性，进而谋求民族生命的远大前途"。

梁漱溟把"出功利主义而入佛，又由佛而入儒"的过程称作两次"思想解放"，是一种建立在对人生问题和社会问题深切关怀之上的思想调适。和个人修持相比，梁漱溟对中国命运的操心更甚。他欲超越一己之私，将个人生命融入于民族文化的命运。他愿意在成己中成人成物并化成天下。梁漱溟以为"出世"是"佛学真相"，故而高调改宗。有趣的是梁漱溟晚年接受访问时一再声明自己"一直是持佛家的思想，至今仍然如此"，"持佛家精神，过佛家生活"，是

---

① ［美］约瑟夫·列文森：《儒教中国及其现代现代命运》，广西师范大学出版社2009年版，第13页。

自己终生的"心愿"。①考察他一生行止，这种说法还是颇让人会心的。

梁氏出佛入儒，对佛教界，尤其对太虚、印顺这些为振兴佛教殚精竭虑的教内有识之士震动很大。1938年冬，梁漱溟在重庆缙云山和印顺晤谈，以"此时、此地、此人"为学佛中止的动机，深深激发了印顺的现实疑虑："吾闻而思之，深觉不特梁氏之为然，宋明理学之出佛归儒，亦未尝不缘此一念也。佛教之遍十方界，尽未来际，度一切有情，心量广大，非不善也。然不假以本末先后之辨，任重致远之行，而竟为'三生取办'、'一生圆证'、'即身成佛'之谈，事大而喜功，无惑乎佛教言高而行卑也！吾心疑甚，殊不安。"②他从此深入三藏，立志简别出契理契机的佛法。太虚大师则在多篇文章中提及梁氏，并专门就佛教入世问题撰文回应梁氏。这场两个人的争论虽然是"东西文化之争"、"科学玄学之争"浪潮中的小波澜，却是太虚形成"人生佛教"思想的"大事因缘"，印顺就是在"人生佛教"基础上建立"人间佛教"体系。理清此间争论，对解读清末以降渐次流变的佛教复兴思潮，观察绵延至今颇为曲折的佛教近代化之路，体会当代佛教界之"人间佛教"弘化实践，不无裨益。

二、近代佛教复兴思潮和佛教入世问题

研究者多用"近代佛教复兴思潮"描绘晚清以后的佛教迁变。梁启超在《清代学术概论》中扼要论及："前清佛学极衰微，高僧已不多，即有，亦于思想界无关系。""晚清所谓新学家者，殆无一不与佛学有关系，而凡有真信仰者率皈依文会。"③张灏所谓"不是发生于佛教僧人而是发生于世俗知识分子中的大乘佛学的复苏"即梁启超所谓"伏流"。张灏同时提醒必须记住这种复苏的范围："直至19世纪90年代中叶，对这两种学说的兴趣还只是局限在狭窄的学者圈

---

① 王宗昱：《是儒家，还是佛家——访梁漱溟先生》，《中国文化和中国哲学》第一辑，东方出版社1986年版，第561页。

② 释印顺：《印度之佛教》，中华书局2009年版，第1页。

③ 梁启超：《清代学术概论》，中华书局2010年版，第149—150页。

内。只是到了90年代中叶以后，随着新媒介的出现，两者才成为显著的思潮。但即便是那时，他们仍仅仅是主要影响高级知识分子而很少扩散至小社会团体以外的思潮。"[1]

杨文会在《支那佛教振兴策》中写道："泰西各国振兴之法，约有两端：一曰通商，一曰传教。通商以损益有无，传教以联合声气。我国推行商业者渐有其人，而流传宗教者，独付阙如。设有人焉，欲以宗教传于各国，以何为先？统地球大势论之，能通行无悖者，莫如佛教。"[2]他的这段论述有助于理解这场"复苏"的性质：相较于佛学内部的研究，其更是对中国社会"三千年来未有之大变局"的应对。梁启超、康有为、谭嗣同、章太炎等都曾撰写大量论著，从传统佛学中发掘救国、革新、图强、振奋民众的思想资源。这种"宗教救国"的愿望，和同时期的"实业救国"、"科学救国"、"教育救国"实如出一辙。

"大乘佛学复苏"不是发生于佛教僧人而是发生于世俗知识分子，使这一期的佛教变革运动天生有了世俗品格，落脚点在世俗政治而不是宗教本义。这让从小未受儒家发蒙又浸淫佛学日久的梁漱溟极为不满，以为正是康梁这些维新党误导，使时人的人生态度拘泥实用，无缘一窥佛教出世之高拔，佛教世出世间不二的法门也无从示现。在《谈佛》一文中，他对谭梁指名道姓，公开指摘，贬斥其佛学造诣远不如朱熹、二程和王阳明。关于佛教是什么，他先表后遮："佛教者，以出世间法救拔一切众生者也"，"故主出世间法而不救众生者非佛教，或主救众生而不以出世间法者非佛教"。梁漱溟认为，"讲佛者所以派别歧出，儒释问题所以纠缠莫决，苏、白派之误解与谭、梁派之误解，皆坐不判权实，或则冲突纷起，或者疑猜迷惑，或则抓住两句佛经便算佛理在此"。权实问题由《法华经》开出，一佛乘是"实"，唯佛与佛乃知诸法实相，而佛以方便说法接引初学之人和钝根之人则是"权"。盖梁氏或以为苏轼白居易失之"不救拔"，而谭嗣同梁启超失之"不出世"，皆是只知权而不知实的偏颇。梁任公曾以

---

[1] 张灏：《危机中的中国知识分子》，新星出版社2006年版，第15页。
[2] 杨仁山：《杨仁山集》，中国社会科学出版社1995年版，第8页。

一句"以己意进退佛说"论定康长素，梁漱溟讥任公亦复如是。

辛亥革命后各种新思潮交相迭出，佛教界也先后卷入了东西文化大讨论、非宗教运动以及科玄之争等思潮。太虚代表佛教界在各种学术文化思潮中发出声音，在俗世颠簸中接受现代思潮的洗礼。和梁漱溟殊途的是，释太虚恰从康梁章谭等人的著作中得到现代思想的熏习和启蒙，又在研习中国化的禅宗和天台宗的机缘下，有了一股变革现状的冲动。他以信仰为底色，抱定佛教本位，谋求佛法在中国现代进程中的最佳位置。

太虚把此种调适表达为以"新"为中心的"契理契机"的原则。所谓"契理契机"，即"根据佛法的常住真理，去适应时代性的思想文化，洗除不合时代性的色彩，随时代以发扬佛法之教化功用"；所谓"新"，即"以佛教为中心而适应现代思想文化所成的新的佛教。这佛教的中心的新，是建立在依佛法真理而契适时代机宜的原则上"。太虚尤其强调，革新若不能契合时代、契合众生，佛教就会成为对社会无用的死佛教；革新若不坚持以佛教信仰为中心，便成对佛教的叛离。

康梁谭章等人以济世救亡为旨归，意在从佛教中汲取变革中国社会的精神力量；太虚倡契理契机、"佛化人间"，意在争取现代语境中佛教的发言权。一为融佛法入世间法，一为融世间法入佛法。然前者于出世间法不甚通了，梁漱溟看不上；后者位列僧数，对世间法的关注和融贯似乎多于出世间法，梁漱溟看不惯。经过两次演讲，《东西文化及其哲学》终于浮出水面。

三、"佛教是根本不能拉到现世来用的"

《东西文化及其哲学》是20世纪中国思想学术的经典之一。这部由罗常培整理的演讲稿，出版不到一年即连续再版5次，招致近百篇评论，被译成12国文字。"无论他的结论是否正确，他所讲的问题是一部分人心中的问题，也可以说是当时一般人心中的问题。"①

"意欲"是《东西文化及其哲学》中的核心的、基础性的概念。他"求一家文化的根本或源泉"的方法，就是"去看文化的根源的意欲"，用"他已知的特异采色推他那原出发点"。②然什么是"意欲"呢？梁氏分析："生物或生活实不只以他的'根身'——'正报'——为范围，应统包他的'根身'、'器界'——'正报'、'依报'——为一整个的宇宙而没有范围的。"这是梁氏所谓"大的生活"。"生活即是在某范围内的'事的相续'。……为什么这样连续的涌出不已？因为我们问之不已——追寻不已。一问即有一答——自己所为的答。问不已答不已，所以'事'涌出不已。因此生活就成了无已的相续。这探问或追寻的工具其数有六：即眼、耳、鼻、舌、身、意。"此为小范围的生活，即"生活的表层"。"在这些工具之后则有为此等工具所自出而操之以事寻问者，我们叫他大潜力、或大要求、或大意欲——没尽的意欲。"梁氏强调，这是"全书的中心"③。

梁氏并不避讳这种观察文化的方法完全本于佛家思想。依唯识学，世界为"唯识所现"，现象可收摄于"六根"所"识"。然而唯识学对一切法有一个根源性的说明：立第八识阿赖耶识为一切法的根源，阿赖耶识和第七识末那识、第六识意识以及前五识总合而成一个完整的"识"的系统。识的流转变化成就一切缘起法。梁漱溟在六识之上另立"意欲"，此"意欲"一说非出于佛理，亦不见儒学，是梁氏的自发明，梁氏全部中西文化理论能自圆其说，全赖于"意欲"的确立。那么，在梁漱溟的语境中，"意欲"到底为何物呢？

唯识学依缘起法而说法之特性，有"三性"之说：首先是依他起性，即有所待而缘起，这其实就是梁漱溟所谓"小范围的生活"、"生活的表层"。其次是"遍计所执性"，在依他而起的缘起法上加以执着，就是遍计所执性。遍即"周

---

① 冯友兰：《三松堂自序》，转引自郑大华著：《梁漱溟传》，人民出版社2001年版，第133页。

② 《梁漱溟选集》，第20页。

③ 同上，第38—39页。

遍"意，计是"计量筹度"意，则梁氏所谓"大意欲"者，其实正是"遍计所执"。"三性"中之最后是"圆成实性"，即一切法的"空性"、"如性"、"无自性"，也即一切法的"真实性"(真谛即译圆成实性为"真实性")。"即"缘起法，"去"遍计执，"显"圆成实，就是转识成智，就是佛法的趣归。

然而梁漱溟有意止步于"遍计执"。他把"遍计执"表达为"意欲"，又以"意欲"为度量标准构建了一幅人类社会的思想路线图。在他看来，"意欲"的流向导致人类生活的三个"路径样法"："（一）向前面要求；（二）对于自己的意思变换、调和、持中；（三）转身向后去要求"。"西方化是以意欲向前要求为根本精神的；中国文化是以意欲自为、调和、持中为其根本精神的；印度文化是以意欲反身向后要求为其根本精神的。"①这三大根本态度演为"各别不同"的古希腊、古中国和古印度三大系文化。

梁氏又说，"三种文化无所谓好坏，都对人类贡献伟大"，这纯属虚晃一招。他很快在分析模型中加入了"时空"变量："就态度论，则有个是否合时宜的问题。"人类文化之初，都不能不走第一路，而早熟的中国文化和印度文化，却在没走完第一路的前提下分别拐向了第二路和第三路。尤其印度文化，不仅跳过第一路还跳过第二路，所以其文化价值始终不能为世人所认识。现阶段西洋文化胜利而中国印度文化失败，然世界未来的文化，将是中国文化的复兴；再之后，将继之以印度文化复兴。②

这就是梁氏著名的"世界文化三期重现说"，既区别于视西方文化为人类文明最高成果的"西方中心论"，也区别于视人类文明为单线发展、时间越靠后越进步的"文明进化论"。然而必须清醒看到，这是一篇"时文"，是特定处境逼迫而出的宣讲，发端于现实政治和问题意识，修辞重于鼓动，未免患上"以己意进退诸说"的通病。

随着论述的层层展开又层层收拢，梁漱溟提出"我们中国人现在应持的态

---

① 《梁漱溟选集》，第43页。

② 同上，第151页。

度"："第一，要排斥印度的态度，丝毫不能容留；第二，对于西方文化是全盘承受，而根本改过，就是对其态度要改一改；第三，批评的把中国原本态度拿出来。"①关于如何对待西方文化和如何对待中国文化，即"第二"和"第三"，梁氏多有所立，是《东西文化及其哲学》中的重头戏，因非本文论题所在，故不作展开。而梁氏何以把"破""印度的态度"放在第一，这是本文要讨论的。

梁漱溟所谓的"印度文化"或"印度态度"，主要指印度佛教。虽然佛教并不是古印度宗教的全部，印度文化也非佛教文化所能涵括，但只有佛教东渐中国。梁氏多次在文中提到，佛教是印度诸多宗教中"最高明"的："我们说印度其实是指佛教，因为唯佛教是把印度那条路走到好处的，其他都不对，即必佛教的路才是印度的路。"②

梁漱溟以回答"宗教为何物"这一问题入手而强调"出世"是宗教之本："所谓宗教的，都是以超绝于知识的事物，谋情志方面之安慰勖勉的。""超绝"和"神秘""这两个意思实在是宗教的特质"。③而诸如基督宗教，"明是自己勖勉自己，而幻出一个上帝来"④——这是宗教之"幻"。反之，如"削去超绝，收回出世"，只剩下现世神秘意味的"宗教"是假宗教。

因宗教要超越的世界是由"知识"构成的"世界"，梁氏以为其"无论如何不能逃理智之批评而得知识方面之容纳"。而理智和超绝的矛盾，只有佛教能解决。"唯识上说根本智云'此智远离所取能取故，说名无得及不思议，是出世间无分别智。断世间故，名出世间。二取随眠，是世间本。唯此能断，独得出名。'……真如绝对，概念作用所不能施，是为超绝，而后得智兴，纳之名言，权为人说，又不妨属诸知识范围，虽表诸名言而随表随遮不坏其绝对，如斯善巧，两面俱圆。"⑤这段引用出自《成唯识论》，指向梁氏延"依他起性"而

---

① 《梁漱溟选集》，第153页。
② 同上，第122页。
③ 同上，第70—71页。
④ 同上，第75页。
⑤ 同上，第84—85页。

立"遍计所执性"为"意欲"时有意拐弯不至的"圆成实性"。梁漱溟想说明，遍计执和依他起都在识的范围，宗教的根本义在于转识成智，在于向上翻转世间知识而成无分别智。惟证得此无分别智，世间不坏假名而诸法安立，妙有真空，两面无碍。

梁漱溟再次指责康梁之流或者不懂佛教，或者有意歪曲佛教。他立场明确：佛教之成为宗教在"出世"，非要从佛教中开出"慈悲勇猛"的救世品质而不谈"出世"，是对佛教的宗教性的根本伤害。而"出世"不是现时中国社会最需要的，那么梁漱溟要破的第二个偏颇就是拿出世的佛教来作对治中国现实问题的良药，即当时社会上渐起的"佛化"倾向："就是指着不注意图谋此世界的生活而意别有所注的人而说……我对于这种态度——无论其为佛教的发大心或萌乎其他鄙念——绝对不敢赞成。这是我全书推论到现在应有的结论。"

梁漱溟专辟四点洋洋洒洒论述如此佛化态度何以不适宜现实人生，最主要的意思是，"一味教人息止向前争求态度的佛教"实在无益于现代科学技术乃至现代价值观的开显，无益于息止国内纷乱，无益于民族强盛。那么何种态度是中国所应采取的态度呢？"我要提出的态度便是孔子之所谓'刚'。"

全文作结前，梁漱溟点名批评梁任公及太虚：

> 孔与佛恰好相反：一个是专谈现世生活，不谈现实生活以外的事；一个是专谈现世生活以外的事，不谈现世生活。这样，就致佛教在现代很没有多大活动的可能，在想把佛教抬出来活动的人，便不得不谋变更其原来面目。似乎记得太虚和尚在《海潮音》一文中要借着"人天乘"的一句话为题目，替佛教扩张他的范围到现世生活中来。又彷佛刘仁航和其他几位也都有类乎此的话头。而梁任公先生……以如何可以把贵族气味的佛教改造成平民化，让大家人人都可以受用的问题，访问于我。其实这个改造是做不到的事，如果做到也必非佛教。今年我在上海见着章太炎先生，就以这个问题探他的意见。他说，这恐怕很难；……但普及后，还是不是佛教，就不敢说罢了。……总而言之，佛教是根本不能拉到现世来用的；若因为要拉他来用而改换他的本来面目，则又何苦如此糟蹋佛教？我反对佛教的

倡导，并反对佛教的改造。①

以上这段文字是梁漱溟对佛教和现世关系的最根本的认定，要点有三：第一，佛教是出世的贵族化的宗教；第二，当今最需要的是能在大众中推广的入世的精神态度；第三，佛教不能用于入世。若佛教的范围扩张到现世大众，则是强改佛教面目，是糟蹋佛教。

事实上梁漱溟"只承认欧阳先生的佛教是佛教，欧阳先生的佛学是佛学，别的人我都不承认"②。以欧阳竟无为代表的支那内学院通过对中国化佛教进行简择，断言中印佛教完全异质。他们判摄佛法为"纯正佛法"和"相似佛法"，判定中国化佛教为"相似佛教"。③梁漱溟在《唯识述义·初版序言》中所谓"本来佛法"④，其义与"纯正佛法"大体相同。但支那内学院的理想也是要在中国推行佛化，可见，在印度佛教和中国化佛教的简择上，梁漱溟与支那内学院同；在佛化问题上，梁漱溟又和他们有异。

综上，梁漱溟的佛教观有两个基本特征：其一，承支那内学院一脉，简择传统佛教时偏重唯识、偏重印度化的"真佛教"；其二，反对近世佛化运动，或者反过来说，反对以入世为特征的"非佛教"对"真佛教"的损害。《东西文化及其哲学》影响巨大。梁漱溟点了太虚的将，又对佛法有驱除之意，太虚以为自己必须披挂上阵，据理力争，方能消除民众的误解，为佛法争得一席之地。

四、"今为最宜宣扬佛法的时代"

太虚是中国近代思想家的异数。他留下了规模相当庞大的著述——《太虚大师全书》约700万字，内容丰富，主题杂博，论题广泛。印顺在《太虚大师

---

① 《梁漱溟选集》，第158—159页。
② 梁漱溟：《自述》，《梁漱溟全集》第二卷，第8页。
③ 吕澂：《试论中国佛学有关心性的基本思想》，《吕澂集》，中国社会科学出版社1995年版，第102页。
④ 梁漱溟：《唯识述义》，《梁漱溟全集》第一卷，第252页。

年谱》中总结大师一生有八大成就，其中与本文相关的有三：其一，"大师为中国佛学之大成者，长于融贯统摄，不拘于台贤禅净，卓然成家。其宗本在妙有之唯心论，一再为《楞严》、《起信》等释难扶宗，足以见其宗本之所在。"——《楞严经》和《大乘起信论》被支那内学院吕澂等判摄为"伪经"，而恰恰"以《大乘起信论》为奠基，辅以《楞严经》、《圆觉经》等经典，天台、华严、禅宗等宗派完成了佛教的中国化。可见太虚大师在印度佛教和中国化佛教之间选择的是中国化佛教；其二，"大师为僧伽本位者，故与时人有僧俗之诤，显密之诤。为中国佛学本位者，故与时人有起信与唯识之诤，融摄（以中国汉传佛学融摄日本、暹锡、蒙藏之长）与移植（弃中国佛学而专弘其他）之诤，胥有关近代佛教思想。"——此点是上一点的发挥，着重太虚对佛法的判摄，太虚视"摄小归大、八宗平等"为中国传统佛学思想的理论基石；其三，"大师主以佛法应导现代人心，而要自学佛者之催乎僻化、神化、腐化着手。使佛法而可行于斯世，舍'人生佛教'莫由！惟其平常，乃见伟大！"①——此点至为关键，太虚通过诠释"人乘正法"而展开"人生佛教"理论的建构，历时30年，终于确立"人生佛教"的理论体系和弘化方向，对后世产生深远影响。

梁漱溟《东西文化及其哲学》一文写于1921年底，而据印顺编之《太虚大师年谱》，梁氏此文写作之前，太虚已然是当时佛教改革运动的积极推动者。辛亥革命成功后，太虚筹建中国佛教协进会，谒见孙中山先生；1913年，在敬安追悼会上，太虚打出"教理革命"、"教制革命"、"教产革命"旗号；1914至1917年3年闭关普陀，出关后漫游台湾、日本，归国后与章太炎等共创"觉社"，1918年主编《觉社丛书》，旨在以佛法救人救世；1919年5月，五四运动爆发，11月，改《觉社丛书》为《海潮音》，发起"佛化觉世新运动"。②

1921年10月，太虚从同车友人手中偶获《东西文化及其哲学》一书，不忍释手。然其中相关"佛化"的议论令太虚不敢苟同。11月，太虚即在《海潮

① 释印顺：《太虚大师年谱》，《印顺法师佛学著作全集》第六卷，中华书局2009年版，第2页。
② 《太虚大师年谱》，《印顺法师佛学著作全集》第六卷，第65页。

音》发表《论梁漱溟〈东西文化及其哲学〉》。

太虚先对梁氏以"意欲"为核心抉择东西文化表示认同，并对"现量"、"直觉"、"理智"等梁氏用来论述的概念进行了简要分析，提供了自身的理解，之后和盘托出和梁氏的根本分歧：

> 梁君视佛法但为三乘的共法，前遗五乘的共法，后遗大乘的不共法，故划然以为佛法犹未能适用于今世，且虑反以延长人世之祸乱，乃决意排斥之。……且梁君自云：在个人唯觉佛法为真对的，其欲专提倡代表中华文化的孔家哲学，纯出于舍己从众的悲愿，则梁君殆不免自视太高，而视人太卑欤？同为人类，同生斯世，梁君能觉得唯佛法为真对，众人便亦能觉得唯佛法为真对；众人既亦能觉得唯佛法为真对，梁君压良为贱，强谓其不能，乃云佛法在今日但为贵族的，则纯出梁君之错觉可知也。虽然，近来学佛之人，所知于佛者，不及梁君之正确，故大都迷信为鬼神之一，好为扶乩、圆光及贪玩守窍出神等种种秘戏；其不然者，则悉趋于厌弃世事消极主义之一途而已。前者徒益邪秽，后者又懦弱自了，无裨人世。且当今佛法乏人，间有一二深思专精之士，则又寝馈昔贤，高文奥义，非一般人所能共喻。梁君视佛法为贵族的，盖亦有在。①

关于佛法修证和现实人生的关系问题，太虚在《佛教人乘正法论》和《佛教的人生观》两文中都有展开。《瑜伽师地论》把发心学佛之人分三类：发增上生心的下士、发出离心的中士和发菩提心的上士，太虚就是以"五乘共法"对应下士法，以"三乘共法"对应中士法，以"大乘特法"对应上士法。五乘共法包括人乘、天乘、声闻乘、缘觉乘、菩萨乘，三乘共法包括声闻、缘觉和菩萨乘，都是佛陀说法的随机方便。从佛陀出世本怀而言，一切法门无非成佛之

---

① 释太虚：《论梁漱溟〈东西文化及其哲学〉》，《太虚大师全书》第十六编第五十册，善导寺佛经流通处，第303页。

道，皆归于"大乘"。五乘共法、三乘共法和大乘特法，彼此的关系犹如三层宝塔，既有上有下，又相依相摄、相融相贯。

太虚以为，梁漱溟在《东西文化及其哲学》中批评的一心求解脱的佛教，只是三乘共法的佛教，由"生为人身而证佛法无生"，未能完成人生进善的最终理想。而他所要弘扬的，恰是五乘共法的佛教，是基于"五善十戒"由人而佛的修行进路，是不离人伦习俗的发真归圆。"下者，可渐之以五乘的佛法，除恶行善，以增进人世之福乐；中者，可渐之以三乘的共佛法，断妄证真以解脱人生之苦恼；上者，可顿之以大乘的不共佛法，即人而佛以圆满人性之妙觉故。"[①]人乘中的有志者，只要有修成佛乘的志向，即便是"尘垢秕糠"，照样可以"陶铸尧舜"。由人而即佛，就是以人道生活的圆满实现而夯实佛道的因地基础。

太虚肯定了在"得人世之安乐"这点上，与梁漱溟之"所期"同，对梁氏"排斥佛法、摄受欧化、提倡孔学达之"提出了严厉批判，斥为"不仁不智"。对于中国，恰恰应该"排斥混沌为本的孔老化，受用西洋的科学"，并"施行完全的佛法"。

而如何由人乘直接佛乘，也就是"人何以能成佛"这一关键问题，太虚是通过《人生观的科学》一文来回答的。1923年2月至1924年底，中国思想学术界卷入"科学与人生观的论战"即"科玄论战"。持科学优胜立场的吴稚晖，撰文《黑漆一团论》，批评佛教的"人生观"为"人死观"。佛教界有两股力量起而应对——支那内学院的欧阳竟无发表了著名的演讲《佛法非哲学非宗教》和《佛法为今时所必须》，太虚则撰写了《致吴稚晖先生书》和《人生观的科学》。

太虚在《人生观的科学》后半部分延续了《论梁漱溟〈东西文化及其哲学〉》的硝烟。关键内容在全文第六章。太虚自陈，第四章所明的，是人生究竟之佛乘法；第五章所明的，是人生初行之人乘佛法。太虚摆出了他要阐发的关键问题："人乘之上，隔着天乘、声闻乘、独觉乘之三阶级，始臻佛乘，

---

① 释太虚：《论梁漱溟〈东西文化及其哲学〉》，《太虚大师全书》第十六编第五十册，善导寺佛经流通处，第305页。

如何可由人乘直达佛乘？"换句话说，就是"如何可由人即成为佛的因位之菩萨，……及进为菩萨的果位之佛，而中间可不经过天与声闻与独觉之三阶位？"①太虚深知这是自圆其说的关键。

就着梁氏所谓"扩张"的说法，太虚摆开了论辩架势：

> 我要发挥佛教原来直接佛乘的人乘法，以施行到现在人世的生活范围里来，可谓一语道着。然我发生此愿望之动机，全不是替佛教扩张他的范围，以此原为佛教范围内事，用不着我来扩张他。……复以此佛教原来直接佛乘之人乘法，实为佛教适应人世最精要处，向来阻于印度外道及余宗教玄学或国家之礼俗，未能发挥光大，昌明于世，致人世于佛法仅少数人稍获其益，未能普得佛法之大利益。……于是，我更要来一作此难作的工作。②

梁漱溟提出的两大问题——佛教改造转身入世是做不到的事；如果做到也非真佛教，太虚拿《华严经》、《法华经》等大乘经典证明，"人乘法原是佛教直接佛乘的主要基础，即是佛乘习所成种性的修行信心位；故并非是改造的，且发挥出来正是佛教的真面目"。太虚指出，梁漱溟把人乘与佛乘在现实的社会教化中的互动关联视为对佛法的篡改，着实是一大偏颇。梁漱溟心目中的佛法只与佛教小乘有关系，而与大乘无关。随着科学发达，今日之人已打破印度式的向神求人天福报和向未来世求外道解脱，"正须施行从佛本怀所流出之佛的人乘……以称佛教本怀，以显示佛教之真正面目"③。

对"何以人乘直接佛乘"，太虚条分缕析："其始原欲为世人"，"俾由修行信心进趋人生究竟之佛乘"，"此即是将菩萨位扩张延长于人及超人与佛之三位：修行信心位的人生初行，是人的菩萨位"，"初无数劫位，是超人的菩萨位"，

---

① 释太虚：《人生观的科学》，《太虚大师全书》第十四编第四十六册，第37—38页。

② 同上，第38—39页。

③ 同上，第39页。

"第二无数劫位以上，是'佛的菩萨'位"，"谓之成佛"。"由'人的菩萨'位入'超人的菩萨'位及进至'佛的菩萨'位，所经历的皆菩萨位，故更不须经历天与声闻、独觉之三阶段，而彼三阶段已消融于'超人的菩萨位'矣。"①在这样的修行进路中，人是因地的菩萨，菩萨是果地的人；同时菩萨是因地的佛，而佛是果地的菩萨。则菩萨和佛皆从人修行而来。以这样的佛法所化育的人生，就是即现实即超越的佛化人生。

此文的第九部分"摘要"，其实是太虚从佛化人生的角度回应梁漱溟、吴稚晖等人的攻讦，对人生观论战作出总体评判，约涉及四个方面：第一，人生观就是要确立做人的标准以及使生活臻于完善的标准（发达人的生活至究竟）。这是佛教的唯一大事，是由人乘直接佛乘的一条大乘路，而小乘等皆是歧路。第二，科学能增加感觉的能力，扩充经验的内容，去除直觉的迷谬，"能善为调治以发达人的生活至究竟"，符合上述标准。而佛学的瑜伽方法有和科学一样的功效，是对科学的补充和发展。第三，人生及万事万物，皆是刹那起灭相续或不相续的各各事实，为一永远相续的阿赖耶识为摄持的。人生及万事万物的真相，皆是"遍觉的、律法的、调和的"。要做人的生活而发达人生以至究竟，首当认识此人生三真相，归向且依持之以为标准。第四，进而，为使做人的生活臻于完善，当"信业果报、修十善行、以渐求增进"。总而言之，人生只有由科学以排除谬执、圆成佛智的一条大乘路向，并无第二、第三路向。这是人生唯一大事。

以上梳理了太虚论证"佛教入世"之可能性和正当性的复杂过程，直指梁漱溟的"反对佛教入世论"。太虚的佛教观可以总结为：第一，判摄佛法为"三乘共法"、"五乘共法"和"大乘不共法"，指出梁漱溟所言之佛教仅是"三乘共法"，只知小乘出世一途，非为佛法全部。无论"五乘"、"三乘"，都是释迦方便设教，终归一佛乘，梁漱溟等正是把方便当究竟。第二，五乘共法是三乘出世法和大乘不共法的根基，五乘中的"人乘"是"佛乘"的当机方便和因地基础，"佛乘"是"人乘"的究竟全体和果地归趣，人乘可以直接佛乘。"佛教入世"

---

① 释太虚：《人生观的科学》，《太虚大师全书》第十四编第四十六册，第39—40页。

不是把佛法的范围"扩张"到世间来，而是佛法的本有之义。第三，现时的佛教，如依声闻行果，不免被垢为消极逃世；依天乘行果，不免被谤为迷信神权。应确定地立足在"人乘"而成就菩萨或佛的行果，才是智慧、慈悲、契理契机的成佛之道。梁漱溟所谓"佛教是根本不能拉到现世来用的"颇为谬误，相反，"今为最宜宣扬佛法的时代"。

五、结论和余绪

本文以四个部分从不同角度呈现了梁漱溟和太虚关于佛教入世转向问题的论争，每一部分都有相应的结论。要而言之，即梁漱溟"出佛归儒"的思想逻辑是：从考察古印度思想入手，判断佛教的本质为"出世"。这种出世的佛教虽然有利个人解脱，是人类文明的最高成果，但绝无益于应对"此时此地"的各种社会危机和思想危机。本着济世理想并从实际操作效用看，当重振儒家精神以把中国导向新路；佛教不宜入世，入世即非真佛教。太虚则持相反的结论：只谈出世的佛教或只谈入世的佛教都不是佛教的全体和究竟，而是佛教的部分和方便。佛教当立足于人间，践行"上求菩提以大智慧而自利，下化众生以大悲心而利他"的菩萨行，完成由人乘向佛乘的圆满成就。

梁漱溟和太虚的论争，既是佛教近代化过程中的一例个案，也是整个佛教近代化过程的缩影。传统佛教的现代转向直至今日尚未完成，理清其间的曲直，可以一窥近世佛教面对"古今"、"东西"、"中印"、"儒释"等诸多错综关系时的复杂处境，从而更深入地理解当代佛教弘化实践和修证实践中的各种面向。

另有两条佛学内部的论争线索和"梁太之争"直接关联：其一是"印度佛教"——"根本佛教"、"本来佛教"、"真实佛教"，和"中国佛教"——"相似佛教"之争；其二是太虚"人生佛教"和印顺"人间佛教"之争。前者是这场论争的义理背景，后者是这场论争的余绪。本文在此只做简要说明以有助于对"梁太之争"的理解。

所谓"中国化佛教"极为重视《大乘起信论》、《圆觉经》、《胜鬘经》、《楞严经》等经论，教理核心是"心性说"，关键概念是"佛性"和"如来藏"。支那内学院的欧阳竟无、吕澂等认为近世佛学衰微、佛教被视为于世无益，恰在于"佛教中国化"的流弊所至，违背了印度佛教的根本精神。吕澂以文献学的方法考证上述经典为"伪经"，判摄中国佛教为"相似佛教"，认为所谓的"圆满"和"了义"的中国佛教并非真正的大乘佛学，是对原初佛陀教法的误读和违背。他们重新清理玄奘之前和之后的唯识学传统，辨明"心性本觉"和"心性本寂"的差异，倡导"回归印度"的"根本佛教"。而太虚的判摄完全不同。欧阳竟无的《唯识抉择谈》和太虚的《佛法总抉择谈》即是双方的辨难之文。梁漱溟曾拜欧阳竟无为师，自然持有回归印度佛教的立场。

20世纪20年代初的"梁太之争"是太虚"人生佛教"理论成熟过程中的里程碑，20年代末，太虚正式打出"人生佛教"大旗。印顺继而提出"人间佛教"，作为太虚大师的学生，他对太虚大师的人生佛教理论既有继承又有修正。印顺认为"大师的思想核心还是中国佛教传统的"①。"真正的大乘精神，如弥勒的'不修（深）禅定，不断（尽）烦恼'，从广修利他的菩萨行中去成佛的法门，在'至圆'、'至简'、'至顿'的传统思想下，是不可能发扬的。"②他在《印度之佛教·自序》中所谓"立本于根本佛教之淳朴，宏传中期佛教之形解，摄取后期佛教之确当者"③就是他对佛法的判摄准则，从立足印度这一点看他和支那内学院一脉相似。而在"探求契理契机的法门"、建设"适应现代"、"更能适应未来进步时代的佛法"这一点看，和太虚大师是一致的。他说："我是继承太虚大师的思想路线（非'鬼化'的人生佛教），而想进一步地（非'天化'的）给以理论的证明。"④印顺从某种程度上调和了太虚汉藏教理院一系和欧阳竟无支那内学院一系的教理纷争。

关于"印度佛教"和"中国佛教"的讨论确乎需要"一种平怀"，练就牟宗三先生的"平视"工夫。他以"佛性"和"般若"为经纬，细细考察魏晋南北朝

---

① 释印顺：《华雨集四》，《印顺法师佛学著作全集》第十二卷，第29页。
② 同上，第30页。
③ 同上，第13页。
④ 同上，第46页。

至隋唐间佛教义理发展线索，在判释基础上形成饶有特色的圆教理论。他以亲身证悟发恳切之言："近人常说中国佛教如何如何，印度佛教如何如何，好像有两个佛教似的。其实只是一个佛教之继续发展。这一发展是中国和尚解除了印度社会历史习气之制约，全凭经论义理而立言。彼等虽处在中国社会中，因而有所谓中国化，然而从义理上说，他们仍然是纯粹的佛教，中国的传统文化生命与智慧之方向对于他们并无多大的影响，他们亦并不契解，他们亦不想会通，亦不取而判释其同异，他们只是站在宗教底立场上，尔为尔，我为我。因而我可说，严格讲，佛教并未中国化而有所变质。""须知最高智慧都有普遍性，顺其理路，印度人能发之，中国人亦能发之。任何人亦能发之。""我平视各大教，通观其同异，觉得它们是人类最高的智慧，皆足以决定生命之方向。"①

如是足矣！出入各种论争，难免被纷繁驳杂的辞令所扰，被"论道""护道"的硝烟所困。其实一切不过历史长河中的浪花，逝者如斯。所同者，今日之时代和梁漱溟太虚之时代一样危疑不定，论争从未停歇，看起来名言各异新词迭出，未必就出得了前辈大德的所思所行。这促使我们时不时回首以自检。在20世纪学界，虽然牟宗三首先提出"中国文化的核心是以生命为中心的学问"，梁漱溟先生和太虚大师其实早就身体力行了。成圣也好，成佛也好，他们努力做的是同一件事：疏通中国学术的生命，开辟中国文化的新路，化解中华民族的磨难。牟宗三研究天台学后深感智顗大师之难以企及，他们之于我辈是否亦复如是？

（原载《纪念云门佛学院成立20周年学术研讨会论文集》，广东韶关云门山大觉禅寺、中国人民大学宗教研究所，2012年2月；《中国文化画报》2010年第11、12期）

---

① 牟宗三：《〈般若与佛性〉序》，黄克剑、林少敏编：《牟宗三集》，群言出版社1993年版，第101—102页。